OEUVRES
COMPLÈTES
DE DUCLOS.

TOME PREMIER.

DE L'IMPRIMERIE DE P. DIDOT L'AINÉ,
CHEVALIER DE L'ORDRE ROYAL DE SAINT-MICHEL,
IMPRIMEUR DU ROI.

OEUVRES

COMPLÈTES

DE DUCLOS

PRÉCÉDÉES D'UNE NOTICE
SUR SA VIE ET SES ÉCRITS

Par M. AUGER,
DE L'ACADÉMIE FRANÇOISE.

NOUVELLE ÉDITION.

TOME PREMIER.

A PARIS
CHEZ JANET ET COTELLE, LIBRAIRES,
RUE NEUVE-DES-PETITS-CHAMPS, N° 17.

M DCCCXX.

NOTICE SUR DUCLOS.

Duclos, peu de temps avant sa mort, avoit entrepris d'écrire les *Mémoires* de sa vie. Ce qu'il en a laissé n'est qu'un commencement qui contient l'histoire de son enfance et de sa première jeunesse. Nous plaçons ce fragment à la suite de notre Notice, et nous y renvoyons le lecteur, pour tout ce qui concerne Duclos jusqu'à son entrée dans le monde. Pourquoi faut-il qu'il n'ait pas eu le temps de tracer lui-même le période le plus long et le plus important de sa vie, celui où, répandu dans la meilleure société et jouant un grand rôle dans la littérature, il avoit des relations journalières et intimes avec les personnages du dernier siècle les plus distingués par la naissance, l'esprit ou les talents? Avec quel intérêt n'auroit-on pas parcouru cette vaste galerie de portraits faits par un peintre dont le coup d'œil étoit si juste et si pénétrant, le pinceau si ferme et si vrai, la manière si franche et si originale! Avec toute la liberté du genre, toute celle de sa plume et de son caractère, que d'anecdotes curieuses, que de réflexions piquantes l'historien des mœurs du dix-huitième siècle n'auroit-il pas semées dans une pareille narration! Ce que nous en avons procure un trop grand plaisir pour ne pas causer aussi de grands regrets.

Nous n'avons pas la prétention de continuer les *Mémoires* de Duclos ; mais il nous paroît convenable de donner quelques détails sur sa vie, son caractère et ses écrits, à la tête de l'édition complète de ses œuvres. Nous pouvons affirmer qu'à défaut de tout autre mérite, notre Notice aura du moins celui de ne contenir que des faits de la plus exacte vérité. Ils nous ont tous été fournis ou confirmés par un homme respectable qui a été, pendant plus de quarante ans, l'ami intime de Duclos, qui l'a vu mourir dans ses bras, qui a été le dépositaire et l'exécuteur de ses dernières volontés, et qui nous a permis de le prendre à témoin de la fidélité du récit qu'on va lire [1].

Nous commençons ce récit où Duclos a laissé le sien, c'est à dire à l'époque où, son honnêteté naturelle l'emportant sur l'ardeur de ses sens, il s'éloigna sans retour de certains personnages encore moins délicats sur l'article des devoirs que sur celui des plaisirs, pour se procurer des sociétés et des jouissances plus choisies. Son goût pour la littérature, entretenu

---

[1] Cet ami intime de Duclos est M. Abeille, autrefois inspecteur général des manufactures de France, et depuis membre du conseil général de commerce établi près du ministère de l'intérieur. Il est auteur d'un grand nombre d'écrits sur l'administration commerciale, qui, composés d'après la demande des ministres, sont restés ensevelis dans leurs archives. M. Abeille est mort en 1807.

jusque-là par des lectures assez suivies, lui fit rechercher la fréquentation des beaux-esprits et des savants qui brilloient alors, tels que La Motte, Saurin, Maupertuis, Fréret, Terrasson, du Marsais, Boindin, La Faye et autres. Mais il ne les voyoit guère que dans les lieux publics et notamment dans deux cafés célèbres entre lesquels ils se partageoient. Il se lia plus étroitement avec quelques jeunes gens, de familles nobles, amis des lettres qu'ils n'osoient cultiver ouvertement, mais partisans très déclarés du plaisir. Telle étoit la société de MM. de Maurepas, de Pont-de-Veyle, de Caylus, de Surgères, de Voisenon, etc. Ces messieurs avoient admis à leurs réunions un petit nombre d'autres jeunes gens, de familles bourgeoises, qui devoient un jour figurer plus ou moins honorablement dans la littérature, et parmi lesquels on distinguoit alors, à cause de leur gaieté, Collé et Crébillon fils. On faisoit des couplets qui couroient la ville; des parades qui se jouoient dans les salons et quelquefois même *en plein vent;* enfin de petits écrits en prose, presque toujours plus libres que plaisants, dont on donnoit la collection au public. *Le Recueil de ces Messieurs* est un des ouvrages de cette société, qui en a composé beaucoup d'autres du même genre. Ce *Recueil* est terminé par une critique des différents opuscules qu'il renferme, et cette critique est attribuée à Duclos, dont on y reconnoît tout-à-fait la tournure d'idées et d'expressions. Sans vouloir lui faire un honneur dont il peut très bien se passer, nous dirons que ce morceau est sans contredit le meilleur du volume, qui n'est guère qu'un ramas de sottises et de gravelures. On aura peine à concevoir comment Duclos, d'un esprit sage et réglé dans ses écrits, pouvoit prendre quelque goût à ces ridicules productions, que d'Alembert appelle justement *une crapule plutôt qu'une débauche d'esprit*. Mais il étoit jeune alors, naturellement gai, comme l'attestent ceux de ses ouvrages où la gravité n'est pas de rigueur; enfin il n'étoit point de ceux qui se rendent difficiles sur la manière de s'amuser [1].

Il paya assez cher le plaisir qu'il put trouver dans la société de *ces messieurs*. Ceux-ci, comme nous l'avons déja fait entendre, auroient cru déroger aux bienséances du rang, s'ils eussent donné des ouvrages au public sous leur nom. Mais l'amour-propre littéraire, d'autant plus vif en eux qu'il étoit plus gêné par ces prétendues convenances, imaginoit toutes sortes d'expédients pour se satisfaire. Ils commandoient à quelques écrivains, qui avoient plus de talent que de fortune et de réputation, des romans et sur-tout des pièces de théâtre, qu'ils ne corrigeoient point assez pour les gâter tout-à-fait, mais auxquels ils faisoient assez de changements pour

[1] Un exemple prouvera avec quelle facilité il se laissoit aller à un genre de gaieté qui n'étoit pas tout-à-fait le sien. Collé avoit fait une parade fort plaisante, intitulée, à ce que nous croyons, *Léandre Hongre*. Duclos, voulant exprimer son admiration pour ce chef-d'œuvre, dit à Collé, en style même de tréteaux: « Léandre « Hongre est le Cidre de la parade, et tu en es la Corneille. »

que la vanité finît par leur persuader à eux-mêmes que l'ouvrage tenoit d'eux tout ce qu'il avoit de bon, et qu'en conséquence ils en étoient les véritables auteurs. Celui qui l'étoit réellement, payé de son travail avec plus ou moins de générosité et de délicatesse, n'osoit les démentir; l'ouvrage se donnoit anonyme; en cas de succès, on répandoit discrètement le bruit qu'il étoit d'un grand seigneur dont on ne confioit le nom qu'à l'amitié, et qui vouloit rester inconnu; et le secret étoit recommandé tant de fois, que la chose devenoit entièrement publique. Tel étoit le manége qu'on employoit ordinairement; mais Duclos n'étoit pas homme à s'y prêter : on s'y prit avec lui d'une autre manière. Soit qu'il ne connût pas encore ses forces, soit qu'il fût entraîné par l'exemple de la frivolité, soit enfin qu'il crût devoir préluder, par des compositions légères, à des ouvrages plus graves, Duclos avoit fait successivement trois romans : *la Baronne de Luz, les Confessions du comte de****, et *Acajou*. Ce dernier, comme on sait, étoit une espèce de pari. M. le comte de Tessin, ministre de Suède en France, et qui étoit à Paris de la société de *ces messieurs*, avoit composé un petit roman de féerie intitulé : *Faunillane ou l'Infante jaune,* et il avoit fait graver, d'après les dessins de Boucher, une douzaine d'estampes pour en décorer les exemplaires quand il seroit imprimé. Rappelé en Suède pour y être ministre d'état et gouverneur du prince royal, il emporta son manuscrit, et laissa les dessins et les planches à Boucher, qui les montra à

Duclos pour savoir ce qu'il en pourroit faire. MM. de
Caylus, de Surgères, de Voisenon et autres, virent
aussi ces estampes dont les sujets étoient bizarres et
inintelligibles ; on les regarda comme une espèce de
problème dont il seroit piquant de trouver la solution. Chacun s'évertua à composer un conte dont
les différentes situations pussent convenir aux gravures et les expliquer. Il y en eut quatre de faits
ainsi : un par M. de Caylus, un par Duclos et deux
par l'abbé de Voisenon. Celui de Duclos est le seul
qui ait été connu du public : *Acajou* parut en 1744,
avec les gravures, et la même année Favart le mit
en opéra-comique [1]. MM. de Caylus, de Voisenon et
Duclos, ayant travaillé d'après la même donnée,
bien que séparément et d'une manière différente,
on en induisit apparemment que les deux premiers
avoient contribué à l'ouvrage du troisième, ou même
l'avoient fait en entier. On en avoit déja dit autant,
quoiqu'avec bien moins de vraisemblance encore,
de *la Baronne de Luz* et des *Confessions du comte
de* ***. On peut supposer, sans trop de malignité,
que, si ceux à qui ces bruits profitoient n'en étoient
pas les premiers auteurs, du moins ils ne faisoient
pas d'efforts pour les détruire, ou n'en faisoient que
de manière à les fortifier. Tout le monde sait que
l'abbé de Voisenon se laissoit attribuer les plus jolis
ouvrages de Favart, auxquels les siens prouvent
qu'il n'a pas eu la moindre part ; on sait encore que

---

[1] On a donné, en 1759, une imitation d'*Acajou*, intitulée *Les
Têtes folles*, qui passe pour une bagatelle assez ingénieuse.

M. de Caylus mettoit sans cesse à contribution la plume de plusieurs gens de lettres et savants qui l'entouroient; et Collé, dans un manuscrit que nous avons sous les yeux, nous apprend que M. de Pont-de-Veyle, quoique mieux partagé peut-être que les deux autres du côté du vrai talent, ne se faisoit point scrupule de prendre à son compte des comédies dont un nommé Sallé étoit l'auteur. De quelque manière que *ces messieurs* se soient comportés envers Duclos, qu'ils se soient sourdement attribué ses écrits, ou qu'ils aient simplement permis que le public leur en fît honneur, il n'en est pas moins constant qu'on disputa long-temps à Duclos ses productions; que Fréron, répondant à son *Épître dédicatoire* d'*Acajou*, au nom du public à qui elle étoit adressée, donna fort clairement à entendre qu'il n'étoit que le prête-nom de ses ouvrages [1]; et qu'encore après sa mort, ce même Fréron inséra dans sa feuille un article tiré d'une gazette de Hollande, dans lequel on faisoit connoître les véritables auteurs des livres publiés sous son nom [2]. Afin de rendre cette révélation plus piquante, on ne se bornoit pas à restituer en entier à une seule personne, chacun des romans qui avoient passé pour être de lui; on nommoit plusieurs coopérateurs pour un même ouvrage; on désignoit exactement le contingent que chacun d'eux y avoit fourni; et, pour que rien ne manquât à la singularité du fait, on faisoit

---

[1] Opuscules de M. F... (Fréron), tom. I, pag. 66 et suiv.
[2] *Année littéraire* de 1773, n° 5, lettre XV, pag. 339 et suiv.

entrer jusqu'à des femmes dans ces charitables associations dont le but étoit de mettre en réputation Duclos *à qui on vouloit du bien.* Tous ces détails avoient été communiqués à l'auteur de l'article par un homme d'esprit *qui les tenoit des auteurs eux-mêmes.* Ce que ceux-ci n'avoient pas revendiqué pouvoit bien être de Duclos; on consentoit à le lui laisser. Quant à l'*Histoire de Louis XI,* elle n'étoit que la réduction de celle que M. l'abbé Legrand, commis des affaires étrangères, avoit composée autrefois et laissée en manuscrit à sa famille. Restoient les *Considérations sur les Mœurs,* et les *Mémoires pour servir à l'histoire du dix-huitième siècle.* Ces ouvrages appartenoient réellement à Duclos; mais ils étoient si inférieurs aux premiers, qu'il en demeuroit d'autant mieux prouvé qu'il n'étoit que le père putatif de ceux-ci.

Nous avons rapporté ces absurdités parcequ'elles tiennent à l'histoire de Duclos et de ses ouvrages; mais nous croyons presque inutile de les réfuter. Du vivant de l'homme, la sottise crédule et maligne a pu accueillir avec complaisance ces contes ridicules forgés par l'envie; mais l'envie laisse là sa victime dès qu'elle n'existe plus, et la sottise, qui n'est presque jamais qu'un écho, cesse de répéter ce qu'on cesse de dire. Il y a quarante-huit ans que Duclos est mort; il n'en coûte plus de lui rendre justice, et chacun aujourd'hui se dira avec nous : Duclos a prouvé, par toute sa vie, qu'il étoit incapable de l'espèce de platitude qu'on lui impute; son amour-propre eût suffi pour l'en garantir. Les personnes qui composoient, dit-on, les livres qu'il publioit sous son nom, ne composoient seulement pas ceux qu'ils donnoient sous le leur; et quelques écrits réellement sortis de leurs plumes témoignent à-la-fois qu'on faisoit leurs ouvrages, et qu'ils ne faisoient pas ceux des autres. Quant à Duclos, tous ses écrits, comparés entre eux, offrent cet accord singulier d'idées, de style et de ton qui existoit entre ses écrits et sa conversation. C'est dans tous la manière vive et concise d'un moraliste ingénieux, accoutumé à convertir ses observations en résultats, et à présenter ceux-ci sous cette forme de saillie et de trait qui donne à des réflexions générales le piquant d'une épigramme personnelle. Cette identité, déja si frappante dans la façon de voir et de montrer les objets, l'est encore bien davantage dans le mécanisme de la diction et l'arrangement même des mots. Elle a été poussée au point qu'elle n'a échappé à aucune classe de lecteurs, et est devenue la matière d'un reproche assez fondé. Mais il faut être conséquent : si l'on veut blâmer Duclos d'avoir tout écrit du même style, on doit lui accorder que tous ses ouvrages sont de lui.

En 1739, Duclos fut reçu à l'académie des inscriptions et belles-lettres. Il n'avoit alors que trente-quatre ans, et n'avoit encore publié aucun écrit, puisque *la Baronne de Luz*, qui est son premier ouvrage connu, a été imprimée, pour la première fois, en 1741. On peut être surpris que cette compagnie si distinguée ait ouvert ses portes à un homme qui n'avoit point fait ses preuves publiques. Cela ne peut s'expliquer que par la haute réputation d'esprit et de savoir qu'il s'étoit faite dans la société, et que firent valoir sans doute les grands seigneurs et les gens de lettres avec qui il étoit lié.

En 1747, l'académie françoise l'adopta en remplacement de M. l'abbé Mongault; mais alors il avoit fait cette même *Baronne de Luz, les Confessions du comte de***, Acajou et Zirphile, l'Histoire de Louis XI*, et plusieurs *Mémoires* lus à l'académie des inscriptions. En 1755, Mirabaud, le traducteur du Tasse et de l'Arioste, se voyant forcé, par son grand âge, de donner sa démission de la place de secrétaire perpétuel de l'académie françoise, desira Duclos pour successeur. Duclos fut élu; mais il n'accepta qu'à condition que Mirabaud conserveroit, jusqu'à sa mort, le logement au Louvre et la pension qu'on lui avoit accordés pour le dédommager du double droit de présence qu'il avoit refusé de recevoir comme secrétaire.

En 1744, Duclos avoit reçu une distinction qui, pour un homme de son caractère, n'étoit sûrement pas moins flatteuse que tous les honneurs littéraires. Les habitants de Dinant, ses concitoyens, l'avoient nommé maire de leur ville, quoiqu'il eût fixé sa résidence à Paris. Quatre ans après, il fut, en cette qualité, député par le tiers-état aux états de Bretagne, et il s'acquitta de sa commission de la manière la plus distinguée. En 1750, il se démit de la charge de maire de Dinant; et la même année, en considération de son *Histoire de Louis XI*, le roi lui donna la place d'historiographe de France, vacante par la retraite de Voltaire en Prusse ([1]), et lui accorda les entrées de sa chambre. Ce même livre qui lui valoit alors un emploi et des honneurs, avoit été vivement censuré, à sa naissance, par un arrêt du conseil, « comme contenant plusieurs endroits con-« traires, non seulement aux droits de la couronne « sur différentes provinces du royaume, mais au « respect avec lequel on doit parler de ce qui re-« garde la religion ou les règles des mœurs, et la « conduite des principaux ministres de l'église. » Cet arrêt, qui est du 28 mars 1745, fait très expresses inhibitions et défenses de réimprimer l'ouvrage avant que ces endroits aient été corrigés. Nous ne savons pas si Duclos a besoin d'être justifié sur la liberté avec laquelle il écrivit l'*Histoire de Louis XI*, et nous ne l'essaierons pas. Nous nous bornerons à dire qu'il ne fit point les corrections exigées par l'arrêt du conseil [2], et que le gouvernement ne lui en sut pas

---

[1] Cette place valoit deux mille livres. La vérité nous oblige à dire que Duclos l'obtint par le crédit de madame de Pompadour, et que dans le temps on trouva injuste que M. de Foncemagne, qui la lui disputoit, ne lui eût pas été préféré. Collé, qui faisoit profession d'amitié et d'estime pour Duclos, rapporte ce fait dans son *Journal historique*, pag. 297.

[2] Nous en avons la preuve dans une *dénonciation à l'académie françoise*, où sont relevés plusieurs passages prétendus répréhensibles dans le sens de l'arrêt du conseil, passages qui se trouvent tous et en entier dans les dernières, comme dans les premières

plus mauvais gré, puisque, comme nous venons de le dire, ce même ouvrage le fit nommer historiographe de France, et qu'en 1755 il fut anobli sur la désignation et d'après le vœu unanime des états de Bretagne. Les lettres-patentes rappellent également ses services politiques et ses succès littéraires (¹).

Les véritables gens de lettres sont sédentaires par état, et presque toujours étrangers par goût aux affaires publiques. Le plus souvent leur histoire n'est que celle de leurs travaux et de quelques relations peu importantes, soit avec les autres gens de lettres, soit avec les gens du monde. De telles particularités peuvent prendre de l'intérêt sous leur plume ; mais elles n'en ont point sous la plume d'un autre, fût-il beaucoup mieux informé qu'il ne peut ordinairement l'être. Aussi le cours assez long de la vie de Duclos ne nous offriroit-il plus rien à dire, si, par

éditions de l'*Histoire de Louis XI*. L'auteur de ce pamphlet, qui n'est point *d'un état qui lui permette d'aspirer à l'honneur d'être de l'académie*, traite Duclos d'*ignorant*, qui n'est *ni bon chrétien, ni bon François*, et dont le style est *bien éloigné de la pureté académique*.

¹ C'est sans doute en vertu de cet anoblissement que plusieurs personnes, et notamment un des derniers éditeurs des *Considérations sur les mœurs*, ont partagé en deux le nom de Duclos, faisant de la première syllabe de ce nom la particule nobiliaire *du*. Nous sommes certains que Duclos n'autorisa point ce changement par son exemple. Nous profitons de cette occasion pour dire qu'il se nommoit Charles Duclos Pinot, et non point *Dineau*, comme presque tous les biographes l'ont écrit, et qu'il étoit fils d'un fabricant de chapeaux, ce que lui-même ne dit pas dans ses *Mémoires*.

suite des plus nobles sentiments, il ne se fût trouvé comme engagé dans une affaire d'état dont il faillit d'être victime. On sait jusqu'à quel point les Bretons en général portent l'amour de leur pays et de leurs compatriotes. Autant qu'aucun d'eux, Duclos ressentit cette louable affection. Dès sa première jeunesse, il s'étoit lié étroitement avec M. de La Chalotais; et les voyages qu'il faisoit de temps en temps à Rennes comme député aux états, resserroient de plus en plus les liens de cette amitié. Le duc d'Aiguillon fut nommé commandant en chef pour le roi dans la province de Bretagne. Dès son arrivée, il conçut pour M. de La Chalotais, alors procureur-général du parlement de Rennes, une haine des plus violentes. Les causes en sont si misérables qu'on refuseroit de les croire si nous les rapportions. Une circonstance bien connue vint mettre le comble à cette inimitié. En 1750, les Anglois firent une descente sur les côtes de Bretagne; la noblesse du pays les repoussa avec un courage qui lui fit beaucoup d'honneur. Le duc d'Aiguillon se tint, dit-on, renfermé dans un moulin pendant l'action; et nombre de gens prétendent que M. de La Chalotais dit à ce sujet : *Notre commandant s'est plus couvert de farine que de gloire.* Le propos, vrai ou faux, fut rapporté, et M. d'Aiguillon n'attendit plus que l'occasion de se venger. Elle se présenta, ou plutôt l'homme offensé et puissant la fit naître. Les détails de cette malheureuse affaire sont à la connoissance de tout le monde; et d'ailleurs ils ne sont point de notre sujet : nous n'en rappellerons que ce qui a directement rapport à Duclos. M. de La Chalotais fut exilé à Saintes. M. le duc de Duras, qui avoit remplacé M. d'Aiguillon dans le commandement de la Bretagne, et qui portoit à M. de La Chalotais un intérêt où il entroit peut-être un peu de haine et de mépris pour son prédécesseur, fut chargé par la cour de faire tout ce qui seroit en son pouvoir pour apaiser la querelle. Il engagea donc Duclos à se rendre auprès du magistrat exilé, afin d'obtenir de lui qu'il sacrifiât certains Mémoires dont on savoit qu'il étoit occupé. M. de Duras fit les frais de ce voyage, que Duclos, qui connoissoit le courage opiniâtre de son ami, entreprit sans espoir de réussir dans sa négociation, et peut-être avec le secret désir d'y échouer. Il trouva M. de La Chalotais inébranlable comme il s'y étoit attendu, et bientôt après il revint à Paris [1]. Cependant la persécution

[1] C'est à tort que M. de La Harpe dit dans son *Cours de littérature*, tom. XV, pag. 273 et 274, que « Duclos fut envoyé en « Bretagne par le gouvernement, pour tempérer les fougues tout « au moins indiscrètes de ce pétulant parlementaire (M. de La « Chalotais), et ouvrir la voie à l'indulgence que l'on vouloit « avoir pour lui. » Ce n'est point *par l'ordre du gouvernement*, mais d'après l'invitation particulière de M. de Duras, que Duclos fit ce voyage; il n'alla point *en Bretagne*, mais à Saintes. Nous ne relevons que les erreurs de fait. Quant au ton inconsidéré et dénigrant avec lequel M. de La Harpe parle d'un homme qui a excité l'intérêt et l'admiration de toute la France, par ses malheurs et son courage; un homme de lettres, compatriote de Duclos et de M. de La Chalotais, a déjà pris soin d'en venger la mémoire de celui-ci. (Voyez la *Revue littéraire*, troisième trimestre de l'an XIII, pag. 543.)

s'accrut : la perte de M. de La Chalotais étoit jurée. Il fut enfermé dans la citadelle de Saint-Malo, et des commissaires furent nommés pour lui faire son procès. Duclos, habitué à s'exprimer librement sur tout ce qui paroissoit blesser l'ordre et l'équité, ne rabattit rien de sa franchise dans une occasion où la qualité d'ami lui en faisoit un devoir, en même temps qu'elle en augmentoit le danger. Quoiqu'il fût plus observé que de coutume, il s'expliquoit hautement et presque en public sur cette procédure inouie, où toutes les formes étoient violées, où l'on voyoit un chef de la justice traduit devant une commission, espèce de tribunal institué, non point pour juger, mais pour condamner, et qui ne s'acquitte ordinairement que trop bien de son odieux devoir. Calonne, l'un des commissaires, venoit de faire paroître un rapport contre l'accusé : on le vendoit aux Tuileries un dimanche, quoique la consigne de ce jardin fût très sévère et qu'il fût défendu d'y faire aucun commerce. Duclos s'y promenoit ce jour-là. Un de ses amis indigné vint lui dire : « Le croiriez-vous ? Ici, aux Tuile- « ries, en plein jour, voilà cet infame rapport qui se « vend !... Comme le juge, répondit Duclos. » Ses sarcasmes étoient d'autant plus redoutables pour les oppresseurs de M. de La Chalotais, qu'ils étoient plus spirituels et répétés par plus de bouches. On auroit bien voulu arrêter cette circulation de bons mots, en en mettant l'auteur à la Bastille ; mais la mesure n'eût peut-être pas été sans danger à l'égard d'un homme aussi répandu, aussi considéré, et dans un temps où les esprits étoient déja révoltés de la conduite qu'on tenoit envers M. le procureur-général du parlement de Rennes. Duclos étoit allé passer quelque temps en Bretagne : on se contenta de le rappeler à Paris, où sa présence étoit encore moins inquiétante que dans cette province, principal foyer du trouble qu'on vouloit étouffer. Ses amis, et entre autres M. de Duras, craignant qu'on ne poussât plus loin les précautions contre lui, lui conseillèrent de s'éloigner pour quelque temps de la France. Il avoit toujours eu envie de voir l'Italie. Il partit pour ce beau pays, le 16 mars 1766, et il en étoit revenu le 17 juin 1767. Ce voyage nous a valu un ouvrage charmant dont nous parlerons en son lieu [1].

Duclos avoit reçu, pendant son retour, la nouvelle de la mort de sa mère [2]. Il ne lui survécut que cinq

[1] M. l'abbé Bourlet de Vauxcelles, dans des notes qu'il a écrites à la marge d'un exemplaire des *Mémoires secrets*, que nous avons eu entre les mains, dit : « Pour le punir d'avoir trop parlé dans l'af-
« faire de La Chalotais, on s'amusa à lui *faire peur*, et il *s'enfuit*
« jusqu'en Italie. Il fut très bien traité par le cardinal de Bernis ;
« mais les Romains ne lui pardonnoient pas de ne les avoir ja-
« mais voulu appeler que les *Italiens de Rome*, pour ne les pas
« confondre avec le *populum latè regem*. » Il y a beaucoup de malignité dans cette manière de présenter les faits. D'abord il n'étoit pas très facile de *faire peur* à Duclos ; et puis pourquoi appeler *fuite* un voyage que ses amis et la prudence lui conseilloient, et auquel son inclination le portoit ? Nous aurons encore occasion plus d'une fois de redresser les erreurs de fait et les torts d'opinion de M. de Vauxcelles envers Duclos, à qui pourtant il avoit fait une cour très assidue.

[2] Elle est morte en 1767, dans sa cent deuxième année.

ans : il mourut à Paris le 26 mars 1772, âgé de soixante-huit ans, un mois et quatorze jours, étant né le 12 février 1704. Il fut peu de jours alité; un journaliste dit dans le temps : « A la faveur de la « brièveté de sa maladie, il s'est échappé de ce monde « sans bruit et sans scandale. » Cette phrase, que quelques gens ont trouvée bonne puisqu'ils l'ont répétée, n'est qu'une espèce de saillie sans vérité. Il sembleroit que Duclos s'est dépêché de mourir pour éluder les formalités religieuses. Ce qui est moins plaisant, mais plus vrai, c'est qu'il vit son curé, s'entretint avec lui et se soumit à ce qu'exigeoit l'église[1]. M. l'abbé de Vauxcelles, dans les notes dont nous avons déja parlé, prétend que Duclos *s'échappa, comme il put, vers l'autre monde* (car il se sert aussi de la phrase), *persuadé qu'il n'y avoit qu'un purgatoire;* et il ajoute que Duclos lui dit à ce sujet: *Mon credo s'est accru; mais je n'admets pas encore un enfer.* Nous ignorons s'il se rendit sur ce dernier point, *et ce sont des secrets entre le ciel et lui;* mais ce qu'on sait mieux, et ce qu'humainement parlant, il est plus curieux de savoir, c'est la destination qu'il donna en mourant au bien qu'il avoit amassé par son talent et son économie. Duclos avoit, en emplois littéraires, en pensions et en rentes, un revenu d'environ trente mille livres, et il sembloit n'en dépenser qu'une très foible partie. Il mangeoit presque toujours en ville,

---

[1] M. Chapeau, curé de Saint-Germain-l'Auxerrois, sortant d'une longue et dernière conférence avec Duclos, dit à M. Abeille: *Je suis content.*

et son habillement étoit simple jusqu'à la négligence. Sur ces seules apparences, on crut qu'il étoit avare; et, après sa mort, le bruit se répandit qu'il laissoit une fortune considérable : les plus modérés dirent trois cent mille francs ; l'abbé de Vauxcelles va jusqu'à cinq cent mille. Cette dernière estimation est fort exagérée. Nous avons eu entre les mains les comptes de l'exécution testamentaire : la succession de Duclos montoit à deux cent soixante mille francs, dont près de cinquante mille francs en or trouvés dans son secrétaire, et qu'il tenoit en réserve, avoit-il dit, pour le cas où il seroit obligé, non plus d'aller faire un voyage en pays étranger, mais de s'y fixer tout-à-fait. Qu'étoit donc devenue une partie des fruits de cette longue parcimonie ? on l'ignoroit. Il n'avoit dit son secret à personne pendant sa vie, et il n'en laissoit aucune trace écrite après sa mort. La reconnoissance révéla ce qu'avoit tu sa délicatesse. On sut de plusieurs côtés à-la-fois qu'il avoit fait nombre de bonnes actions cachées. Un M. de Laissac, lieutenant au régiment de Limosin, témoin de l'affliction profonde et universelle que sa mort répandoit dans la ville de Dinant, en apprit les causes et les fit connoître à d'Alembert. « On feroit un long détail, lui écrivoit-il, de tous les « services publics et particuliers que M. Duclos a « rendus à sa patrie ; des graces qu'il a obtenues pour « plusieurs de ses compatriotes ; des pensions qu'il a « fait avoir à d'anciens militaires ; des jeunes gens « qu'il a placés ou soutenus ; des nombreuses aumô-

« nes qu'il a répandues. Il envoyoit, régulièrement
« chaque année, une certaine somme pour être dis-
« tribuée aux pauvres de cette ville ; et dans les an-
« nées où la misère publique s'est fait sentir davan-
« tage, il a doublé cette somme. Enfin son zèle et sa
« bienfaisance à l'égard de ses concitoyens étoient
« inépuisables. Quand il alloit à Dinant, c'étoit une
« alégresse publique, et sa mort y a causé un deuil
« général. »

Duclos institua son légataire universel M. de Noual,
son neveu à la mode de Bretagne. M. de Vauxcelles
rapporte que quelqu'un à qui il lut son testament [1],
s'étonna de ce qu'il avoit préféré à ses autres héritiers
ce M. de Noual qui avoit le moins d'esprit de tous, et
même en manquoit absolument : « Pourquoi, lui dit
« cet ami, n'avez-vous pas choisi M. *** qui est votre
« parent aussi proche? C'est un homme d'esprit, ré
« pondit Duclos, qui mangeroit la succession. » Cette
préférence donnée à un sot pour conserver la succession, paroît à M. de Vauxcelles un trait assez bizarre. Duclos n'a point dit la véritable raison : il s'est
tiré d'embarras, comme il a pu, par une saillie en
effet un peu étrange, parceque l'honneur lui inter-
disoit de faire connoître le motif de prédilection
très particulier qui lui avoit fait nommer M. de Noual

---

[1] Nous avons placé ce testament à la suite du fragment des
Mémoires. Les pièces de ce genre sont rarement piquantes : celle-
ci fait exception. Chaque disposition est, pour ainsi dire, un
trait de caractère. Ce testament est une des choses qui font le
mieux connoître Duclos.

héritier de tous ses biens. Dans l'ordre de la nature, rien n'étoit plus juste que sa conduite. Nous n'en pouvons pas dire davantage.

Le caractère de Duclos étoit tout à-la-fois singulier et estimable. Comme, à ce double titre, il ne peut manquer d'intéresser nos lecteurs, nous allons le leur faire examiner avec quelque détail. On a déja vu qu'il poussoit le courage de l'amitié jusqu'à l'imprudence, et que, presque avare de son bien pour lui-même, il en étoit prodigue envers les autres. De semblables qualités ne vont jamais seules : elles prouvent une belle ame et un bon cœur, qui sont la source de nos plus nobles vertus. Duclos eut toutes celles d'un honnête homme; il n'y mêla aucun vice; on n'eut à lui reprocher que quelques légers travers.

Nous ne le louerions point de sa probité, s'il ne l'avoit portée à un point qui la rendit célèbre. Le défiant Jean-Jacques Rousseau a dit : « Je dois à Du-« clos de savoir que la droiture et la probité peuvent « quelquefois s'allier avec la culture des lettres [1]. » Les exemples n'en sont sûrement pas aussi rares que Rousseau le prétend; mais plus il en restreint le nombre, plus il est honorable d'en faire partie. Jean-Jacques définissoit encore Duclos un homme *droit et adroit*. Il se repentit peut-être plus d'une fois de n'avoir pas écouté davantage ce qu'il appeloit sa *sage sévérité*. L'*Émile* étoit sous presse; Duclos en parla à Rousseau. « Je lui lus, dit celui-ci, la *Pro-*

---

[1] *Confessions*, liv. VIII, pag. 224, de l'édition de Kehl.

« *fession de foi du vicaire Savoyard* ; il l'écouta très
« paisiblement, et, ce me semble, avec grand plaisir.
« Il me dit, quand j'eus fini : Quoi ! citoyen, cela fait
« partie d'un livre qu'on imprime à Paris? Oui, lui
« dis-je, et l'on devroit l'imprimer au Louvre par
« ordre du roi. J'en conviens, me dit-il; mais faites-
« moi le plaisir de ne dire à personne que vous m'ayez
« lu ce morceau [1]. » Duclos eut la sollicitude et la
sincérité d'un ami en avertissant Jean-Jacques des
malheurs qu'il alloit s'attirer; il fut sage en ne voulant pas partager un danger qu'il ne dépendoit pas
de lui d'écarter; il fut généreux en restant constamment attaché à un homme dont les mieux intention-
nés s'éloignèrent bientôt comme d'un enthousiaste
dangereux. Cette constance d'amitié étonne bien
moins de la part de Duclos que de celle de J.-J. De
tous les hommes de lettres avec qui celui-ci s'étoit
lié, Duclos fut le seul pour qui sa tendresse ne se
changea point en haine. Ce n'est pas la seule exception dont il l'ait honoré : il lui fit sa *première et unique
dédicace* [2], celle du *Devin du village*. Duclos y avoit
droit à plus d'un titre : il étoit parvenu, à force de

---

[1] *Confessions*, liv. XI, pag. 289, même édition.

[2] J.-J. s'est servi en effet de ces termes : *Ma première et unique dédicace*. Il en fit pourtant une seconde, celle du *Discours sur l'origine et les fondements de l'inégalité parmi les hommes*, qu'il adressa à la république de Genève; mais il demanda à Duclos son consentement pour cette seconde dédicace. « Duclos, dit-il,
« a dû se tenir encore plus honoré de cette exception, que si je
« n'en avois fait aucune. » (*Confessions*, liv. VIII, pag. 248.)

démarches, à faire jouer cet opéra ; et la chaleur qu'il avoit mise à défendre les intérêts de l'auteur, lui avoit presque attiré une affaire d'honneur avec Gury, l'intendant des menus.

La franchise est l'expression de la droiture ; elle dégénère quelquefois en brusquerie et même en rudesse, lorsqu'un homme ayant naturellement l'humeur prompte et un sentiment vif de l'injuste et du ridicule, n'a pas travaillé ou n'a pas réussi à réprimer l'une et à émousser l'autre. Tel étoit Duclos : « Il m'est impossible, a-t-il dit lui-même, de cacher « mes sentiments, les mouvements de mon ame. Je « l'ai essayé, non pour tromper, mais pour me ga- « rantir des pièges. J'ai bientôt vu l'inutilité de mes « efforts ; j'en ai abandonné le projet, et je me suis « livré à mon caractère. *Je ne connois personne plus* « *sincère que moi.* » Ailleurs il s'accuse d'être emporté et de manquer de politesse. On voit qu'il s'est rendu justice sur le mal comme sur le bien, et que sa franchise ne s'exerçoit pas seulement envers les autres. Aussi personne ne l'a révoquée en doute, hors M. de Vauxcelles, qui prétend que *sa brusquerie étoit de commande*, et cite à l'appui de son opinion le propos d'un *homme d'esprit*, qui appeloit Duclos *le Faux Sincère*, du nom d'une comédie célèbre de Dufresny. Cet *homme d'esprit* qui, de toute manière, pourroit bien être M. de Vauxcelles lui-même, auroit bien dû dire sur quoi il fondoit cette imputation. Mais c'est à quoi la malignité songe le moins. Cet homme a une vertu : elle est fausse ; un défaut :

il est joué. En a-t-on des preuves? aucune. En inventera-t-on? non; cela est dangereux; le mensonge ne doit point donner cette prise sur soi à la vérité : de plus, cela est inutile ; les hommes ont trop de plaisir à croire le mal pour exiger qu'on le leur démontre. Que faire contre cette tactique perfide ? Comment détruire des allégations vagues qu'on ne sait par où saisir? Nous l'ignorons; et cette fois le silence tiendra lieu d'apologie.

Cependant, en cherchant ce qui auroit pu rendre suspecte la franchise, ou, si l'on veut, la brusquerie de Duclos, nous croyons en avoir trouvé une espèce de raison ; c'est que cette brusquerie n'étoit pas toujours chez lui l'accent du blâme, ou de la contradiction; qu'elle étoit quelquefois celui de la louange, ou de l'assentiment; et qu'alors elle sembloit servir à leur donner plus de force et de grace. On en cite un exemple. Duclos, étant malade, appelle un médecin fameux, Bouvard, dont il ne goûtoit point l'esprit ni les manières, et contre lequel il s'étoit souvent déclaré dans la société, quoique d'ailleurs il fît grand cas de ses talents dans l'art de guérir. Ce médecin lui dit qu'il étoit très flatté de sa confiance, mais qu'il n'en étoit pas moins surpris, ayant des raisons de croire qu'il ne lui étoit point agréable. « Cela est vrai, répondit « Duclos ; mais pardieu! je ne veux pas mourir. » Sans doute un compliment, ainsi assaisonné, dut plaire plus qu'un autre ; mais faut-il croire pour cela que Duclos ait toute sa vie affecté la franchise et même la dureté, dans le dessein de rendre plus vraisemblables et plus piquantes des louanges qu'il donnoit assez rarement, et qu'au surplus il ne donnoit jamais qu'à ceux qui les méritoient bien? N'est-il pas plus simple d'imaginer que, naturellement et habituellement brusque, il ne pouvoit s'empêcher de louer du même ton dont il blâmoit, et que ce n'étoit point sa faute si l'éloge gagnoit à cette singularité?

Si Duclos savoit quelquefois renfermer dans les bornes d'une sage circonspection, son zèle pour ses amis, et sa générosité envers les opprimés, à qui moins de prudence de sa part eût été souvent plus préjudiciable qu'à lui-même, il savoit aussi, dans certains cas et sur certaines matières, mettre un frein à la liberté de ses discours. Ce droit, qu'il s'étoit arrogé de dire hautement sa façon de penser, fut un jour ratifié solennellement par Louis XV, qui l'estimoit trop pour craindre qu'il n'en abusât. Un courtisan citoit devant ce prince un de ses propos sur lequel il fondoit sûrement l'espoir de lui nuire. « Oh! pour Duclos, dit le roi, il a son franc-parler. » Duclos le sut, et il n'en fut ni plus ni moins hardi dans son langage.

C'est peut-être ici le cas de rappeler ses relations avec les écrivains du dernier siècle, qui se sont décorés eux-mêmes du nom de *philosophes*, nom que depuis on a voulu leur appliquer comme une flétrissure. Duclos, ami sincère de la vérité, dut d'abord se lier avec des hommes qui faisoient profession de la chercher. Il marcha long-temps sur la même ligne qu'eux; long-temps il se para du même titre. Mais on abuse des meilleures choses ; les intentions les plus pures conduisent quelquefois aux plus coupables projets ; l'esprit de recherche et d'examen se change en une vaine et dangereuse curiosité, le doute raisonnable en amour effréné du problème et bientôt du paradoxe ; la hardiesse devient audace ; la liberté, licence ; on a ébranlé ce qu'on ne vouloit que sonder, on veut renverser ce qu'on a ébranlé. Après qu'on a dissous les plus solides principes en les soumettant imprudemment à l'analyse, on crée, on combine des éléments chimériques pour en former d'extravagants systèmes. Enfin, on veut détromper les autres de ce dont on se trouve désabusé, leur persuader ce dont on se croit convaincu ; on divulgue les erreurs qu'on pense avoir détruites, les vérités qu'on prétend avoir découvertes ; et cette divulgation est un crime lorsqu'elle tend à rompre le lien de la religion nécessaire au plus grand nombre, et celui de la morale nécessaire à tous. Telle a été, telle a dû être inévitablement la marche de certains esprits, plus présomptueux qu'éclairés, plus ardents que forts, qui, n'ayant pas su atteindre le but ou s'y arrêter, se sont jetés dans de fausses routes, et ont eu ensuite la foiblesse coupable de vouloir y attirer les autres. Duclos, esprit ferme et libre, mais sage et mesuré, sentoit que, s'il est permis à chacun de penser à sa manière sur tout ce qui est du ressort de la pensée, il ne l'est pas de manifester son opinion, lorsqu'elle est contraire à l'opinion générale et à l'ordre établi. Dès qu'il vit que cette association, d'abord secréte, et, pour ainsi dire, inconnue à elle-même, d'hommes qui se livroient paisiblement et de bonne foi à l'étude de la philosophie, se transformoit en un parti déclaré et organisé, ayant ses chefs et ses soldats, son mot d'ordre et son point de ralliement; que l'amour du bruit et de la domination, l'ardeur du prosélytisme, et le zèle persécuteur s'emparoient d'un grand nombre de têtes; que, sous le prétexte, ou peut-être avec le dessein réel de faire la guerre aux préjugés nuisibles, on attaquoit, non seulement les préjugés utiles, mais même les vérités nécessaires; dès que Duclos vit toutes ces choses, il crut devoir, non point déclamer contre la philosophie, mais s'élever contre l'abus qu'on en faisoit; non point abjurer ses principes, mais les expliquer, afin de ne point encourir le même blâme que ceux dont la façon de penser et d'agir n'étoit plus la sienne. Il conserva son estime et son attachement aux hommes du parti philosophique qui allioient une conduite louable à de simples travers d'esprit, et son admiration à ceux qui unissoient de grands talents à de grands torts. Mais il déploya toute l'énergie de son indignation et de son mépris contre ce troupeau de petits sectaires fanatiques qui, enchérissant sur les erreurs de leurs maîtres, sans avoir, comme eux, l'excuse d'une imagination ardente ou d'une raison égarée dans les profondeurs de la science, débitoient des sophismes rebattus, des impiétés froides, et même des obscénités dégoûtantes pour la plus grande gloire de la philosophie, et le plus grand bien de l'humanité.

C'est d'eux et d'eux seuls que Duclos disoit ce mot souvent cité, et toujours inexactement : « Ils sont là « une bande de petits impies qui finiront par m'en- « voyer à confesse. » Les chefs de la philosophie voyoient, sans beaucoup de chagrin, que l'on tombât sur leur livrée, dont ils n'osoient eux-mêmes réprimer les écarts, de peur de refroidir en même temps son zèle. Mais si Duclos n'avoit pas eu pour les maîtres les ménagements qu'on doit à des hommes d'un mérite distingué, dont on a été l'ami, ceux-ci n'auroient pas manqué de s'en venger, et de le traiter en transfuge, c'est-à-dire avec mille fois plus d'animosité que s'il eût toujours été du parti contraire : or, nous ne voyons pas qu'aucun d'eux se soit permis sur son compte la moindre parole désobligeante.

Duclos a dit : « Je laisserai une mémoire chère aux « gens de lettres. » Il ne s'est point trompé, les gens de lettres lui ont une grande obligation, celle d'avoir soutenu, dans toutes les occasions, la dignité de leur titre. On n'a point oublié avec quelle fermeté et quelle adresse à-la-fois il défendit les droits de l'égalité académique contre les prétentions ridicules que de sots complaisants avoient suggérées à M. le comte de Clermont, lors de son admission à l'académie françoise [1]. On se rappelle aussi avec quelle force et quel succès il combattit, en semblable occasion, les

---

[1] La continuation de l'*Histoire de l'académie françoise*, faite par Duclos, et imprimée dans cette collection, contient tous les détails de l'affaire, et les deux *Mémoires* qu'il fut obligé de rédiger.

prétentions plus ridicules encore du maréchal de Belle-Isle, qui vouloit être dispensé de faire en personne les visites que les candidats sont dans l'usage de faire aux académiciens. « Ce ne sont pas les tyrans « qui font les esclaves, dit-il à ce sujet, ce sont les « esclaves qui font les tyrans. » Il se présente ici un problème anecdotique qui n'est pas sans difficulté, ni peut-être sans quelque intérêt. Collé, dans son *Journal historique*, prétend que ce fut à cette élection de M. de Belle-Isle, que Duclos, prévoyant quelque noirceur de la part de ceux dont il avoit combattu la lâcheté, eut la précaution de garder sa boule noire, et, lorsque la vérification du scrutin vint à offrir une de ces boules injurieuses, jeta la sienne sur la table, en disant qu'il avoit oublié d'en faire usage, et repoussa ainsi, à la confusion de ses ennemis, le soupçon qu'ils avoient voulu attirer sur lui, comme seul opposant à l'élection du maréchal [1]. Marmontel, dans ses *Mémoires*, raconte cette même aventure, en y ajoutant quelques circonstances qui la rendent plus dramatique et un peu moins vraisemblable, comme celle de quatre boules noires trouvées dans l'urne;

---

[1] Pour répandre toute la clarté possible sur ce récit, nous allons transcrire un passage des *Mémoires* de Marmontel, où se trouve expliquée la manière dont on procédoit à l'élection d'un académicien : « L'usage de l'académie, en allant au scrutin des « boules, étoit de distribuer à chacun des électeurs deux boules, « une blanche et une noire. La boîte dans laquelle on les faisoit « tomber avoit aussi deux capsules et au-dessus deux gobelets, « l'un noir et l'autre blanc. Lorsqu'on vouloit être favorable au

et de quatre autres boules de la même couleur retenues par autant d'académiciens qui, l'un après l'autre, en auroient fait l'exhibition. Mais ce n'est point là que gît la difficulté; voici en quoi elle consiste : Collé place le fait à l'élection de M. de Belle-Isle en 1749, et Marmontel à celle de M. l'abbé de Radonvilliers en 1763. Collé, qui consignoit les événements dans son *Journal*, jour par jour et à mesure qu'ils arrivoient, ne peut pas être soupçonné d'avoir confondu les dates. D'un autre côté, Marmontel, qui avoit été le concurrent de l'abbé de Radonvilliers, n'a pas dû être trompé par sa mémoire au point de rapporter involontairement à cette époque marquante pour lui, un fait antérieur de quatorze ans, et dont on avoit beaucoup parlé dans le temps. Enfin il n'y a point d'apparence que ce fait soit arrivé deux fois, à si peu de distance et entre les mêmes hommes; ceux qui y avoient été pris déja, ne devant pas être tentés de subir de nouveau une si forte humiliation. Faut-il donc croire que Marmontel, accoutumé à composer des romans, a quelquefois cédé à la force de l'habitude en écrivant ses mémoires, et n'a pu résister à

« candidat, on mettoit la boule blanche dans le gobelet blanc,
« la noire dans le noir; et lorsqu'on lui étoit contraire, on met-
« toit la boule blanche dans le gobelet noir, la noire dans le
« blanc. Ainsi, lorsqu'on vérifioit le scrutin, il falloit retrouver
« le nombre des boules, et en trouver autant de blanches dans
« la capsule noire qu'il y en avoit de noires dans la capsule blan-
« che. » (*Mémoires de Marmontel*, tome II, livre VII, page 270
et 271.)

l'envie d'embellir d'un incident assez plaisant le récit d'un événement où lui-même avoit joué un rôle? Quelque opinion qu'on ait à ce sujet, il reste toujours à Duclos l'honneur d'un trait singulier de prévoyance.

Il fut un de ceux qui opinèrent pour Piron toutes les fois qu'il fut question de lui pour être de l'académie. On opposoit sans cesse à ce poëte sa trop fameuse ode; voici de quelle manière Collé prétend que Duclos réfutoit l'objection : « S'il y avoit eu une « académie romaine, auroit-on refusé d'y admettre « Virgile, Horace et Ovide, les deux premiers par-« cequ'ils ont fait, l'un des églogues et l'autre des odes « un peu libres, et le dernier parcequ'il a composé « l'*Art d'aimer* et d'autres poésies licencieuses ? La « postérité trouveroit-elle aujourd'hui ces raisons « suffisantes? Si vous n'en avez point d'autres que « celles-là pour donner l'exclusion à Piron, je ne les « crois pas assez fortes. Je le dis d'une façon d'autant « plus désintéressée, que moi personnellement je « n'aime point Piron ; mais j'estime ses ouvrages à « beaucoup d'égards [1].

On auroit tort de croire de cette apologie de Piron, que Duclos avoit du goût ou seulement de l'indulgence pour les productions obscènes. Un auteur ayant envoyé au concours de 1768 une pièce de vers du genre et même du style le plus licencieux, et ayant eu l'impudence de se faire connoître, Duclos lui écrivit une lettre très forte pour lui dire que cette

---

[1] *Journal historique* de Collé, pag. 247.

fois l'académie vouloit bien ne pas le dénoncer à la police, et lui épargner le châtiment qu'il méritoit.

Jaloux de l'honneur de cette académie, il vouloit avec raison qu'on y admît l'auteur de la *Métromanie*, malgré le tort de son ode, et le tort plus grave encore, littérairement parlant, d'un grand nombre d'ouvrages de mauvais goût; mais il s'opposoit de toutes ses forces à ce qu'on y reçût de ces hommes frappés de nullité, qui croient mériter l'académie, parcequ'il y a long-temps qu'ils y aspirent, à-peu-près comme un soldat, sans avoir fait campagne, gagne les Invalides, parcequ'il est devenu vieux. Quelqu'un sollicitoit des voix pour l'abbé Trublet : « Il y a tant « d'années, disoit-il, qu'il est sur les rangs sans arri- « ver, qu'il en est tombé malade. L'académie, ré- « pondit Duclos, n'a point été établie pour les incu- « rables.[1] »

On lui reprochoit de ne point remplir avec assez de dignité les fonctions de secrétaire perpétuel dans les assemblées publiques de l'académie; en un mot, de *se mettre trop à son aise*. Il paroît au moins certain qu'il s'y mettoit beaucoup dans les assemblées particulières. Il lui arrivoit quelquefois d'y laisser échapper d'assez gros jurons. « Monsieur, lui dit un

---

[1] On rapporte un autre trait tellement semblable à celui-ci pour le fond, que ce pourroit bien être le même, avec quelques changements dans les circonstances. M. de Bougainville, dit-on, sollicitant Duclos pour être de l'académie, lui faisoit entendre qu'étant atteint d'une maladie qui le minoit, il laisseroit bientôt la place vacante; à quoi Duclos répondit : « Ce n'est point à l'aca- « démie à donner l'extrême-onction. »

« jour l'abbé du Resnel, sachez qu'on ne doit pro-
« noncer dans l'académie que des mots qui se trou-
« vent dans le dictionnaire. »

Ce dictionnaire, toujours critiqué et toujours suivi, fut l'objet des soins constants et particuliers de Duclos. Il tint la plume pour l'édition de 1762, et contribua plus que personne à son amélioration par ses connoissances grammaticales, et son talent pour la définition juste, claire et précise. Ce fut lui qui fit substituer aux insipides lieux communs de morale proposés jusqu'alors pour sujets du prix d'éloquence, les éloges des grands hommes de la nation, et qui par conséquent nous valut les discours éloquents, ingénieux ou littéraires, de MM. Thomas, Chamfort, La Harpe, et quelques autres. L'académie des inscriptions et belles-lettres lui dut aussi une réforme, celle des approbations que des commissaires pris dans son sein donnoient aux ouvrages de ses membres. Ces approbations se rédigeoient au gré des commissaires et dans des termes plus ou moins louangeurs, selon le degré de liaison qui existoit entre les examinateurs et les auteurs examinés. Sur la proposition de Duclos, elles furent réduites à une formule uniforme et invariable, qui prévenoit à-la-fois l'inconvénient de trop louer un ouvrage médiocre, et celui de mécontenter un auteur qui se trouvoit moins loué que les autres [1].

[1] Duclos donna dans l'académie des inscriptions un exemple de rare désintéressement. Il renonça à la pension où il étoit près d'arriver, et passa à la vétérance.

Cette activité vigilante, ce zèle ardent pour la gloire et les intérêts des deux académies, et particulièrement de l'académie françoise, firent accuser Duclos de se mêler de trop de choses, et d'aimer trop à paroître. C'est un petit ridicule que les gens qui ne font rien se sont toujours plu à jeter sur ceux qui font beaucoup.

C'est ainsi que dans le monde on accuse de vouloir dominer dans la conversation et briller aux dépens des autres, ceux qui ont beaucoup d'esprit et le montrent. Duclos pouvoit moins que personne échapper à cette accusation. « De tous les hommes « que je connois, disoit d'Alembert, Duclos est celui « qui a le plus d'esprit dans un temps donné. » Cette phrase mathématique confirme ce qu'on a souvent dit de son genre de conversation. Il causoit moins qu'il ne parloit : pour lui l'entretien n'étoit pas une alternative de questions et de réponses, de discours et de silence; c'étoit une succession rapide de saillies vives, de traits piquants, de mots tournés comme pour produire de l'effet et se graver dans la mémoire : tout cela exprimé avec une précision tranchante, débité d'un ton de voix élevé et mordant, et appuyé d'un geste court et significatif [1]. Duclos avoit montré de bonne heure du goût et du talent pour la dispute, et c'est peut-être sur cet indice que ses parents avoient cru trouver en lui de grandes dispositions pour la profession d'avocat; mais dans la suite

---

[1] Les idées se présentoient à lui avec tant d'abondance, disoit M. Abeille, que s'il n'eût pas eu la phrase serrée, il eût été bègue.

il renonça à la contradiction, quoiqu'il l'eût, dit-il lui-même, plus gaie qu'amère. Son opinion paroissoit arrêtée et sa phrase faite à-peu-près sur tout : dès qu'il avoit jeté son mot, il laissoit le champ libre à la controverse, et ne s'y engageoit pas. De pareilles formes de conversation, en repoussant la discussion et presque l'examen, sembloient commander la soumission aux esprits, et par conséquent blessoient l'amour-propre de beaucoup de gens. C'est là sans doute ce qui fit donner à Duclos, par un grand seigneur, la qualification de *bavard impérieux* [1]. Au surplus, ses ennemis eux-mêmes conviennent qu'à part le ton absolu et dominateur, son entretien étoit aussi agréable qu'instructif, attendu qu'il le montoit toujours sur quelque point intéressant, et y semoit une foule d'anecdotes curieuses. Il aimoit beaucoup les anecdotes, et alloit sans cesse les recueillant auprès de ceux qui les savoient d'original. « Mais il les « aimoit trop, dit M. de Vauxcelles, pour n'en être « pas quelquefois la dupe [2]. Il étoit plein tout à-la-« fois de probité et de malice. Il étoit porté à croire « qu'un récit malin étoit vrai, et qu'un récit vrai de-« voit être malin. » Ce portrait est un de ceux dont

---

[1] Un autre grand seigneur, auteur d'un mauvais livre, choqué apparemment de la liberté avec laquelle Duclos s'expliquoit sur les vices et les ridicules des gens de la cour, ne l'appeloit que *ce plébéien révolté*.

[2] M. de Malesherbes s'est cru obligé de réfuter Duclos sur ce qu'il avoit dit de son bisaïeul, le président de Lamoignon, au sujet de l'acquisition de la terre de Courson.

le naturel et l'air de vérité garantissent presque la ressemblance. En effet, la curiosité va rarement sans la malignité, et l'une n'est jamais plus satisfaite que quand l'autre est un peu flattée [1].

Il est facile de se figurer qu'avec son caractère franc et son tour d'expressions vif et piquant, Duclos a dû passer pour caustique. C'est encore un reproche que presque tous les gens d'esprit ont eu le malheur, ou, si l'on veut, le tort de s'attirer. Heureusement il ne leur est guère fait que par les sots. Il est cependant à remarquer que ceux-ci ont beaucoup moins de véritable indulgence que les premiers. Dès qu'un ridicule est assez grossier pour ne point leur échapper, ils fondent dessus sans retenue, sans pitié; mais comme leurs coups mal dirigés retombent ordinairement sur eux-mêmes, on oublie leur intention à laquelle le fait n'a point répondu, et ils deviennent un objet de compassion ou de risée plutôt que de haine ou de crainte. Les gens d'esprit au contraire aperçoivent trop de ridicules pour n'en pas épargner beaucoup; et quand ils ne peuvent résis-

---

[1] Quel que fût l'amour de Duclos pour les anecdotes, il y vouloit du choix, et ne pouvoit souffrir qu'on s'occupât gravement des misères du lever, du coucher et du débotter. Il disoit à propos de certains courtisans qui y attachoient beaucoup d'importance: « Quand je dîne à Versailles, il me semble que je « mange à l'office. On croit entendre des valets qui s'entretien- « nent de ce que font leurs maîtres. »

Il se plaignoit de ce qu'on retenoit mal ses anecdotes, et de ce qu'on les citoit de travers: *On me gâte mes bonnes histoires*, disoit-il.

ter à l'envie d'en attaquer un, c'est presque toujours sans animosité et avec des ménagements que la sottise ne connoît pas, ou dont elle feroit un usage maladroit; mais leur bras est plus assuré, leurs armes sont de meilleure trempe, les blessures qu'elles font guérissent difficilement, et l'ennemi qu'elles ont blessé, l'amour-propre, ne pardonne jamais. Au reste, la causticité de Duclos n'étoit pas cette moquerie, à-la-fois légère et cruelle, d'un homme qui s'amuse et veut amuser les autres des travers qu'il a saisis : c'étoit presque toujours l'expression soudaine et énergique de l'indignation qu'excitoient en lui le vice et la bassesse. Quelques traits en feront mieux juger que toutes les définitions. Il disoit d'un homme enrichi par les plus vils moyens et endurci aux affronts : « On lui crache au visage, on le lui essuie « avec le pied, et il remercie. » L'abbé d'Olivet avoit auprès d'un grand nombre de ses confrères la réputation d'être fourbe et perfide : Duclos, qui avoit de lui cette opinion, ne laissoit échapper aucune occasion de le maltraiter; et l'abbé, avec la fausse résignation des gens de ce caractère, ne répondoit rien à ses outrages : « C'est un si grand coquin, disoit Du-« clos, que, malgré les duretés dont je l'accable, il « ne me hait pas plus qu'un autre. » L'abbé de Voisenon avoit composé des couplets en l'honneur de madame du Barri et du chancelier Maupeou, qui avoient fait exiler M. de Choiseul, son bienfaiteur. L'académie françoise, dont il étoit membre, délibéroit si elle ne lui feroit pas des reproches d'une con-

duite aussi peu délicate : « Eh! messieurs, dit Duclos,
« pourquoi voulez-vous tourmenter ce pauvre in-
« fame? » Il connoissoit depuis long-temps l'abbé de
Voisenon, et voyoit dans son tort moins un vice de
cœur qu'un défaut de caractère : de là ce mélange de
mépris et d'indulgence pour lui[1]. Rien n'a été plus
souvent cité que son mot sur les hommes puissants
qui n'aiment pas les gens de lettres : « Ils nous crai-
« gnent comme les voleurs craignent les réverbères » ;
et cet autre : « Un tel est un sot ; c'est moi qui le dis,
« c'est lui qui le prouve » ; mais, comme ils semble-
roient manquer à une notice où l'on a eu dessein de
faire connoître à fond le genre de caractère et d'esprit que Duclos portoit dans la société, nous n'avons
pas cru devoir les omettre. Le même motif nous engage à rapporter encore quelques anecdotes plus ou
moins connues.

D'après tout ce que nous avons dit jusqu'ici du
ton de franchise et de liberté que Duclos mettoit
dans ses discours, on a déja pu présumer qu'il étoit
tout-à-fait exempt de cette ridicule délicatesse qui
interdit aux autres et se défend à elle-même tout
propos un peu gai. C'est une remarque triviale à

---

[1] Lorsque l'abbé de Voisenon fut nommé plénipotentiaire de
l'évêque de Spire, Duclos lui dit : « Je vous félicite, mon cher
« confrère ; vous allez enfin avoir un caractère. » Nous ne voulons pas faire honneur à l'esprit de Duclos d'un jeu de mots médiocre ; mais seulement faire connoître d'autant plus son opinion
sur l'abbé de Voisenon, le plus léger et le plus inconséquent des
hommes.

force d'être juste que cette décence de paroles est toujours en proportion de la licence de mœurs des siècles et des sociétés où elle règne; et l'on diroit presque qu'il y a le même genre d'inconvénient à raconter des aventures lestes en présence de certaines femmes, qu'à parler de mauvaises affaires devant un homme qui a dérangé les siennes. Duclos pensoit donc que les femmes les moins vertueuses sont souvent celles qui s'offensent le plus des discours libres; mais il pressoit peut-être un peu trop la conséquence contraire. Il disoit un jour à mesdames de Rochefort et de Mirepoix que les courtisanes devenoient bégueules, et ne vouloient plus entendre le moindre conte un peu vif. Elles étoient, disoit-il, plus timorées que les femmes honnêtes; et là-dessus il entame une histoire fort gaie; puis une autre encore plus forte; enfin, à une troisième qui commençoit plus vivement encore, madame de Rochefort l'arrête, et lui dit: « Prenez donc garde, Duclos; « vous nous croyez aussi par trop honnêtes femmes. » Il parloit un jour devant cette même madame de Rochefort du paradis que chacun se fait à sa manière. « Pour vous, Duclos, lui dit-elle, voici de « quoi composer le vôtre; du pain, du vin, du fro- « mage et la première venue. » Cette saillie, dont il ne faut, comme de raison, prendre que l'esprit, peint d'une manière assez vraie la simplicité de goûts que Duclos portoit dans tous ses plaisirs, et qui provenoit en grande partie de sa complexion forte et de son excellente santé. Ceux qui raffinent tant sur les

jouissances auroient souvent besoin de se les interdire tout-à-fait. Quant à lui, il avoit des sens fort exigeants, et il les satisfaisoit sans beaucoup de recherche ni de scrupule. Il avoit contracté dans sa jeunesse l'amour de la table et du vin qui n'étoit point encore exclu de la bonne compagnie; et lorsqu'on l'en bannit, il demeura fidéle à ses premiers goûts, au risque de passer pour un homme de mauvais ton, ce qui lui arriva bien quelquefois [1]. Il étoit ennemi de la contrainte à un tel degré que, pour s'en affranchir, il auroit commis plus que des impolitesses. Un homme se plaignoit à lui de s'être fort ennuyé à un sermon prêché dans la chapelle de Versailles. « Pourquoi, lui dit Duclos, êtes-vous resté jus-
« qu'à la fin ? — J'ai craint de déranger l'auditoire et de
« le scandaliser. Ma foi, reprit Duclos, plutôt que d'en-
« tendre un mauvais sermon, je me serois converti au
« premier point. » On se rappelle qu'il détestoit M. de Calonne, et pour quel motif. Un de ses amis l'invite à dîner sans le prévenir que M. de Calonne doit en être. On annonce celui-ci; il entre : Duclos, qui étoit

[1] Voici comme M. de La Harpe le peint dans la jolie pièce de vers qui a pour titre : *L'Ombre de Duclos.* C'est Duclos lui-même qui parle :

Je fus véridique,
Peu courtisan, mais *excellent buveur,*
Très bon convive, un peu brusque et parleur,
Et dans le vin sur-tout plein d'éloquence.
. . . .
Piron et moi, de la vieille méthode
Nous fûmes seuls fidéles sectateurs,
Et les derniers des beaux-esprits buveurs.

déja arrivé, ne l'a pas plus tôt aperçu, qu'il prend son épée et son chapeau ; va au maître de la maison, lui dit tout haut en face du nouveau convive : « Vous « ignoriez donc, monsieur, que je ne pouvois pas « me trouver avec cet homme-là » ? et sort aussitôt sans attendre de réponse.

Quelques lecteurs, habitués à ne voir que des panégyriques absolus dans toutes les notices consacrées aux personnages célèbres, pourront s'étonner de ce que nous avons cité plusieurs traits de Duclos, qui, sans ternir sa mémoire, du moins ne l'honorent pas. Ils penseront peut-être qu'une envie indiscrète de tout dire a égaré notre zèle et trompé notre intention ; car ils ne peuvent nous supposer des vues malignes. Que ces lecteurs se rassurent : nous avons voulu retracer les défauts de Duclos comme ses qualités, ses travers comme ses agréments, et nous serions bien surpris à notre tour qu'il perdît quelque chose à être connu tout entier. Lui-même ne le craignoit pas. *Les Confessions du comte de* *** ayant remis les portraits à la mode, M. de Forcalquier-Brancas fit celui de Duclos, et Duclos s'en exprima ainsi : « On a fait de moi un portrait que j'ai trouvé trop « flatteur [1] : cela m'a donné l'envie de me peindre

[1] Nous mettons ici le portrait de Duclos par M. de Forcalquier-Brancas :

« L'esprit étendu, l'imagination bouillante, le caractère doux « et simple, les mœurs d'un philosophe, les manières d'un étour- « di. Ses principes, ses idées, ses mouvements, ses expressions, « sont brusques et fermes. Emporté par les passions jusqu'au

« mei-même. Je ne sais si le portrait sera vrai ; mais
« je suis sûr d'en avoir l'intention la plus sincère. » Or
voici ce portrait que Duclos fit de lui-même ; tous
ceux qui ont été à portée de voir l'original, en attestent
l'extrême ressemblance. « Je me crois de l'es-
« prit, et j'en ai la réputation ; il me semble que
« mes ouvrages le prouvent. Ceux qui me connois-
« sent personnellement, prétendent que je suis su-
« périeur à mes ouvrages. L'opinion qu'on a de moi
« à cet égard, vient de ce que dans la conversation,
« j'ai un tour et un style à moi, qui, n'ayant rien de
« peiné, d'affecté, ni de recherché, est à-la-fois sin-

« transport, il les abandonne dès qu'elles s'écartent du chemin
« de la probité. Il n'a pas besoin d'être ramené dans les voies
« honnêtes par les réflexions ; un instinct heureux, aussi sûr que
« ses principes, et qui ne le quitte pas même dans l'ivresse des
« sens, l'a conduit, sans jamais l'égarer, à travers l'écueil de tou-
« tes les passions. Il n'a que de l'amour-propre et point d'orgueil.
« Il cherche l'estime et non les récompenses. Il sait un gré infini
« à ceux qui le connoissent de bien sentir tout ce qu'il vaut. Il
« cherche par de nouveaux efforts à convaincre de la supériorité
« de ses lumières ceux qui n'en ont pas encore bien démêlé toute
« l'étendue ; mais il pardonne au roi de ne le pas faire ministre,
« aux seigneurs d'être plus grands que lui, aux gens de son état
« d'être plus riches. Il regarde la liberté dont il jouit comme le
« premier des biens, et les chaînes que son cœur lui donne sans
« cesse comme des preuves de cette liberté : c'est sous cette ap-
« parence qu'il les reçoit sans s'en apercevoir. Ce qui lui manque
« de politesse fait voir combien elle est nécessaire avec les plus
« grandes qualités : car son expression est si rapide et quelque-
« fois si dépourvue de graces, qu'il perd avec les gens médiocres
« qui l'écoutent ce qu'il gagne avec les gens d'esprit qui l'enten-
« dent. »

« gulier et naturel. Il faut que cela soit; car je ne le
« sais que sur ce qu'on m'en a dit : je ne m'en suis
« jamais aperçu moi-même. Il n'est pas rare qu'on
« prenne, dès la première entrevue, l'opinion qu'on
« a de mon esprit. Je rougis dans le moment du té-
« moignage que je me rends; mais je le crois juste.
« Avant de passer à l'article du cœur, je dois dire
« quelque chose de l'amour-propre qui participe tou-
« jours de l'esprit et du cœur.

« Je suis né avec beaucoup d'amour-propre, mais
« je sens que j'en ai perdu une partie, sans qu'il soit
« aisé aux autres de s'en apercevoir. Je ne dois pa-
« roître modeste qu'à ceux dont je ne me soucie pas.
« La franchise de mon amour-propre est une preuve
« de mon estime et de mon goût pour ceux à qui je
« le montre. J'ai là-dessus la confiance la plus mal-
« adroite. Je devrois savoir qu'on suppose toujours à
« un homme plus d'amour-propre qu'il n'en montre,
« et j'en montre quelquefois plus que je n'en ai. Par
« exemple, lorsque je crois qu'on veut me rabaisser,
« je me révolte, je crois devoir me rendre justice, je
« dis alors de moi tout ce que je pense et sens, et la
« contradiction me fait peut-être penser de moi plus
« de bien qu'il n'y en a.

« A l'égard de mon cœur, j'en parlerai comme de
« mon esprit. Je l'ai bon, et j'en ai la réputation;
« mais il n'y a que moi qui sache jusqu'à quel point
« je suis un bon homme. Je suis très colère, nulle-
« ment haineux, et, ce qui est rare parmi les gens de
« lettres, sans jalousie : mes confrères mêmes le di-

« sent. Je ne suis pas grossier, mais trop peu poli
« pour le monde que je vois. Je n'ai jamais travaillé
« sur moi-même, et je ne crois pas que j'y eusse
« réussi. J'ai été très libertin par force de tempéra-
« ment, et je n'ai commencé à m'occuper formelle-
« ment des lettres que rassasié du libertinage, à-peu-
« près comme ces femmes qui donnent à Dieu ce que
« le diable ne veut plus. Il est pourtant vrai qu'ayant
« fort bien étudié dans ma première jeunesse, j'avois
« un assez bon fonds de littérature que j'entretenois
« toujours par goût, sans imaginer que je dusse un
« jour en faire ma profession. »

Si l'on veut bien nous pardonner d'avoir développé un peu longuement un caractère qui n'étoit pas généralement connu, et qui méritoit de l'être, nous serions inexcusables de nous étendre sur des ouvrages que tout le monde a lus, et sur lesquels le public s'est fait une opinion à laquelle la nôtre n'ajouteroit et sur-tout ne changeroit rien. Nous nous contenterons de rapporter en peu de mots les suffrages les plus honorables donnés à ces différents écrits, et quelques particularités qui en composent, pour ainsi dire, l'histoire.

Les *Considérations sur les Mœurs* sont sans contredit le chef-d'œuvre de Duclos. Louis XV dit de ce livre : *C'est l'ouvrage d'un honnête homme;* il auroit pu ajouter : et d'un homme de beaucoup d'esprit; mais plusieurs littérateurs célèbres l'ont dit pour lui, entre autres M. de La Harpe, qui en a parlé en ces termes : « Le monde y est vu d'un coup-d'œil

« rapide et perçant. Il est rare qu'on ait rassemblé
« plus d'idées justes et réfléchies et plus ingénieuse-
« ment encadrées. Cet ouvrage est plein de mots
« saillants qui sont des leçons utiles. C'est par-tout
« un style concis et serré dont l'effet ne tient ni à l'i-
« magination, ni au sentiment, mais au choix et à la
« quantité de termes énergiques et quelquefois sin-
« guliers qui forment la phrase, et qui tous sont des
« pensées. Il en résulte un peu de sécheresse; mais
« il y a en revanche une plénitude et une force de
« sens qui plaît beaucoup à la raison [1]. » M. de Fontanes a dit du même livre : « Jamais la raison d'un
« sage ne se montra plus ingénieuse [2]. » Au jugement
de ces deux habiles critiques on peut ajouter celui
que Duclos portoit sur lui-même comme observateur
et comme écrivain. « Je ne regarde pas tout, disoit-
« il, mais ce que je regarde, je le vois. Je n'ai point
« de coloris, disoit-il encore, mais je serai lu. » Il est
impossible de poser d'une main plus juste les bornes
de son propre mérite.

Il passe pour constant auprès de beaucoup de
personnes que le mot *femme* n'est pas employé une
seule fois dans les *Considérations sur les Mœurs*; et
M. de La Harpe lui-même fait mention de cette prétendue découverte. Voici l'incident qui y conduisit :
on s'entretenoit dans une société de l'orthographe
de Duclos, et l'on en citoit comme exemple ce même
mot *femme* que l'auteur écrit toujours ainsi : *fame*.

---

[1] *Cours de littérature*, tom. XV, pag. 267.
[2] *Clef du cabinet*, mois de germinal an 5, pag. 869.

Quelqu'un parut en douter. On ouvrit les *Considérations* avec la certitude d'en rencontrer la preuve à chaque page; elle ne s'offrit point: on parcourut attentivement tout le volume sans plus de succès, et l'on se crut assuré que le mot fatal ne s'y trouvoit pas. La personne à qui le fait est arrivé et de qui nous le tenons, justement surprise de ce que les femmes n'étoient pas seulement nommées dans l'histoire morale d'un siècle où elles ont joué un si grand rôle, en parla à Duclos lui-même qui partagea son étonnement. La vérité cependant est que le mot *femme* se trouve dans les *Considérations*, au chapitre V *sur la Réputation, la Célébrité, la Renommée*, etc. [1]. Au reste, s'il a paru singulier qu'il ne s'y trouvât point du tout, il est peut-être plus singulier encore qu'il ne s'y trouve qu'une seule fois; car alors on ne peut plus croire, comme dans le premier cas, que l'auteur ait affecté de ne point s'en servir, ou qu'il ait totalement perdu de vue l'objet qu'il représente.

J'ai vécu; ces mots qui sont le début de l'ouvrage, ont déplu à plusieurs personnes. M. Palissot les a tournés en ridicule dans sa comédie des *Philosophes* [2]; et une femme de grand nom, lisant ces

---

[1] Voyez tom. I, pag. 76 de cette édition.

[2] Cydalise, personnage ridicule, voulant commencer un livre, dit à celui qui lui sert de secrétaire :

    Écrivez : *J'ai vécu*. Non, c'est mal débuter.
. . . .
    J'ai vécu ne vaut rien. . . . .
    . . . Je cherche un tour qui soit moins familier.

mêmes mots : *J'ai vécu*, s'interrompit en disant : *Où? dans un café.* L'insulte étoit bien gratuite de toute façon. Duclos, quoique peu poli, n'avoit ni le langage, ni les manières d'un homme qui avoit passé sa vie dans les cafés ; ce n'étoit point là qu'il observoit la société ; et, pour répondre encore plus directement, depuis les cafés Gradot et Procope qu'il fréquentoit dans sa jeunesse, et qui étoient alors bien composés, il avoit cessé tout-à-fait de mettre les pieds dans ces sortes d'endroits [1].

Les *Considérations sur les Mœurs* ont été traduites en anglois et en allemand. Le même honneur a été fait à la plupart des autres ouvrages de Duclos.

Les *Mémoires pour servir à l'histoire du dix-huitième siècle* sont regardés par tout le monde, et ont été donnés par Duclos lui-même comme la suite des *Considérations*. Ils sont destinés plus particulièrement à peindre les *mœurs* des femmes. Les femmes sont l'objet continuel du livre, et l'auteur du *Cours de littérature* présume que Duclos a voulu les dédommager de ce qu'il n'avoit pas parlé d'elles dans ses *Considérations*, et a cru (ce sont les propres termes de M. de La Harpe) « que cette moitié du genre « humain, qui peut-être vaut mieux que l'autre, mé- « ritoit qu'il en traitât à part. » Quoi qu'il en soit de cette conjecture, l'ouvrage de Duclos avec lequel les

---

M. Palissot dit ailleurs qu'un homme d'esprit, choqué de ce début, dit que ce n'étoit pas l'auteur, mais son livre mort-né, qui disoit : *J'ai vécu.*

[1] Voyez ses *Mémoires*.

Mémoires pour servir à l'histoire du dix-huitième siècle ont le plus de rapports, sont les *Confessions du comte de****. Tous deux sont des romans; tous deux sont une suite de portraits, un enchaînement d'aventures galantes arrivées à un même personnage qui en fait le récit; tous deux sont un cadre uniquement destiné à contenir des aperçus, des dissertations et des jugements sur les mœurs de la société, et principalement sur le genre de sentiment et de liaison qui rapproche les deux sexes; enfin, ce qui met le comble à toutes ces ressemblances, et en est peut-être un effet, tous deux ont mérité les mêmes éloges et les mêmes reproches. Dans l'un et dans l'autre, la partie dramatique est foible, quelques situations ont paru amenées moins heureusement ou trop peu développées; mais les caractères sont tous supérieurement tracés, les observations sont justes et fines, les réflexions ingénieuses et piquantes. Dans Duclos, le romancier est inférieur et subordonné au moraliste. Il avoit toute la sagacité, toute la pénétration qui conviennent à celui-ci; il n'avoit peut-être pas l'imagination et la sensibilité qui sont nécessaires à l'autre. Aussi les formes du roman ne lui servoient-elles que de prétexte pour faire part au public du résultat de ses méditations philosophiques.

Il semble pourtant avoir ambitionné une fois le succès réservé à ceux qui créent des aventures touchantes et mettent en jeu les passions humaines. C'est dans la *Baronne de Luz*. Il y a sans doute de l'intérêt et même du pathétique; mais le peintre de caractères y tient encore plus de place que le peintre de situations. Ce roman, comme on sait, a pour but de prouver qu'une femme peut perdre son honneur sans perdre son innocence : la vertu de madame de Luz est mise plusieurs fois de suite à cette sorte d'épreuve. On trouva dans le temps que quelques uns de ces incidents étoient peu naturels, et le livre fut regardé comme un jeu d'esprit, comme une espéce de gageure. Duclos en fit adroitement l'apologie dans une lettre qu'un de ses amis étoit censé lui adresser à ce sujet. L'auteur de cette lettre auroit dû rester bien caché, puisque plusieurs des torts reprochés à l'ouvrage y étoient sincèrement avoués ; mais il fut impossible de ne pas reconnoître Duclos à sa manière. Peu d'écrivains en ont eu une aussi décidée.

On la retrouve encore tout entière dans *Acajou et Zirphile*, qui n'est pourtant qu'une bagatelle, un vrai conte de fées. Nous avons déja eu occasion de faire savoir pourquoi et comment il fut composé. Nous dirons seulement ici que la bizarrerie des situations données par des estampes est très heureusement sauvée, au moyen de l'espéce de merveilleux qu'admet la féerie, et que ce fond si futile, si grotesque, est semé de traits qu'on ne s'attend guère à rencontrer dans un livre digne, par le sujet, de figurer dans la *Bibliothèque bleue*.

Il y a loin d'*Acajou* à l'*Histoire de Louis XI*. De tous les ouvrages de Duclos, c'est celui qui a été le plus diversement jugé, quant à la forme sur-tout. Les uns en ont comparé le style à celui de Tacite qu'en effet l'auteur semble avoir voulu imiter pour la profondeur, la force, la précision et une certaine recherche curieuse des causes secrètes de tous les événements. Les autres ont prétendu que Duclos n'avoit ni l'élévation, ni l'abondance, ni la gravité que demande l'histoire, que sa diction étoit trop coupée, trop épigrammatique; quelques uns ont attaqué le fond de l'ouvrage : selon eux, Duclos n'avoit pas assez médité sur sa matière, n'avoit pas su se la rendre propre par une étude longue et approfondie. On assure que le chancelier d'Aguesseau, lisant l'*Histoire de Louis XI* dans sa nouveauté, disoit, à de certains endroits : « Ah! mon ami, qu'on voit bien « que tu ne sais tout cela que d'hier au soir[1]! Presque toutes ces critiques sont fondées sans doute; mais l'*Histoire de Louis XI* n'en est pas moins un ouvrage rempli de recherches curieuses où, comme le dit M. de Beauvau, « l'auteur raconte avec rapi-« dité, énergie et impartialité, les évènements d'un « des règnes les plus remarquables de la monarchie « et qui prépara la révolution la plus importante dans « le gouvernement et dans les mœurs. » Le recueil de *Pièces Justificatives*, qui y fait suite, est juste-

---

[1] Voici comme Chamfort rapporte ce même mot : « C'est un « ouvrage composé d'aujourd'hui avec l'érudition d'hier. »

M. Senac de Meilhan, dans ses *Considérations sur l'esprit et les mœurs*, voulant expliquer pourquoi Duclos n'a pas réussi à peindre un roi mort depuis trois siècles, lui qui peignoit si bien ses contemporains, dit : C'est que Duclos n'avoit pas soupé avec « Louis XI. »

ment estimé par tous ceux qui étudient les antiquités de notre histoire.

Les *Mémoires Secrets des règnes de Louis XIV et de Louis XV* sont un autre ouvrage historique de Duclos; mais, dans le jugement qu'on en a porté, la critique n'est point venue se mêler à la louange. C'est que cet ouvrage étoit tout-à-fait dans l'espèce et dans la mesure de son talent. Les qualités qui lui manquoient pour composer une histoire en forme, auroient été déplacées dans des mémoires, et tous les défauts qu'il avoit montrés dans ce premier genre d'écrits, ont été précisément regardés comme autant de qualités dans le second. « Ces *Mémoires*, dit Cham-
« fort, sont le fruit du travail de plusieurs années;
« c'est le tableau des évènements qui se sont passés
« sous les yeux de Duclos, dont il a pénétré les cau-
« ses, dont il a, en quelque sorte, manié les res-
« sorts. L'auteur a vécu avec la plupart de ceux qu'il
« a peints. Il les avoit observés avec cette sagacité
« fine et profonde qu'il a développée dans les *Consi-*
« *dérations sur les Mœurs*. C'étoit le vrai caractère de
« son esprit[1]. » Duclos, historiographe de France, ne vouloit pas qu'entre ses mains cet emploi fût un vain titre; mais il ne vouloit pas non plus, comme il le disoit lui-même, s'avilir par l'adulation, ni se perdre par la vérité. Il se détermina donc à ne point faire imprimer, de son vivant, son *Histoire du règne présent* (c'est ainsi qu'il la nommoit); et, dans la

[1] OEuvres de Chamfort, tom. III, pag. 206.

crainte que le gouvernement ne s'en emparât et ne l'anéantît, il en fit faire plusieurs copies qu'il envoya, hors du royaume, à différentes personnes, entre autres au cardinal de Bernis, son ami, qui joue lui-même un grand rôle dans la dernière partie de l'ouvrage. L'expérience a prouvé que cette précaution n'étoit pas tout-à-fait inutile; car à peine Duclos eut-il les yeux fermés, qu'un exempt vint de la part du roi demander tous les papiers relatifs à l'histoire, qui pouvoient se trouver chez lui. L'existence des *Mémoires Secrets* étoit connue bien avant qu'ils fussent imprimés. Duclos en avoit lu des morceaux à plusieurs gens de lettres, et notamment à M. de Vauxcelles, qui, très amateur lui-même d'anecdotes, a réfuté ou modifié quelques unes de celles de Duclos en marge de son exemplaire. Nous avons placé ses notes à la fin du premier volume des *Mémoires*, sur lequel elles portent toutes, afin que le lecteur compare, discute et se décide.

De même que les *Mémoires Secrets*, le *Voyage en Italie* de Duclos n'a été imprimé que depuis la révolution. Chamfort, qui rendit compte de ces deux ouvrages dans le *Mercure*, s'exprime ainsi au sujet du dernier. « Cet écrit ne peut qu'honorer la mé-
« moire et le talent de Duclos. On y retrouve son
« esprit d'observation, sa philosophie libre et mesu-
« rée, sa manière de peindre par des faits, des anec-
« dotes, des rapprochements heureux [1]. » M. de Fon-

---

[1] OEuvres de Chamfort, tom. III, pag. 227.

tanes, dans l'article déja cité, en parle à-peu-près de la même manière; mais, ce que Chamfort s'est gardé de faire, il s'étonne que Duclos n'ait rien dit des chefs-d'œuvre des arts qui couvrent l'Italie, et il ajoute : « Si par hasard Duclos et Winkelman s'é-
« toient rencontrés à Rome, ils n'auroient pu conce-
« voir mutuellement leur genre de vie. L'ami des
« arts, Winkelman, se fût, à coup sûr, indigné
« contre l'indifférence du bel-esprit françois; Duclos,
« à son tour, eût ri d'un enthousiasme qu'il ne pou-
« voit partager, et peut-être eût-il fait un joli chapi-
« tre contre la manie des admirateurs exclusifs de
« l'antiquité. » L'observation est spirituelle; elle a toute la justesse absolue qu'on peut desirer; et les choses auroient peut-être dû se passer comme l'a dit M. de Fontanes; mais par malheur elles se sont passées tout autrement. Duclos et Winkelman se sont vus, et ils se sont fort goûtés. Voici ce qu'en dit Duclos : « On a beaucoup écrit sur Herculane;
« mais personne n'a rien donné de si savant et de si
« instructif que l'abbé Winkelman, le plus habile
« antiquaire que j'aie connu. Il étoit, en cette qua-
« lité, attaché au pape, et fort communicatif; *je pre-
« nois à Rome grand plaisir à converser avec lui.* Il
« avoit consenti à une correspondance avec moi, et
« j'ai appris, avec la plus vive douleur, le crime qui
« nous l'a enlevé [1]. » Duclos a intitulé son voyage : *Considérations sur l'Italie;* titre qui convient mieux

---

[1] *Voyage en Italie.*

que tout autre à une relation qui n'est ni un itinéraire, ni une description des lieux, mais le coup-d'œil d'un observateur sur les gouvernements, les hommes, les mœurs générales et celles des différentes classes de la société.

Les *Remarques sur la Grammaire générale et raisonnée de Port-Royal* ont toujours joui de beaucoup d'estime. MM. de Beauvau et Beauzée, l'un directeur de l'académie françoise, l'autre récipiendaire en remplacement de Duclos, en ont fait le plus grand éloge dans leurs discours. Il est vrai qu'outre leurs sentiments personnels pour l'auteur, la position où ils se trouvoient ne leur permettoit pas de parler désavantageusement d'une de ses productions; mais, comme ils étoient tous deux excellents grammairiens, cette qualité, qu'ils ne devoient pas vouloir compromettre, doit ajouter autant de poids à leur suffrage, que les autres considérations peuvent lui en ôter; et, tout se trouvant ainsi compensé, il reste démontré, à ce qu'il nous semble, que les *Remarques* sont l'ouvrage d'un homme qui avoit porté, dans l'étude de la grammaire, un esprit très juste et très philosophique. C'est dans ces *Remarques* que Duclos a établi son nouveau système d'orthographe, suivant lequel elles sont imprimées. Cette innovation a été blâmée plus qu'elle ne le méritoit peut-être. Si Duclos a poussé trop loin la réforme, on ne peut disconvenir qu'elle ne soit nécessaire à plusieurs égards. Nous allons citer un fait qui prouve avec quelle attention et quelle sûreté de jugement Duclos examine tout ce qui avoit rapport à la science grammaticale. L'abbé Girard venoit de faire paroître ses *Vrais Principes de la langue françoise*, ouvrage où beaucoup d'idées vraies et lumineuses au fond, sont présentées d'une manière trop abstraite, trop métaphysique; Duclos dit : « C'est un livre qui fera la « fortune d'un autre. » La prédiction s'est vérifiée.

Duclos fit pour l'académie des inscriptions et belles-lettres, six *Mémoires* qui figurent d'une manière très distinguée dans le recueil des travaux de cette compagnie, et dont quelques uns se retrouvent, en tout ou en partie, textuellement ou en substance, dans l'*Encyclopédie*. Les deux premiers ont pour objet l'*Origine et les révolutions des langues celtique et françoise*; le troisième, *les Épreuves par le duel et par les éléments, communément appelées les jugements de Dieu*; le quatrième, *les Jeux scéniques des Romains, et ceux qui ont précédé en France la naissance du poëme dramatique*; le cinquième, *les Druides*; et le sixième, *l'Art de partager l'action théâtrale, et celui de noter la déclamation, qu'on prétend avoir été en usage chez les Romains*. Le mérite de chacun de ces *Mémoires* a été apprécié en détail par le secrétaire perpétuel de l'académie des inscriptions et belles-lettres dans son *Éloge de Duclos*, et par M. Beauzée dans son discours de réception à l'académie françoise. Nous croyons qu'on peut appliquer à tous le jugement que ce dernier a porté sur l'un d'eux: « L'érudition y est tempérée par l'esprit, et l'esprit « assujetti par l'érudition. » On a lieu d'être étonné que le même homme qui retraçoit plusieurs époques intéressantes de l'histoire moderne, peignoit les vices et les travers de la société dans des ouvrages d'une forme grave ou légère, et analysoit les principes fondamentaux de l'art de parler et d'écrire, ait encore eu le temps, le goût et l'aptitude de fouiller les antiquités grecques, romaines, celtiques et gauloises; et que déja moraliste, historien, romancier et grammairien distingué, il soit parvenu aussi à se marquer une place honorable parmi les érudits. Cela prouve une souplesse de talent et une facilité de travail peu communes.

Le zélé et infatigable secrétaire de l'académie françoise, voyant que l'histoire de cette compagnie, commencée par Pélisson, et conduite par d'Olivet jusqu'au commencement du dix-huitième siècle, étoit restée interrompue, crut de son devoir de la continuer. Il entreprit ce travail; il retraça les principaux faits qui avoient eu lieu depuis 1700, jusqu'à l'époque où il écrivoit, et il alloit composer les éloges de tous les académiciens morts dans l'intervalle, lorsque lui-même mourut. L'éloge de Fontenelle est le seul qu'il ait laissé. « M. de Fontenelle, dit d'Alem-
« bert, après avoir si bien loué les autres, méritoit
« de trouver dans M. Duclos un panégyriste élo-
« quent. » Quant au récit qui précède l'éloge de cet académicien, il est « semé, dit encore d'Alembert,
« de traits philosophiques et piquants, tels que Du-
« clos savoit les répandre sur tout ce qu'il écrivoit[1]. »

Duclos, en littérature, appartenoit à l'école de

[1] Préface de l'*Histoire des membres de l'académie françoise*, par d'Alembert.

Fontenelle et de La Motte. Il n'affectoit pas la même irrévérence qu'eux pour les grands génies de l'antiquité ; mais il faisoit, comme eux, très peu de cas de la poésie, et peut-être enchérissoit-il sur leur dédain. *Cela est beau comme de la prose,* étoit la plus grande louange qu'il pût donner aux vers les plus beaux. Sa conduite, du moins, fut d'accord avec sa doctrine : il ne fit point, comme Fontenelle, et sur-tout La Motte, des volumes de vers. Il composa seulement, et dans l'unique dessein d'avoir ses entrées à l'opéra, un opéra-ballet intitulé : *les Caractères de la Folie,* qui fut joué avec succès en 1743, et repris en 1762, avec un acte nouveau, substitué à l'un des anciens par M. de Nivernois, son ami.

Nous terminerons ici ce que nous avions à dire sur la personne et sur les ouvrages d'un homme qui passa pour le plus bel esprit de France, avant que le mérite supérieur de Voltaire eût triomphé des fureurs de l'envie ; et qui, voyant sa réputation pâlir, mais non point s'effacer, reconnut de bonne grace son vainqueur, « et échappa, comme dit ingénieusement « M. de La Harpe, à la foiblesse trop commune de « passer dans le parti de l'envie quand on voit la gloire « s'éloigner. » Duclos, en descendant, évita d'être renversé ; il vécut heureux, il mourut considéré, et sa place paroît désormais fixée invariablement parmi les écrivains les plus spirituels et les plus utiles de notre nation.

MÉMOIRES

SUR

LA VIE DE DUCLOS,

ÉCRITS PAR LUI-MÊME.

Je veux écrire les mémoires de ma vie. Ils seroient peu intéressants pour le public ; aussi n'est-ce pas au public que je les destine : mon dessein est de me rappeler quelques circonstances où je me suis trouvé, de les mettre en ordre, et de me rendre à moi-même compte de ma conduite, et d'en amuser peut-être un jour quelques amis particuliers.

Je suis né à Dinan en Bretagne, le 12 février 1704, d'une famille honnête et ancienne dans le commerce. Cette ville, située dans le meilleur air, entourée du paysage le plus agréable, est à cinq lieues sud de celle de Saint-Malo, avec laquelle elle communique par le moyen de la marée, qui monte jusqu'à Dinan. Ainsi, les Dinanois sont à portée de partager, avec les Maloins, le commerce maritime. Je n'avois que deux ans et demi lorsque je perdis mon père en 1706 ; et je me le rappelle encore aujourd'hui aussi distinctement que si je le voyois. J'étois pour lui et pour ma mère un objet de cette tendresse de préférence qu'on prend ordinairement pour un enfant qui vient long-temps après ses aînés, et lorsque son père et sa mère ne sont plus dans leur jeunesse. J'avois une sœur plus âgée que moi de dix-huit ans, et un frère qui l'étoit de dix-sept.

Ma mère, restée veuve à quarante-un ans, avoit encore de la beauté, et une fortune assez considérable pour se voir recherchée par plusieurs prétendants. Il se présenta entre autres un vieux marquis de Boisgelin, fort peu opulent, mais qui ne doutoit pas que son titre ne tournât la tête d'une bourgeoise. Celle de ma mère n'étoit pas si facile à tourner : elle réunissoit des qualités qui vont rarement ensemble : avec un caractère singulièrement vif, une imagination brillante et gaie, elle avoit un jugement prompt, juste et ferme. Voilà déja une femme assez rare ; mais, ce qui est peut-être sans exemple, elle a eu, à cent ans passés, la tête qu'elle avoit à quarante. Qui que ce soit de ceux qui l'ont connue ne me contrediroit. Une telle femme n'étoit pas faite pour sacrifier sa liberté à une vanité ridicule. Mais un autre motif que je ne pourrois pas taire sans ingratitude, fut sa tendresse pour ses enfants. Elle déclara donc audit marquis et autres, qu'elle avoit autant d'enfants qu'elle en pouvoit élever et établir honnêtement pour leur état, et ne vouloit pas leur donner un beau-père qui, avec les meilleurs sentiments, n'auroit pourtant jamais pour eux ceux d'un père. Dès ce moment ceux qui l'avoient recherchée renoncèrent à leurs prétentions, restèrent ses amis, et plusieurs lui ont rendu service. Mon père, qui, avec un bon esprit, reconnoissoit la supériorité de celui de ma mère, lui avoit toujours laissé diriger les opérations de commerce. Ainsi, maîtresse de tout du vivant de son mari, devenue veuve, elle n'eut rien à changer dans son plan de conduite.

Le commerce de Saint-Malo étoit alors dans sa plus grande activité par celui de la mer du Sud et par la course. Tout y étoit négociant ou corsaire, et souvent l'un et l'autre. Au milieu des malheurs de la guerre qui désoloit, accabloit et ruinoit la France, les armateurs maloins, et ceux qui s'y associoient, voyoient leurs entreprises réussir sur toutes les mers. Je ne rappellerai point les Duguay-Trouin, les Magon, les Loquet, les Vincent, les Porée, les Moreau, les Lefer et tant d'autres. La liste en seroit trop longue, et je ne suis pas ici historiographe, mais un petit particulier qui écrit ses souvenirs. On sait du moins que par le courage, l'habileté et l'opulence, jamais Saint-Malo ne fut dans un état plus brillant. On sait encore les sommes prodigieuses que cette ville fournit pour subvenir aux pertes que la France faisoit par-tout ailleurs. Ce sont de ces services qu'un gouvernement, je ne dis pas reconnoissant, ce seroit trop prétendre, mais éclairé et prévoyant, ne devroit jamais oublier, pour en obtenir un jour de pareils.

Ma mère prit, dans les armements, quelques intérêts qui ajoutèrent à sa fortune, déja honnête, du moins pour ces temps-là en province, et dans une ville du troisième ou du quatrième ordre; car on n'en doit pas juger par les idées de Paris, ni même des idées de Paris au commencement du siècle, par celles d'aujourd'hui. Le système de Law a totalement, à cet égard, dépravé les imaginations. La révolution subite qui se fit dans les fortunes fut pareille dans les têtes. Le déluge de billets de banque dont Paris fut inondé, et qu'on se procuroit par toutes sortes de moyens, excita, dans tous les esprits, le desir de participer à ces richesses de fiction. C'étoit une frénésie. La contagion gagna les provinces. On accouroit de toutes parts à Paris, et l'on estime à quatorze cent mille ames ce qui s'y trouva en 1719 et 1720. La chute du système fut aussi rapide que l'avoit été son élévation. Mais la cupidité ne disparut pas, et subsiste encore. Avant ce temps, qu'on peut nommer fabuleux, les particuliers n'espéroient de fortune que du travail et de l'économie. Un bon bourgeois de Paris, avec cent mille livres de biens-fonds, passoit pour être à son aise, et, sans renoncer absolument à augmenter sa fortune, en étoit satisfait. Aujourd'hui, personne ne met de bornes à ses desirs. On a tant vu de gens devenus subitement riches ou pauvres, qu'on croit avoir tout à espérer ou à craindre, et souvent avec raison, par les révolutions fréquentes qu'on voit dans les finances de l'état. Un autre malheur du système fut le luxe, et la corruption des mœurs qui en est la suite. Je l'ai vu croître au point, qu'il a été porté plus loin depuis la régence qu'il ne l'avoit été depuis la renaissance des arts jusqu'à la fin du règne de Louis XIV, sur-tout chez les particuliers. Aussi ai-je vu s'étendre la misère, qui marche toujours d'un pas égal avec le luxe. Si les gens morts il y a soixante ans revenoient, ils ne reconnoîtroient pas Paris à l'égard de la table, des habits, des meubles et des équipages. Il n'y avoit, par exemple, des cuisiniers que dans les maisons de la première classe. Plus de la moitié de la magistrature ne se servoit que de cuisinières. Il y a trente ans qu'on n'auroit pas vu à pied, dans les rues, un homme vêtu de velours; et M. de Caumartin, conseiller d'état, mort en 1720, a été le premier homme de robe qui en ait porté. Je me rappelle, au sujet de la modestie de la haute magistrature d'autrefois, que le président à mortier de Nesmont fut le premier qui fit mettre sur sa porte le marbre d'hôtel. Quand la plus haute magistrature étoit modeste, la finance n'auroit osé être insolente. Les financiers les plus riches jouissoient sourdement de leur opulence. J'en ai encore vu qui avoient un carrosse simple et doublé de drap brun ou olive, tel que Serrefort le recommande à madame Patin dans la comédie du *Chevalier à la mode;* car les comédies et les romans déposent des mœurs du temps, sans que les auteurs en aient eu le dessein. Tous les genres de luxe ne dépendoient pas autrefois uniquement de l'opulence. Il y en avoit dont l'état des personnes décidoit. Si j'ai vu des distinctions personnelles quant au luxe, j'en ai vu encore dans la manière de paroître en public. Par exemple, on ne voyoit dans les premières loges de l'opéra et de la comédie que des personnes de qualité, et dans les balcons que des seigneurs françois ou étrangers. Je ne parle point des petites loges, dont l'origine est assez singulière; la voici : Les seuls fils et filles de France ont le droit de faire mettre un tapis au devant de leurs loges, c'est-à-dire lorsque le roi n'y est pas ; car alors la famille est à sa suite. S. A. R. duchesse d'Orléans, femme du régent, n'étant que petite-fille de France, n'avoit pas le droit du tapis ; c'est pourquoi elle alloit dans la loge de Madame, veuve de Monsieur, frère de Louis XIV, et fils de France. Mais Madame n'allant pas au spectacle tous les jours où la duchesse d'Orléans vouloit y aller, celle-ci prit le parti de louer une petite loge où, gardant une espèce d'*incognito*, l'étiquette du tapis étoit évitée.

 Les princesses du sang suivirent cet exemple. Aujourd'hui chacun a pour son argent tout ce qui lui plaît, places, équipages, etc. Il est sûr que les carrosses sont doublés depuis trente ans. Les valets ne se sont pas moins multipliés. Quantité de services, de fonctions jadis réservées aux femmes, sont exercées par des hommes, ce qui enléve à la campagne la plus belle jeunesse, augmente dans la ville le nombre des fainéants et des catins que la misère livre à la débauche. Si Henri III disoit de Paris : *Capo troppo grosso*, que diroit-il aujourd'hui, que cette capitale est le vampire du royaume?

Je m'aperçois que, ne m'étant proposé que d'écrire mes mémoires, j'y joins beaucoup d'autres souvenirs. Je pourrois donc bien, si je n'y prends garde, faire une suite des *Considérations*, où je suis naturellement porté. A la bonne heure ! il en arrivera ce qui pourra ; je ne m'en contraindrai point. Je reviens cependant à ce qui me regarde. J'avois déja six ans lorsqu'il fallut penser à me donner ce qu'on appelle de l'éducation. Elle n'est pas précoce en province ; d'ailleurs, paroissant destiné au commerce par l'état de ma famille, il suffisoit de m'apprendre à lire et à écrire, sauf à me faire ensuite faire d'autres études, suivant les circonstances.

Mon frère très aîné avoit fini ses classes. Comme il avoit passé ses dernières vacances dans une de ces abbayes de génovéfins, où trois ou quatre religieux forment toute la communauté, et vivent à-peu-près comme des gentilshommes de château, cette vie lui parut assez douce, et il résolut d'entrer dans la congrégation. Tel est communément le principe des vocations. Se fait-il une mission dans une ville, tous les enfants font des processions. Y vient-il un régiment, ils font l'exercice. Pour moi, élevé dans Paris, où tout inspire la vocation pour le plaisir, j'ai été long-temps sans en éprouver d'autre. Mais n'anticipons point.

Ma mère voulut d'abord s'opposer au parti que mon frère vouloit prendre. Il fallut enfin y consentir ; et, pour lui procurer quelque douceur dans son état, elle lui assura une pension viagère. Dans la même année 1709, ma sœur fut mariée à Rennes, avec un secrétaire du roi, nommé Pellenec, dont elle a eu onze enfants, dont trois garçons qui sont morts à la mer, quand ils commençoient à s'avancer dans le service de la compagnie des Indes. Des huit autres enfants, qui étoient des filles, cinq sont mortes en bas âge, et l'aînée à la veille d'être mariée. Les deux cadettes l'ont été. L'une a épousé La Soualaye, gentilhomme breton, retiré du service avec la croix de Saint-Louis. Ils n'ont point d'enfants. L'autre avoit épousé un conseiller au parlement, nommé de Careil, assez mauvais sujet. Elle en avoit eu un enfant mort en bas âge. La mère le suivit de près, en 1768 ; et son mari ne lui survécut que d'un an, et c'est ce qu'il a fait de mieux en toute sa vie, puisqu'il étoit du bailliage d'Aiguillon.

Après ce petit détail de ma famille, je reviens à moi. Ma sœur obtint de ma mère de m'envoyer à Rennes, où je serois, disoit-on, mieux élevé qu'à Dinan. Ce motif suffisoit pour y déterminer ma mère, qui m'aimoit tendrement, mais sans foiblesse, et à qui l'on disoit que j'annonçois beaucoup d'esprit et des dispositions qu'il falloit cultiver. L'opinion qu'on avoit de moi n'étoit fondée que sur une vivacité extrême et une mémoire singulière. A l'égard de la vivacité, il n'y a rien qui n'y paroisse encore. On sait au surplus ce que deviennent souvent ces petits prodiges de l'enfance, et le public a été depuis à portée de me juger. Il est sûr que les affaires de ma mère, ses fréquents voyages à Saint-Malo pour son commerce, ne lui permettoient pas de veiller elle-même à mon éducation. Le dépôt des prisonniers anglois faits par nos corsaires étoit alors à Dinan. Les soldats et les matelots étoient renfermés au château; mais les officiers avoient la ville pour prison. Plusieurs d'entre eux, très estimables, méritoient toutes sortes d'égards, étoient reçus partout, et rendoient leur société agréable. Un chevalier Hamilton, officier de la reine Anne, m'avoit pris dans une singulière affection. Il m'emportoit souvent dans ses bras, et se promenoit ainsi sur la place, où ma mère pouvoit me voir de ses fenêtres. Cependant comme la maison où demeuroit le chevalier Hamilton étoit sur la même place, il m'emporta un jour chez lui, et me fit boire un peu de punch, qui ne me déplut pas. Ma mère s'en aperçut le soir, et, ne jugeant pas que ce régime me convînt, elle en témoigna son mécontentement au chevalier, et ne lui permit plus de m'emmener. Mais un petit garçon très éveillé, tel que je l'étois, étoit si difficile à retenir, dans une petite ville où les enfants courent hors de la maison dès qu'ils peuvent marcher, que ma mère prit le parti de m'envoyer à Rennes, où ceux d'un état honnête ont moins de liberté.

Me voilà donc chez ma sœur, où je devois recevoir une si bonne éducation. Son premier soin fut de me faire habiller plus élégamment que les enfants ne l'étoient à Dinan, pour me mener avec elle dans ses visites. Quoiqu'elle fût jeune, un petit frère de six ans qu'on présente est un certificat de plus de la jeunesse de la sœur. On continua à me faire lire et à me former à l'écriture. Cependant, comme je pouvois être dans la suite destiné à autre chose que le commerce, on crut devoir me faire apprendre le latin ; et vers huit à neuf ans on me donna un rudiment, avec une manière de précepteur, qui, en montrant le latin, achevoit d'en apprendre lui-même autant qu'il lui en falloit pour être prêtre. Il y avoit alors à Rennes une quantité de fils de paysans, qui, préférant avec plus de raison pour eux que d'avantage pour l'état, le métier de prêtre à celui de laboureur, venoient tous les jours d'une demi-lieue et plus au collége, avec un morceau de pain dans leur poche pour leur dîner, et retournoient le soir chez eux l'hiver comme l'été, et quelque temps qu'il fît. Quand ils avoient fini leurs humanités, les plus instruits d'entre eux, pour s'exempter de retourner journellement chez leurs pères, et les décharger aussi d'un inutile à leurs travaux, cherchoient à se placer dans quelque maison où l'on voulût leur donner un enfant à préparer aux études. Avec un habit noir on en faisoit une ébauche d'abbé, qui, en conduisant son marmot, faisoit sa philosophie ou sa théologie. Ce fut un de ces docteurs qu'on chargea d'en faire un autre de moi, si cela se pouvoit.

Ma mère, voyant la route qu'on me faisoit prendre, crut que je la suivrois encore mieux à Paris qu'en province. La paix venoit de terminer la guerre avec les Anglois, et lorsqu'elle est faite avec eux, c'est, pour les marins bretons, comme si elle l'étoit avec l'univers. Le commerce de la mer du Sud alloit cesser, ainsi que la course; on pensa donc à me disposer à tout autre parti, sans déterminer précisément à quoi; mais à me faire, en attendant, faire mes études. Horace dit, en parlant du soin que son père prit de l'éducation de ce fils: *Ausus Romam portare docendum.* Ma mère eut la même audace; car je suis le premier bourgeois de Dinan, et jusqu'ici le seul, élevé à Paris dès l'enfance; quoiqu'il y en eût alors quelques uns à qui leur fortune le permettoit. Une certaine noblesse du canton trouvoit presque insolent qu'une simple commerçante *osât*, pour me servir du terme d'Horace, donner à son fils une forme d'éducation qui ne convenoit qu'à des gentilshommes, dussent-ils en profiter ou non. On m'envoie donc à Paris, en 1713, par le coche, et à la garde du cocher, comme un paquet à remettre à son adresse.

Puisque je n'écris mes mémoires que pour m'amuser, et que j'ai déjà fait quelques digressions sur les mœurs des différents temps, en voici encore une, et ce ne sera peut-être pas la dernière. Dans ce temps-là, et même plus tard, les gens les plus aisés, d'état assez considérable (et j'en pourrois citer qui tiennent un rang à la cour), ne voyageoient guère que par les voitures publiques. Louis XIV avoit fait presque tous ses voyages à l'armée et ses campagnes à cheval, et ne se servoit de carrosses, qui n'étoient que des coches à mantelets, que lorsqu'il y menoit des femmes. Ce fut ainsi qu'il visita ses nouvelles conquêtes en 1670, emmenant avec lui, dans le même carrosse, la reine; Madame, femme de Monsieur, frère unique du roi ; madame de La Vallière, maîtresse déjà répudiée *in petto*, et la marquise de Montespan, favorite avouée. Aussi le peuple de la ville et des campagnes couroit-il au devant, pour voir, disoit-il, les trois reines.

Le roi Stanislas disoit un jour qu'il avoit voyagé

en France, dans sa jeunesse, d'une manière agréable et peu coûteuse. On trouvoit, en arrivant à l'auberge, son dîner et son souper prêts; cela s'appeloit, je crois, ajoutoit-il, le messager. Il étoit alors, il est vrai, bien éloigné de penser qu'il dût, peu d'années après, monter sur le trône; mais enfin c'étoit un palatin; et quel seroit aujourd'hui le jeune seigneur qui oseroit voyager ainsi, quand on voit des officiers très subalternes joindre leurs régiments en chaise de poste? La première qui ait été faite en France le fut pour le ministre Louvois, qui étoit obligé de suivre le roi à l'armée, et ne devoit pas être bon cavalier, ni quitter son porte-feuille et ses papiers. Le maréchal de Brancas m'a dit qu'ayant été attaqué de la petite vérole à l'armée, on le transporta dans la ville la plus proche du camp, dans la chaise de Monseigneur, fils de Louis XIV, la seule qu'il y eût à l'armée.

Il me semble que, si j'étois un fat, me voilà assez bien justifié d'être arrivé à Paris par le coche; mais j'avoue que c'étoit la voiture qui convenoit à mon état. Quoique le cocher fût mon principal mentor, on m'avoit recommandé à des femmes de la connoissance de ma famille, et qui alloient aussi à Paris. Un petit garçon vif, et parlant à tort et à travers, les amusoit assez pour qu'elles prissent de moi le plus grand soin; et un vieux prêtre de notre voiture me trouvoit déja tant d'esprit, et en avoit tant lui-même, qu'il prétendoit que je serois un jour docteur de Sorbonne. Il auroit depuis bien rabattu de ses espérances. A mon arrivée à Paris, un ami de mon beau-frère, gentilhomme du prince de Conti, devoit venir me recevoir. Mais n'ayant pas apparemment bien calculé le temps du voyage, il ne vint que le lendemain. Cependant chacun, supposant qu'on alloit venir me prendre, comme je l'avois dit en route, étoit parti pour se rendre où on l'attendoit; de sorte que je restois dans le bureau, rue de la Harpe, à la Rose rouge, avec les autres paquets, mais sans adresse sur le dos, pour être porté à ma destination. Cela m'inquiétoit fort peu. Tous les objets étoient nouveaux pour moi, et, naturellement gai, je me trouvois bien par-tout. Le cocher n'étoit pas de même, attendu qu'il étoit plus sensé, et que je lui étois confié. Voyant approcher l'heure où le bureau devoit se fermer, il alla dans le quartier, chez un marchand à qui il portoit souvent des paquets, et le pria de se charger de moi pour une nuit. Il y consentit, et sa femme vint avec le cocher au bureau, d'où elle m'emmena chez elle, très près de là, dans la même rue. Ces honnêtes bourgeois paroissoient à leur aise, autant que je puis m'en souvenir. Ils n'avoient point d'enfants; mais ayant eu un fils qui étoit mort depuis deux ans, et qui, s'il eût vécu, eût été à-peu-près de mon âge, cela leur fit croire que je lui ressemblois, et ils me firent mille caresses.

La servante apporta le souper, où je montrai beaucoup d'appétit, et l'on me mit ensuite dans un petit lit bien propre, où je dormis comme on dort à l'âge que j'avois, et comme je ne dors plus. Le lendemain la matinée se passa sans que personne vînt me réclamer. Le cocher étoit le seul qui s'en inquiétoit. Je ne m'en embarrassois nullement, et mes bonnes gens ne paroissoient point ennuyés de me garder. Je les amusois apparemment par du bruit et ma confiance en eux. S'ils trouvoient encore que je ressemblois à leur fils, il falloit qu'il fût un petit étourdi. Je déjeûnai et dînai toujours à bon compte. Vers cinq heures parut enfin cet ami de mon beau-frère, qui devoit me recevoir. Il remercia mes hôtes, qui ne voulurent rien accepter pour mon gîte, et m'auroient volontiers gardé plus long-temps, me fit monter en carrosse avec lui, me conduisit tout de suite rue de Charonne, à la pension où l'on m'attendoit, et m'y laissa.

Cette pension, très célèbre autrefois, mérite que j'en parle. Le marquis de Dangeau[1], à qui Boileau

---

[1] Philippe de Courcillon, marquis de Dangeau, naquit en 1638. Les agréments de son esprit et de sa figure l'avancèrent à la cour de Louis XIV, et son goût déclaré pour les lettres lui valut une place dans l'académie françoise et dans celle des sciences. Il mourut à

a dédié sa cinquième satire, forma cet établissement. Comme il étoit grand-maître de l'ordre de Saint-Lazare, il se chargea généreusement de l'entretien et de l'éducation de vingt jeunes gentilshommes, qu'il fit chevaliers de cet ordre, et les rassem-

Paris, en 1720, à quatre-vingt-deux ans, conseiller d'état d'épée, chevalier des ordres du roi, grand-maître des ordres royaux et militaires de Notre-Dame du Mont-Carmel et de Saint-Lazare de Jérusalem. Quand il fut revêtu de cette dernière dignité, il apporta plus d'attention au choix des chevaliers, et renouvela l'ancienne pompe de leur réception; ce que le public, toujours malin, ridiculisa. Mais, ce qui fut à l'abri de tout ridicule, c'est qu'il procura, par ses soins, la fondation de plus de vingt-cinq commanderies, et qu'il employa les revenus de la grande maîtrise à faire élever en commun douze jeunes gentilshommes de la meilleure noblesse du royaume. L'envie alors lui pardonna son élévation. A la cour, dit Fontenelle, où l'on ne croit guère à la probité et à la vertu, il eut toujours une réputation nette et entière. Ses discours, ses manières, tout se sentoit en lui d'une politesse qui étoit encore moins celle d'un homme du grand monde que d'un homme officieux et bienfaisant : on auroit dû lui passer, en faveur de l'honnêteté de ses manières, la manie de vouloir être un très grand seigneur. Madame de Montespan, qui ne le croyoit pas fait pour jouer ce rôle, disoit malignement de lui qu'on ne pouvoit s'empêcher de l'aimer et de s'en moquer. Il avoit épousé en premières noces Françoise Morin, sœur de la maréchale d'Estrées, et en secondes la comtesse de Lewestein de la maison palatine, mais d'une branche peu opulente. Ce fut le cardinal de Furstemberg, oncle de la demoiselle, qui fit ce dernier mariage. On a du marquis de Dangeau des mémoires manuscrits, dans lesquels Voltaire, Hénault, La Beaumelle, ont puisé plusieurs anecdotes curieuses. Il y en a beaucoup de hasardées. Ce n'étoit pas toujours Dangeau qui rédigeoit ces mémoires. « C'étoit, dit « Voltaire, un vieux valet-de-chambre imbécille, qui se mêloit « de faire à tort et à travers des gazettes manuscrites de toutes

bla dans une maison de la rue de Charonne, en bon air, avec un jardin, mur mitoyen du couvent de Bon-Secours. Il y établit un principal instituteur, qui choisissoit les autres, ce qui n'empêchoit pas le marquis et l'abbé de Dangeau ¹, son frère, de venir

« les sottises qu'il entendoit dans les antichambres. » En réduisant cette phrase un peu tranchante, il reste qu'on doit se tenir en garde en lisant les mémoires qui portent le nom de Dangeau. On a encore de lui un petit ouvrage manuscrit, dans lequel il peint Louis XIV tel qu'il étoit au milieu de sa cour. (*Dict. hist.*)

¹ Louis Courcillon de Dangeau, membre de l'académie françoise, abbé de Fontaine-Daniel et de Clermont, naquit à Paris en 1643, et y mourut en 1723, à quatre-vingts ans. Peu de gens de condition ont aimé les lettres autant que lui. Il imagina plusieurs nouvelles méthodes pour apprendre l'histoire, le blason, la géographie, etc. Il possédoit presque toutes les langues ; mais ses vertus étoient bien au-dessus de son savoir. « Plein d'huma-
« nité pour les malheureux, dit d'Alembert, il prodiguoit, avec
« une fortune médiocre, ses secours à l'indigence, et joignoit à
« ses bienfaits le bienfait plus rare de les cacher ; il avoit cette
« sage économie sans laquelle il n'y a pas de générosité ; et qui,
« ne dissipant jamais pour pouvoir donner sans cesse, sait tou-
« jours donner à propos. Son cœur étoit fait pour l'amitié, et,
« par cette raison, n'accordoit pas aisément la sienne ; mais,
« quand on l'avoit obtenue, c'étoit pour toujours. S'il avoit quel-
« ques défauts, c'étoit peut-être trop d'indulgence pour les fautes
« et pour la foiblesse des hommes, défaut qui, par sa rareté, est
« presque une vertu, et que bien peu de personnes ont à se re-
« procher, même à l'égard de leurs amis. Il possédoit au suprême
« degré cette connoissance du monde et des hommes, que ni les
« livres, ni l'esprit même ne donnent au philosophe, lorsqu'il a
« négligé de vivre avec ses semblables. Jouissant de l'estime et de
« la confiance de ce qu'il y avoit de grand dans le royaume, per-
« sonne n'étoit de meilleur conseil que lui dans les affaires im-
« portantes. Il gardoit inviolablement le secret des autres et le

de temps en temps inspecter la manutention et l'ordre de la maison. Les enfants qu'il y plaçoit, étant trop jeunes pour les armes et l'équitation, la base des exercices étoit la lecture, l'écriture, le latin, l'histoire, la géographie et la danse. On imagine bien que la sublime science du blason n'étoit pas oubliée dans une éducation destinée à des gentilshommes, dont chacun l'auroit inventée, si elle ne l'étoit pas. C'étoit aussi, avec la grammaire, ce que l'abbé de Dangeau affectionnoit le plus. Il a été un très bon académicien, un fort grammairien, et a porté, dans cette partie, beaucoup de sagacité. Lui et son frère étoient véritablement des gens de lettres. J'en parle, comme je le dois, dans l'Histoire de l'académie. Quoique la maison que le marquis de Dangeau avoit établie fût originairement et particulièrement destinée à ses élèves chevaliers, il avoit permis qu'on y admît d'autres enfants, dont les parents payoient la pension, ne fût-ce que pour

« sien. Cependant, son ame noble, délicate et honnête, ignoroit
« la dissimulation, et sa prudence étoit trop éclairée pour res-
« sembler à la finesse. Doux et facile dans la société, mais préfé-
« rant la vérité en tout, il ne disputoit jamais que lorsqu'il fal-
« loit la défendre; aussi le vif intérêt qu'il montroit alors pour
« elle, avoit, aux yeux du grand nombre, un air d'opiniâtreté
« qu'elle est bien moins sujette à trouver parmi les hommes,
« qu'une froide et coupable indifférence. »

On a de l'abbé de Dangeau des Réflexions sur toutes les parties de la Grammaire, 1684, in-12, et d'autres ouvrages utiles. (*Dict. hist.*)

exciter l'émulation commune. Il y avoit, par exemple, le chevalier d'Aidie, pensionnaire du marquis; et l'abbé d'Aidie, frère du chevalier, y étoit aux frais de sa famille. J'y avois sur ce pied-là deux parents, ce qui avoit donné l'idée de m'y faire élever. Cependant presque tous, chevaliers et autres, étoient enfants de condition, depuis l'âge de sept à huit ans jusqu'à quinze ou seize, qu'ils passoient à l'académie, ou entroient au service. Ils pouvoient donc, avant leur sortie, être au moins aussi instruits de ce qu'on enseigne dans les colléges que si on les y eût mis. N'ayant pas la même destination que la plupart de mes camarades d'études, tout jeune, ou même tout enfant que j'étois, je sentis bientôt que je ne pouvois me distinguer des petits comtes ou marquis (car il y en avoit plusieurs qu'on ne nommoit pas autrement), que par quelque supériorité sur eux à d'autres égards. Nous étions distribués en trois classes; et chacun étoit dans celle dont il pouvoit recevoir les leçons. Je fus mis d'abord dans la dernière, où l'on parloit de l'alphabet, et dont les docteurs commençoient le rudiment latin. J'en étois déja là, et je fis assez de progrès pour qu'on me fît passer en peu de temps à la seconde classe. Mes petits succès me donnèrent de l'émulation. Depuis je n'oubliai rien pour éclipser mes compagnons d'études dans les deux premières classes, et j'y parvins.

Quelque opinion que des enfants aient prise de

leur noblesse dans leurs masures ou leurs châteaux, les qualités personnelles, les dons sensibles de la nature, tels que la force du corps et les talents de l'esprit, ne perdent point leurs droits à leurs yeux. Dans un collége, république d'enfants, le petit bourgeois vigoureux réprime le petit seigneur avantageux et foible ; et celui qui prime dans sa classe jouit d'une considération marquée de la part de ses camarades. Je ne crois pas qu'il en soit ainsi dans les couvents. L'éducation qu'on y donne aux filles n'a rien qui puisse élever assez l'amour-propre, pour que celles d'une naissance commune puissent aspirer à se procurer une distinction de mérite personnel qui les fasse considérer de leurs compagnes d'une naissance illustre ; puisque des religieuses même qui, le jour de leur profession, ont été couvertes du drap mortuaire, se prévalent encore de leur noblesse.

N'ayant rien de mieux à faire pour me distinguer de la plupart de mes camarades que de profiter des leçons qu'on nous donnoit, je m'appliquai aux différentes études de la pension. J'y demeurai cinq ans, après quoi on me mit au collége d'Harcourt. J'aurois pu entrer tout de suite en philosophie, attendu que j'étois assez instruit de tout ce qu'on enseigne dans les classes d'humanités. Cependant on ne me plaça qu'en seconde. Mais j'y fus toujours si supérieur aux autres écoliers, que je fus constamment le premier, et il en fut ainsi en rhétorique, où j'eus tous les prix. Ces petits honneurs sont peut-être les plaisirs les plus vifs qu'on ait dans la vie. Je sens, en écrivant ces bagatelles, que je me rappelle avec satisfaction ce temps de ma vieille enfance. Mon seul rival en rhétorique étoit le marquis de Beauvau [1]. Notre émulation nous inspira une estime réciproque, et fit naître notre amitié au sortir du collége. J'ai connu peu d'hommes de sa naissance qui eussent autant d'esprit, de littérature et d'élévation d'ame, avec un peu de romanesque dans l'esprit, défaut ou qualité qui contribue à former les hommes illustres et rares. Il étoit en passe de venir à la tête de nos armées, s'il eût eu un courage moins bouillant. Il étoit déja maréchal-de-camp,

[1] Louis-Charles-Antoine, marquis de Beauvau, né en 1710, d'une famille ancienne et illustre, fut d'abord capitaine au régiment de Lambesc cavalerie, et ensuite mestre-de-camp du régiment de cavalerie de la reine; il se distingua au siége de Philisbourg, en 1734, et à l'affaire de Clausen, en 1735. La guerre s'étant rallumée, il commanda le régiment à la prise de Prague, et rentra en France avec l'armée. Il fut fait maréchal-de-camp. Employé à l'armée de Flandre, il fut blessé mortellement au siége d'Ypres. Son extrême valeur, ses talents et sa passion pour la guerre le faisoient compter parmi ce petit nombre de généraux, que le vrai militaire désigne pour le commandement des armées. Il n'étoit pas moins propre aux négociations, et il rendit de grands services quand il fut envoyé par la cour de France, en partie pour diriger les démarches de l'empereur Charles VII. Il avoit et méritoit des amis, cultivoit les lettres, et étoit fort au-dessus des petitesses importantes des cours et de la frivolité du siècle. (*Dict. hist.*)

lorsqu'à l'attaque du chemin couvert de la ville d'Ypres, en 1744, il se mit à la tête des grenadiers, et reçut un coup de fusil au travers du corps, dont il mourut peu d'heures après. Des soldats ayant voulu l'emporter : Mes enfants, leur dit-il, laissez-moi ; j'ai fait mon devoir ; continuez de faire le vôtre. Je rends à sa mémoire ce que l'état auroit rendu plus amplement à sa personne, s'il avoit vécu plus long-temps.

A peine étois-je au collège, que le malheureux système de Law commença par enivrer les têtes d'un fol espoir d'opulence, et finit bientôt par bouleverser toutes les fortunes. Le dénoûment de cette pièce fut d'avoir enrichi des fripons, grands ou petits, ruiné la moyenne classe, la plus honnête et la plus utile de toutes ; confondu les conditions ; corrompu les mœurs, et altéré le caractère national. J'étois trop jeune pour sentir cette révolution ; mais la fortune de ma mère en fut, sinon absolument renversée, du moins très altérée. Les commerçants ne peuvent vaquer à-la-fois à leurs entreprises et à l'administration des biens de campagne. Ma mère venoit de se défaire de ceux-ci, et de quelques maisons, pour en appliquer l'argent au commerce. Cependant la plus grande partie du prix de ces aliénations n'étant pas encore payée fut remboursée en billets de banque, qui devinrent, comme il arrive et arrivera toujours aux effets royaux, des feuilles de chêne.

Le paysan et le bas peuple, en France, sont toujours à-peu-près dans la misère; ainsi les banqueroutes subites ou graduelles tombent, et ne peuvent tomber que sur les citoyens qui étoient assez dans l'aisance pour placer leurs fonds sur le roi; mais c'est aussi, en dernière analyse, de la campagne, de la culture que sortent les ruisseaux qui forment le fleuve d'opulence où puisent le roi, les grands et le peuple des villes. Dans les secousses des finances d'un état, les rentiers sont les premières victimes. Les grands s'en ressentent peu, et quelquefois y gagnent, en se libérant de leurs dettes à peu de frais. Dans le temps de la crise, plus ou moins longue, les artisans des villes, et sur-tout ceux du luxe, éprouvent de la détresse, parceque les gens aisés qui les employoient, ne l'étant plus, se restreignent, et ne les occupent plus, ou les occupent moins. La souffrance gagne toutes les classes des citoyens par une espèce d'ondulation, jusqu'à ce que l'état ait repris un peu de consistance. Les choses reprennent ensuite le même train, et préparent une nouvelle révolution qui arrive en France, où tout s'oublie, tous les quarante ans. Nous touchons actuellement à une de ces crises d'état. Celle du système fut terrible pour beaucoup de familles, et la mienne fut de ce nombre. Quelque dérangement que ma mère eût éprouvé, elle ne changea rien à ce qu'elle avoit commencé pour moi, et voulut que mon éducation s'achevât à Paris. Peut-être ne m'y eût-elle pas envoyé, si le système fût arrivé avant qu'elle y eût pensé, et je ne sais si c'eût été pour moi un bien ou un mal, ou si j'en aurois été plus ou moins heureux; mais j'aurois vraisemblablement été d'une autre profession que celle où j'ai été engagé. Quoi qu'il en soit, cette première éducation, qu'on va chercher dans la capitale, se trouve en province comme à Paris, et peut-être avec des inconvénients de moins pour les mœurs. Partout on enseigne, et avec d'aussi mauvaises méthodes, le latin, le grec et la philosophie scolastique. Cela est un peu changé, et j'avoue que les réformes, à cet égard, ont commencé dans la capitale; mais dans le temps dont je parle, tout étoit pareil. Le proviseur d'Harcourt, où j'étois, étoit le fameux Dagoumer, le plus terrible argumentateur de l'université, et qui donnoit le ton aux écoles. C'est lui que Lesage a peint dans Gilblas, sous le nom du licencié Guyomar. Les leçons de philosophie, dans les écoles, valent aujourd'hui beaucoup mieux qu'il y a trente ou quarante ans. Eh! combien n'y auroit-il pas de réformes à faire dans les autres études! Faut-il six ou sept années pour apprendre du latin et les éléments du grec? Deux ans au plus, et de meilleures méthodes, suffiroient pour cet objet. Faut-il qu'il y ait à Paris douze colléges de plein exercice pour la même routine, et qu'il n'y en ait aucun de ceux-là pour les langues vivantes, et d'autres connoissances applicables aux différentes destinations des élèves? Je m'aperçois que je fais ici le réformateur, et je vais passer à un temps où j'aurois eu moi-même grand besoin de réforme.

Tant que j'avois été dans les humanités, l'étude avoit été mon plus grand plaisir. Je ne me bornois pas à celle qui m'étoit prescrite; ma facilité me laissoit du temps de reste, et je l'employois à dévorer les livres que je pouvois me procurer. Je continuai de lire des poëtes, des historiens, des moralistes et les philosophes non scolastiques; car les catégories, les universaux, les degrés métaphysiques, et le jargon de l'école, s'accordoient peu avec mon goût pour la littérature. Ce ne fut pourtant pas là le plus grand écueil pour la philosophie, et sur-tout pour la mienne. J'étois déja dans l'âge où la plus vive passion d'un jeune homme se développe avec impétuosité, pour peu qu'on lui donne d'essor.

Jusqu'à la dernière année du collége, j'avois eu peu de liberté. J'en eus alors davantage. Voyons l'usage que j'en fis. Des jeunes gens rassemblés, quelque surveillés qu'ils soient, acquièrent bientôt ensemble la théorie du vice, et un de mes camarades, un peu plus âgé que moi, m'en facilita la pratique, en me menant chez des filles. J'étois donc déja assez libertin quand ma mère me fit revenir en Bretagne, à la fin de mes classes, pour voir quelle seroit ma vocation. Je n'en avois point alors d'autre que de retourner à Paris, dans le dessein d'y continuer de vivre comme j'avois commencé depuis quelques mois. Je n'en fis pas confidence à ma mère, sachant qu'elle ne penseroit pas comme moi. Ainsi, le moyen dont je me servis fut le desir de faire mon droit, d'être reçu avocat, et d'en embrasser la profession, pour laquelle on croyoit me voir du talent. J'ai oublié de marquer qu'en 1718, peu de temps avant la décadence de sa fortune, ma mère étoit venue à Paris dans le dessein de voir par elle-même quel fruit je retirois de l'éducation qu'elle me procuroit. Elle avoit été si contente de ce qu'on lui dit de mes dispositions et de mes progrès, que cela avoit fort contribué à la faire persister à me laisser à Paris, malgré les pertes que lui causa le système. Ce fut la même opinion, que je pourrois, par les talents qu'elle me supposoit, et que j'avois peut-être, réussir dans la capitale, qui la fit consentir à m'y renvoyer faire mon droit. Je ne portois pas, comme elle, mes vues dans l'avenir. Il me suffisoit pour le présent de retourner à Paris; et m'y voilà avec une pension, modique, mais exactement suffisante, si je n'eusse été occupé que de mes devoirs. C'étoit ce qui me touchoit le moins. Je pris cependant ma première inscription aux écoles; mais, au lieu de les suivre, j'appliquai au maître d'armes ce qui étoit destiné à l'agrégé. Il est vrai que la plupart de mes camarades d'études n'en faisoient pas plus que moi. Aussi dirai-je en passant que le cours du droit se fait encore plus mal que tous les autres, quoique les professeurs et les agrégés soient très habiles et choisis au concours. Mais il y a certains abus de tradition qu'on ne corrigeroit aux écoles du droit et ailleurs, que par une réforme dans le plan de toutes les études.

Voyons un peu, pendant les années destinées au droit, quels étoient mes docteurs : de jeunes libertins aux écoles; et dans les salles d'armes quelque chose de pis. Autrefois la fureur des duels avoit mis à la mode ces salles d'escrime, où se rendoient les jeunes gens de la première qualité. Mais depuis que la juste sévérité de Louis XIV a éteint cette frénésie, une pareille jeunesse fait tous ses exercices à l'académie; de sorte qu'on ne trouve guère chez les maîtres d'armes que des jeunes gens de famille honnête, et d'autres dont il seroit difficile de dire l'état ou la destination. Parmi les premiers je nommerai de Gènes, qui, dans la suite, a été la meilleure plume des avocats. Nous nous sommes retrouvés bien des années après; et, en parlant de nos anciens camarades, il s'en trouva quelques uns qui n'avoient pas eu une fin aussi honnête que nous.

f.

Presque tous ceux qui se sont perdus par leur faute en accusent la fortune ; pour moi, si la fortune étoit quelque chose, je n'aurois qu'à la remercier. Il semble que la Providence m'ait conduit par la main, non pas aux postes où je ne prétendois ni ne devois prétendre, mais à travers les précipices de mon état, et quelquefois des bourbiers ; me soulevant pour m'empêcher d'enfoncer le pied trop avant ; me tenant parfois suspendu sur le précipice, et ne m'y laissant jamais tomber.

Je ne me rappelle pas aujourd'hui sans frémir les suites que mes nouvelles liaisons pouvoient avoir. Je me trouvai, par exemple, acteur dans une bagarre qui arriva au pont Saint-Michel. Des archers avoient mis la main sur un homme arrêté pour dettes, et qui se débattoit en criant au secours. Des jeunes gens, que j'avois vus dans les salles d'armes, se proposèrent de l'enlever aux archers. Je m'y joignis. Nous voilà l'épée à la main. D'autres étourdis en firent autant. La populace barrant les archers, nous leur arrachâmes leur proie, que nous laissâmes échapper par la rue de la Harpe. Pour peu que la résistance eût été longue, la garde du Palais et du Châtelet seroit survenue, nous auroit tous enveloppés, et les libérateurs auroient très bien pu tenir compagnie à leur protégé. Quand j'eus bien savouré l'horreur de cette belle équipée, je ne laissai pas de faire réflexion que si j'eusse été mis en prison, je n'étois connu que de fous, peut-être aussi dénués d'appui que moi, qui ne pouvois alors réclamer aucun homme sage ou puissant.

Puisque je me rends si bien justice sur mes sottises, je dois me souvenir que des sentiments d'honneur m'ont préservé d'écueils où beaucoup d'autres auroient échoué. J'eus dans ce temps-là occasion de connoître un très mauvais sujet nommé Saint-Maurice. C'étoit un homme de quarante à cinquante ans, qui, après avoir fait bien des métiers, avoit un emploi à la compagnie des Indes. Ce n'étoit pour lui qu'un manteau qui couvroit un insigne fourbe; car il n'avoit, pour subsister, nul besoin de ses appointements. Il avoit de l'esprit, de la littérature, et faisoit assez joliment des vers par amusement et sans prétention d'auteur. Le hasard me le fit connoître. Un officier de la compagnie des Indes, chez qui j'allai recevoir une partie de ma pension, qu'il s'étoit chargé de me remettre, voulut aussi me donner à dîner, et me mena chez un traiteur, vis-à-vis le Palais-Royal. Saint-Maurice y entroit en même temps avec Crébillon le père, et Piron. Ce sont les premiers gens de lettres avec qui je me sois trouvé. L'officier et Saint-Maurice, qui se connoissoient, voulurent que nous dînassions tous les cinq ensemble. Le repas fut gai; les saillies de Piron et le ton grivois de Crébillon me plurent beaucoup; Saint-Maurice n'y gâta rien. Ma vivacité et les traits qui m'échappoient attirèrent leur attention. Nous nous quittâmes assez contents les uns des autres, et Saint-Maurice m'invita à déjeûner chez lui pour le lendemain. J'y allai.

Il logeoit à un troisième étage sur le Palais-Royal, en face de la compagnie des Indes. Son logement étoit composé de trois pièces, dont la principale étoit meublée, tapisserie, lit et chaises, d'une serge violette. Vous eussiez cru entrer dans la retraite d'une dévote. Cette modeste tapisserie étoit un peu égayée par une suite d'estampes sous verres, encadrées dans des bordures brunes, qui renfermoient les sujets les plus lascifs. Tout son domestique consistoit en une servante jeune et jolie, vêtue en paysanne très propre; c'étoit un habit de goût. On voyoit d'abord que si elle faisoit le lit de son maître, elle le défaisoit aussi.

Je trouvai, en arrivant, la nappe mise, et je vis, dans la suite, qu'on ne l'ôtoit guère que pour la changer. Le déjeûner, qu'on apporta de chez le traiteur voisin, étoit des pigeons à la crapaudine, saucisses et autres choses pareilles, avec de très bon vin. Nous allions commencer, lui, la jeune paysanne et moi (car tout en servant elle mangeoit avec son maître), lorsqu'il entra une femme d'environ vingt-cinq ans, assez jolie, et proprement vêtue. Sans m'informer de ce qu'elle pouvoit être, il me suffisoit, pour savoir à quoi m'en tenir, de la voir venir librement demander à déjeûner à un garçon, tel que j'avois déja pu juger Saint-Maurice. C'étoit une fille entretenue par un homme âgé, qui, occupé d'affaires pendant la journée, venoit s'en délasser le soir chez elle, sans la fatiguer beaucoup, quoiqu'il pût fort bien l'ennuyer. Au surplus, cet amant utile lui laissoit, comme on voit, une liberté très honnête dont elle savoit user.

Nous voilà donc à table en partie carrée. Les propos furent gaillards. Il n'y entroit ni bel esprit, ni métaphysique; mais force saillies. Le vin excitant la gaieté et la hardiesse que j'avois assez naturellement, je hasardai quelques embrassades et autres menues licences qui furent si bien reçues de la nymphe qui faisoit notre quatrième, que j'aurois pu aller plus loin, si je n'eusse senti que Saint-Maurice et la belle même, trouveroient mauvais que je voulusse, dans une première entrevue, achever une aventure qui pouvoit, plus décemment pour eux, s'achever ailleurs. Le jour, au mois de septembre, alloit finir, que le déjeûner duroit encore, c'est-à-dire que nous tenions toujours table et propos joyeux. Il fallut enfin se quitter, avec promesse de se retrouver. Je donnai le bras à la belle, jusqu'à la maison où elle logeoit, dans la même rue. Je voulois y monter; mais elle m'obligea de la laisser à sa porte, attendu que c'étoit l'heure de *son monsieur*, et me permit de venir la voir à toute autre heure que celle-là. J'y allai dès le jour suivant, entre dix et onze heures. Le traité, dont les préliminaires étoient convenus de la veille, fut conclu après quelques pourparlers, et ratifié à la satisfaction des parties. Sur le midi, elle me congédia, prétendant avoir une affaire à cette heure-là; mais que nous nous reverrions. Comme la mienne étoit faite, je ne fis aucune difficulté de me retirer. J'y retournai encore quelquefois. Cependant, quelques autres conquêtes de cette nature m'obligèrent de me partager. Ces aventures libertines ne sont pas de durée, parceque ces demoiselles ayant des relations avec quelques unes de leurs pareilles, j'en connus bientôt plusieurs.

La délicieuse société! il ne lui manquoit que d'être honnête, ce qui ne l'empêchoit pas d'être fort de mon goût, à l'âge que j'avois, avec une ardeur immodérée pour les femmes. Je les aimois toutes, et je n'en méprisois aucune. La délicatesse de sentiment ne s'allie guère à un tempérament de feu. La connoissance de Saint-Maurice auroit pourtant été plus dangereuse pour moi que celle de ces coquines, si j'avois eu moins de principes. Heureusement je n'étois que libertin. J'allois de temps en temps chez lui, et j'y trouvois communément compagnie joyeuse et à table. Son emploi n'exigeant que quelques heures de la matinée, il donnoit souvent de ces déjeûners-dîners, qui se prolongeoient tellement, que tous les repas s'y confondoient. Quoique les mets ne fussent pas recherchés, cette espèce de table ouverte à des convives de grand appétit et fort alertes n'étoit pas d'une foible dépense; et les appointements d'un médiocre emploi ne pouvoient pas y suffire. Je ne tardai pas à savoir le mot de l'énigme.

Saint-Maurice paroissoit prendre beaucoup de goût pour moi, et mon ardeur pour le plaisir étoit ce qui m'attiroit le plus son estime. Il comptoit bien s'en servir pour ses vues, et se trompa. Il m'engagea un jour à une promenade aux Champs-Élysées, et là il me dit qu'il se trouvoit à la tête d'une société de personnes assez considérables par leur état et leur fortune, auxquelles il avoit persuadé qu'il étoit en commerce avec les génies élémentaires, dont il pouvoit leur procurer les faveurs; que dans certains jours il rassembloit ses adeptes dans une salle où, les volets fermés, deux bougies ne donnoient de lumière que ce qu'il en falloit pour se reconnoître, en prenant place autour de la salle. Alors Saint-Maurice, en qualité de ministre du génie *Alaël*, après une espèce d'invocation en style oriental et cabalistique, faisoit le tour de l'assemblée, recevant de chacun un billet cacheté, qui contenoit la demande de ce qu'on desiroit du génie. Il s'approchoit ensuite d'une manière d'autel, sur lequel étoit un réchaud plein de braise allumée, où le ministre paroissoit jeter tous ces billets, qui étoient consumés. Mais comme il étoit excellent escamoteur, dont il avoit même fait le métier, il substituoit aux billets recueillis ceux qu'il avoit apportés tout préparés. Il annonçoit alors qu'à la première assemblée il apporteroit à chacun la réponse à sa demande; et l'on se séparoit. Rentré chez lui, il ouvroit les vrais billets, et composoit les réponses. Les initiés, y trouvant toujours quelque chose de relatif à la demande qu'ils avoient faite dans un billet brûlé sans être décacheté, ne doutoient pas que leur prière n'eût monté jusqu'au trône d'*Alaël*.

Le grand prêtre Saint-Maurice se bornoit à donner séparément à chacun la lecture de la réponse à son billet, sans la lui laisser, de peur des conséquences. Ce qu'il y avoit de plus singulier, c'est que le génie, qui étoit assez puissant pour satisfaire à tous les vœux, demandoit souvent de l'or. Ce qui est plus singulier encore, l'or étoit aussitôt remis à son ministre pour l'employer suivant les ordres d'*Alaël*, sans qu'il fût permis de s'informer de la destination.

Lorsque Saint-Maurice eut fini, je lui éclatai de rire au nez. Il en parut fort scandalisé, et me dit, du plus grand sérieux, que la confidence qu'il venoit de me faire étoit une preuve de son estime pour moi, et que, pour m'en convaincre, il pouvoit me rendre témoin d'une assemblée; que j'y verrois de jeunes et jolies femmes, et qu'il avoit assez de pouvoir sur elles pour m'en faire jouir. Ces dernières paroles attirèrent mon attention. Quel appât pour un appétit de vingt ans! Je fus près de le prendre au mot. Il le sentit, et me pressa. Si je ne me rendis pas, je fus du moins fort ébranlé. J'entrai en éclaircissements. Je lui dis que, vu les preuves qu'il m'offroit, je ne doutois pas de ce qu'il me disoit; mais que je ne le concevois pas mieux. Il me répondit que j'étois jeune, et ne connoissois encore ni les hommes, ni Paris; que dans cette ville où la lumière de la philosophie paroît se répandre de toutes parts, il n'y a point de genre de folie qui n'y conserve son foyer, qui éclate plus ou moins loin, suivant la mode et les circonstances. L'astrologie judiciaire, la pierre philosophale, la médecine universelle, la cabale, etc., ont toujours leurs partisans secrets, sans parler des folies épidémiques, telles que l'agiot, dont je venois d'être témoin, temps où chacun s'imaginoit pouvoir devenir riche, sans que personne devînt pauvre.

J'ai reconnu dans la suite la vérité de ce que Saint-Maurice me disoit, et j'ai eu des preuves convaincantes de ce qui le regardoit lui-même. Un homme très riche, dont je tairai le nom par égard pour sa famille et les personnes considérables ses alliées, étoit une des dupes de Saint-Maurice, et lui a fourni plus de cinq cent mille francs. Cet homme étoit d'ailleurs très sage, et, dans toutes les affaires, le conseil de sa famille et de beaucoup d'autres. J'ignore s'il vit encore; car depuis le dérangement de sa fortune et sa manie reconnue, il s'est expatrié, et peut-être sans être détrompé de ses idées cabalistiques.

Malgré l'appât séduisant que me présentoit le ministre d'*Alaël*, l'honneur l'emporta ; je refusai nettement. C'est la circonstance de ma vie qui, vu la force de la tentation, m'a donné le plus d'estime pour moi. Je refusai absolument la proposition de Saint-Maurice, et lui dis que je ne voulois avoir aucune part à une fourberie ; que d'en être simplement témoin, seroit en être complice, et que cela ne pouvoit finir pour lui que d'une façon déshonorante. Mes expressions le choquèrent, et, piqué de s'être ouvert sans succès, il vouloit le prendre haut ; mais, jugeant que je ne le prendrois pas bas, il se radoucit, et nous finîmes assez froidement notre promenade. Je cessai, dès ce moment, de le voir. Deux ou trois ans après j'appris qu'il avoit été enlevé et mis à Bicêtre. Il n'y fut pas long-temps. Des personnes puissantes, du nombre de ses disciples, désabusées ou non, mais craignant de voir leur nom mêlé dans une affaire d'éclat, agirent en sa faveur, et lui firent rendre la liberté. Pour couvrir apparemment la tache de Bicêtre, il prit un carrosse et un bel appartement dans un hôtel garni ; et, après s'être montré quelque temps ainsi dans Paris, il se retira à Rouen, où il tenoit un état brillant, et recevoit chez lui ce qu'il y avoit de plus distingué. Il donna même une fête superbe à la naissance du Dauphin, en 1729. J'aurai encore à parler de lui à l'occasion d'un voyage que je fis dans ce temps-là en Normandie. Je reviens à moi.

Quoique je ne fusse pas un mauvais sujet, je vivois avec des gens qui l'étoient passablement, et c'est un moyen de le devenir. Je ne sais par quelle voie ma mère en fut instruite ; mais elle me rappela en Bretagne. Je voulus lui donner quelques mauvaises raisons : malheureusement elle n'aimoit que les bonnes. Je n'avois point de celles-là, et il me fallut partir au mois de février 1725. Je n'éprouvai pas, en apercevant les clochers de Dinan, qui se voient de loin, ce sentiment de plaisir qui m'affecte aujourd'hui quand j'y retourne. Je quittois Paris avec beaucoup de chagrin, et je trouvai ma mère fort mécontente de ma conduite, quoiqu'elle en ignorât une partie. Il n'étoit plus question de m'initier dans le commerce qu'elle avoit quitté. D'ailleurs mon éducation n'y avoit pas été dirigée, et l'état de ceux avec qui je l'avois partagée, et avec lesquels je me rencontrois à Paris, me rendoit difficile sur des partis qui, sans cela, ne m'auroient pas répugné. Il m'en restoit, avec ma médiocre fortune, un qui ne blessoit pas mon petit amour-propre, et pour lequel on croyoit me voir du talent ; c'étoit le barreau. J'aurois beaucoup mieux aimé le service, et je dis à ma mère qu'on m'offroit une lieutenance dans le régiment de Piémont, où un de mes parents venoit d'en avoir une ; et qu'avec une pension de cinq à six cents livres, je serois en état de m'y soutenir honnêtement. Ma proposition fut très mal reçue. Ma mère avoit, à ce sujet, des principes vrais ou faux, mais dont il ne me fut pas possible de la faire départir. Elle me dit que le service n'appartenoit qu'aux gens de condition ; qu'ils ne devoient pas même suivre d'autre route ; qu'elle ne voyoit qu'avec mépris des gentilshommes exercer de très bas emplois qui, dans sa jeunesse, étoient des récompenses de valets, ou de gens sans état, et incapables de tout autre ; mais que, pour un honnête bourgeois, le service étoit un métier de libertin, à moins qu'il ne fût assez riche pour sortir de sa classe, et tel que le parent que je lui citois, dont le frère aîné avoit acheté une charge dans une cour supérieure, après avoir eu son père secrétaire du roi. Le refus de ma mère fut si absolu, et ses résolutions étoient toujours si fermes, qu'il n'y avoit pas à y revenir.

Je m'attachai uniquement à lui rendre des devoirs assidus, et à effacer, par une conduite régulière, les impressions qu'elle avoit reçues à mon sujet. Je restai ainsi jusqu'au mois de novembre, cherchant tous les moyens de retourner à Paris. Enfin, je représentai à ma mère qu'ayant déja commencé mon droit, je ne pouvois rien faire de mieux que de le finir, et de me faire recevoir avocat, attendu que ce titre étoit toujours nécessaire à plusieurs professions que je pouvois embrasser. Elle y consentit.

J'allai, avant de partir pour Paris, passer quelque temps chez ma sœur, à Rennes. Ce fut là que je connus M. de La Chalotais[1], alors avocat géné-

[1] Louis-René de Caradeuc de La Chalotais, procureur-général au parlement de Rennes, mort en 1786, fut l'un des premiers magistrats qui se signalèrent dans l'affaire de l'expulsion des Jésuites. Son *Compte rendu* de leurs constitutions (1762, 2 v. in-12) sera long-temps célèbre par la force et l'énergie du style; mais, comme l'éloquence entraîne quelquefois trop loin, il n'a point gardé de justes mesures, lorsqu'il a parlé des hommes célèbres que la société éteinte a produits dans presque tous les genres Une affaire plus intéressante l'occupa encore : il crut, en qualité d'homme public, devoir résister au commandant de la province, le duc d'Aiguillon, qui abusoit de son autorité, mais qui n'agissoit que par ordre de la cour: cette démarche lui attira une longue disgrace, des emprisonnements, et son procès lui fut fait par des commissaires nommés par le gouvernement. Les accusations intentées contre lui ayant paru destituées de preuves, il revint dans sa patrie, et y jouit de l'amitié et de l'estime de ses concitoyens. Il avoit, dans la conversation, beaucoup de feu, d'agrément, et l'esprit de saillie. Mais il ne sut pas toujours réprimer ses bons mots, et éprouva qu'une parole hasardée est quelquefois la source de bien des peines. Parmi les mémoires qu'il publia dans le cours de sa fameuse affaire, on distingua l'*Exposé justificatif de sa conduite*, 1767, in-4°. Il écrivit l'un de ses mémoires en prison, avec un curedent et de la suie sur des papiers de biscuit, et c'est à cette occasion que Voltaire dit que *son curedent gravoit pour l'immortalité*. On a encore de lui un *Essai d'éducation nationale*, où l'on trouve des vues lumineuses et quelques idées qu'on ne pourroit adopter qu'avec des modifications. (*Dict. hist.*)

ral, dont j'aurai occasion de parler, dans la suite, plus amplement qu'ici. Je dirai simplement que notre goût pour la littérature nous en inspira l'un pour l'autre. Toutes les fois que je me suis trouvé depuis à Rennes aux états, il a été ma société habituelle ; notre liaison s'est fortifiée, et sa disgrace en a resserré les nœuds.

Je me trouvai enfin, au commencement de 1726, dans ce Paris que je desirois tant, et où je me conduisis un peu mieux que je n'avois fait. Je me mis en pension chez un avocat au conseil, et repris des inscriptions en droit. Mais, pour dire les choses fidèlement, je m'occupois très peu des devoirs que je paroissois m'imposer ; je donnois presque tout mon temps à la lecture des livres de belles-lettres latines et françoises. Cette étude ne donne pas beaucoup de goût pour la procédure, et le hasard m'en éloigna encore. Un jour, avant d'entrer à la comédie, que je suivois plus que les écoles, je m'arrêtai au café de Procope, où l'on dissertoit sur la pièce qui se jouoit alors. Quelques bonnes observations que j'entendis me donnèrent envie d'y revenir.

Il y avoit alors deux cafés où se rassembloient des gens de lettres : celui de Procope, en face de la comédie ; et celui de Gradot, sur le quai de l'École. Lamotte, Saurin, Maupertuis, étoient les plus distingués de chez Gradot. Boindin [1], l'abbé Terrasson,

---

[1] Nicolas Boindin, né à Paris en 1676, entra dans les mous-

Fréret et quelques artistes, s'étoient adonnés au café de Procope, et s'y rendoient assidûment, indépendamment de ceux qui y venoient de temps en

quetaires en 1696; mais, ne pouvant résister à la fatigue du service, il renonça au métier des armes. Il fut reçu, en 1706, à l'académie des inscriptions et belles-lettres, et l'auroit été à l'académie françoise, si la profession publique qu'il faisoit d'être athée ne lui eût fait donner l'exclusion; c'étoit un homme d'esprit, d'érudition, et même de goût, quoique, par l'habitude de disputer, il ait fini par ne plus rien voir que de problématique dans les opinions humaines. Sa comédie du *Port de mer* est souvent d'un comique très vif. On ne sait trop pourquoi les comédiens n'ont pas conservé sur leur répertoire *le Bal d'Auteuil* et *les Trois Gascons*; ils en représentent tous les jours qui ne sont pas, à beaucoup près, aussi piquantes.

Malgré son athéisme, il échappa à toute poursuite, parceque, dans les disputes entre les jésuites et leurs adversaires, il pérora souvent dans les cafés contre ceux-ci; aussi disoit-il plaisamment à un homme qui pensoit comme lui, et qu'on paroissoit vouloir inquiéter : On vous tourmente, vous, parceque vous êtes un athée janséniste; mais on me laisse en paix, parceque je suis un athée moliniste. Ce n'est pas qu'il penchât plus pour Molina que pour Jansénius; mais il sentoit qu'il gagneroit plus à se tourner du côté de ceux qui étoient alors en faveur. Voici comme Boindin est peint dans le Temple du Goût.

> Un raisonneur, avec un fausset aigre,
> Crioit : Messieurs, je suis ce juge intègre
> Qui toujours parle, argue et contredit;
> Je viens siffler tout ce qu'on applaudit.
> Lors la Critique apparut, et lui dit :
> Ami Bardou, vous êtes un grand maître,
> Mais n'entrerez en cet aimable lieu :
> Vous y venez pour fronder notre Dieu,
> Contentez-vous de ne le pas connoître.

Marmontel, dans sa jeunesse, recherchoit beaucoup le vieux Boindin; ce dernier lui dit un jour : Trouvez-vous au café Pro

temps, tels que Piron, l'abbé des Fontaines, La Faye et autres. Je ne crois pas que ces cafés soient aujourd'hui sur le même pied. Il y a plus de trente-cinq ans que je n'y suis entré, et je n'entends citer personne de connu dans les lettres qui s'y rende.

Je retournai chez Procope. Je trouvai, en y entrant, qu'on y traitoit un point de métaphysique, et que Fréret[1] et Boindin étoient les tenants de la dispute. Le premier étoit l'homme de la plus vaste et de la plus profonde érudition que j'aie connu, et ses connoissances portoient sur une forte base de philosophie. L'autre, avec beaucoup de sagacité, parloit avec une éloquence véhémente, sans en être moins correct dans la langue. Il ne montroit jamais plus d'esprit dans une dispute que lorsqu'il avoit tort, ce qui lui arrivoit assez, quand il ne parloit

cope. — Mais nous ne pourrons parler de matières philosophiques. — Si fait, en convenant d'une langue particulière, d'un argot. Alors ils firent leur dictionnaire : l'ame s'appeloit Margot, la religion Javotte, la liberté Jeanneton, et Dieu M. de l'Être. Les voilà disputant et s'entendant très bien : un homme en habit noir, avec une fort mauvaise mine, se mêlant à la conversation, dit à Boindin : Monsieur, oserai-je vous demander ce que c'étoit que ce M. de l'Être qui s'est si souvent mal conduit, et dont vous êtes si mécontent? Monsieur, reprit Boindin, c'étoit un espion de police. On peut juger de l'éclat de rire, cet homme étant lui-même du métier. (*Dict. hist.*)

[1] Fréret, né à Paris, en 1688, d'un procureur au parlement, se fit recevoir avocat, par complaisance pour sa famille; la nature ne lui avoit donné aucun goût pour le barreau, et il le quitta pour se livrer à l'histoire et à la chronologie. L'académie des in-

pas le premier, attendu qu'il étoit naturellement
contradicteur. Une pièce étoit-elle mal reçue, il en
relevoit les beaux endroits, et la défendoit vivement. Étoit-elle applaudie, il en découvroit très
finement et en montroit les moindres défauts. Il
cherchoit sur-tout à combattre les opinions reçues
dans les matières les plus graves, ce qui lui avoit
fait une réputation d'impiété dont il m'avoua un
jour qu'il se repentoit fort; qu'elle avoit beaucoup
nui au repos de sa vie; qu'on ne doit jamais manifester de tels sentiments, et qu'on seroit encore
plus heureux de ne les pas avoir. On sait qu'il est
traité d'athée dans les couplets attribués au poëte
Rousseau. Le sage Fontenelle, qui estimoit Boindin
à beaucoup d'égards, et qui en étoit respecté, lui
ayant demandé pourquoi il se livroit si fort à la
contradiction : C'est, dit Boindin, que je vois des

scriptions lui ouvrit ses portes dès l'âge de vingt-cinq ans; il signala son entrée par un discours sur l'origine des François, savant, mais hardi, qui, joint à des propos indiscrets sur l'affaire des princes avec le régent, le fit enfermer à la Bastille. Bayle fut presque le seul auteur qu'on lui donna pour égayer sa prison; et il le lut tant de fois, qu'il le savoit par cœur. Ayant obtenu sa liberté, Fréret s'adonna entièrement à ses anciennes études; on lui doit plusieurs mémoires pleins d'une érudition profonde et de discussions épineuses : ils sont répandus dans les différents volumes de la collection académique des inscriptions et belles-lettres. Il avoit une littérature très étendue; sa mémoire étoit prodigieuse; il écrivoit avec netteté et avec ordre; mais il avoit du penchant pour les opinions singulières; il mourut en 1749, dans sa soixante-unième année. (*Dict. hist.*)

raisons contre tout. Et moi, répondit Fontenelle, j'en vois pour tout, et j'aurois la main pleine de vérités, que je ne l'ouvrirois pas pour le peuple.

J'ai toujours trouvé Boindin très raisonnable dans le tête-à-tête; mais aussitôt qu'il se voyoit au milieu d'un auditoire, comme au café, il ambitionnoit les applaudissements que lui attiroit son éloquence. A soixante ans passés, il avoit encore cette passion puérile. Il étoit de l'académie des belles-lettres, et seroit entré à la françoise, dont il auroit été un membre distingué par une grande connoissance de la langue, si le cardinal de Fleury ne s'y fût pas opposé. On abusa, dit-on, contre lui d'un hommage qu'il avoit voulu rendre à trois philosophes. C'étoit une cornaline sur laquelle il avoit fait graver trois profils très ressemblants de Descartes, Bayle et Fontenelle, auxquels il avoit indiscrétement appliqué : *Sunt tres qui testimonium perhibent de lumine.* Je me suis un peu arrêté sur Boindin, parceque c'est le seul de l'académie des belles-lettres dont on n'ait point parlé à la séance publique qui suivit sa mort. On auroit pu au moins en user pour lui comme on avoit fait pour le trop fameux père Tellier, dont tout l'éloge se borna aux dates de sa naissance, de sa nomination à la place de confesseur du roi, et de sa mort. On n'auroit manqué ni à l'usage, ni à la décence.

J'étois donc arrivé au café au plus fort de la discussion métaphysique. Après avoir entendu quelque temps les deux acteurs, je hasardai, sur la question, quelques mots qui attirèrent leur attention. L'auditoire parut surpris qu'un jeune homme osât se mesurer avec de tels athlètes. Cependant ils me firent accueil l'un et l'autre, et m'invitèrent à revenir. Je n'y manquai pas, et, comme j'y trouvois toujours Boindin, je devins bientôt son antagoniste, et partageois avec lui l'attention de l'auditoire, qui m'affectionnoit de préférence, parceque Boindin avoit la contradiction dure, et que je l'avois gaie. Il s'agissoit un jour, entre lui et moi, de savoir si l'ordre de l'univers pouvoit s'accorder aussi bien avec le polythéisme qu'avec un seul Être Suprême. Je soutenois l'unité de l'Être nécessaire, et Boindin prétendoit pouvoir concilier tout avec la pluralité des dieux. Il n'y avoit point de sophisme qu'il n'employât pour étayer son système. L'assemblée étoit nombreuse et attentive. Boindin, pour en capter les suffrages, se livroit au feu de son éloquence, lorsque j'éclatai de rire. Il en fut choqué, et me dit brusquement que rire n'étoit pas répondre. Je l'avoue, lui dis-je; mais je n'ai pu m'en empêcher, en vous voyant soutenir la pluralité des dieux. Cela prouve le proverbe : *Il n'est chère que de vilain*. Comme il passoit pour n'en admettre aucun, chacun rit de l'application du proverbe; il le prit lui-même de bonne grace, et la dispute finit.

Les caractères des gens de lettres qui se rendoient à ce café étoient assez variés. Boindin dissertoit toujours et ne causoit jamais. Fréret raisonnoit, et s'appuyoit souvent de citations et d'autorités, non pour établir en érudit, mais pour développer ses principes en philosophe. Il avoit fait un ouvrage qui seroit dangereux, s'il étoit à la portée du commun des lecteurs. Il auroit été très fâché qu'il devînt public. J'en ai pour preuve la lettre qu'il m'écrivit, en me l'envoyant quelque temps après que je fus devenu son confrère à l'académie des belles-lettres. Il me marquoit, dans son billet, que j'ai gardé pour sa justification, si l'on trahissoit sa confiance, que cet ouvrage n'étoit que pour des amis *interioris admissionis*. J'aurai occasion de parler dans la suite de la coupable frénésie qui règne aujourd'hui, de tirer des cabinets et de rendre publics des écrits qui n'en devoient jamais sortir. Fréret lui-même pensoit ainsi, et comptoit jeter le sien au feu. Le seul inconvénient avec lui, en le consultant sur un fait ou une question, étoit la multiplicité de ses connoissances qui l'engageoit dans des digressions, de sorte qu'on apprenoit, à la vérité, une quantité de choses curieuses, et celle qu'on vouloit particulièrement savoir restoit à l'écart, ou arrivoit la dernière.

L'abbé Terrasson [1], qui venoit souvent au café,

---

[1] Jean Terrasson, né à Lyon en 1670, fut envoyé par son père à l'institution de l'Oratoire à Paris. Il quitta bientôt cette congré-

avoit beaucoup d'érudition grecque, latine, et dans plusieurs langues modernes ; étoit géomètre, physicien, et doué d'un esprit philosophique qu'il portoit dans tout ce qu'il traitoit ; c'est-à-dire, pour me

gation, y rentra de nouveau, et en sortit pour toujours. Son père, irrité de cette inconstance, le réduisit par son testament à un revenu très médiocre. L'abbé Bignon, instruit de son mérite, lui obtint une place à l'académie des sciences, en 1707, et, en 1721, la chaire de philosophie grecque et latine. L'abbé Terrasson s'enrichit par le fameux système ; mais cette opulence ne fut que passagère : la fortune étoit venue le trouver sans qu'il l'eût cherchée ; elle le quitta, sans qu'il songeât à la retenir. Me voilà tiré d'affaire, dit-il, lorsqu'il se trouva réduit, pour la seconde fois, au simple nécessaire, je revivrai de peu ; cela m'est plus commode. Quoiqu'il eût conservé, au milieu des richesses, la simplicité de mœurs qu'elles ont coutume d'ôter, il n'étoit pas sans défiance de lui-même. Je réponds de moi, disoit-il, jusqu'à un million. Ceux qui le connoissoient auroient répondu de lui par-delà. L'ignorance où étoit l'abbé Terrasson sur la plupart des choses de la vie, lui donnoit une naïveté que bien des gens traitoient de simplicité, ce qui a fait dire qu'il n'étoit homme d'esprit que de profil. La marquise de Lassai, qui étoit de sa société, répétoit volontiers qu'il n'y avoit qu'un homme de beaucoup d'esprit qui pût être d'une pareille imbécillité. Quand la vieillesse et les infirmités commencèrent à le rendre inutile à la société, il disparut de la scène. Il se montroit tout au plus dans les lieux publics où il ne pouvoit être à charge à personne. Je calculois ce matin, disoit-il un jour à Falconet, que j'ai perdu les quatre cinquièmes des lumières que je pouvois avoir acquises ; si cela continue, il ne me restera pas même la réponse que fit à l'agonie ce bon M. de Lagny à Maupertuis. On sait que Maupertuis demanda à M. de Lagny, sur le point d'expirer, quel étoit le carré de douze. Le mourant répondit, sans hésiter, cent quarante-quatre. Les principaux ouvrages de l'abbé Terrasson sont : Sethos, roman moral ; la traduction de Diodore de Sicile ; et une dissertation critique sur l'Iliade. (*Dict. hist.*)

servir de sa définition, de cette supériorité de raison qui nous fait rapporter chaque chose à ses principes propres et naturels, indépendamment de l'opinion qu'en ont eue les autres hommes. Le caractère de son esprit paroît sur-tout dans sa dissertation sur l'Iliade, excellente poétique. Il y distingue très bien ce qui concerne le plan, l'ordonnance, les mœurs, les caractères d'un poëme. Il n'auroit peut-être pas si bien jugé de ces détails qui sont du ressort du goût, attendu qu'il y entre souvent un peu d'arbitraire, et qu'il confrontoit tout à la raison. Attaché à son sentiment, parcequ'il le croyoit raisonnable, il lui étoit très indifférent qu'il fût adopté. Avec beaucoup d'esprit, le fond de son caractère étoit la simplicité, la naïveté, et quelque chose de niais. Il y a des hommes qui, tenant de la nature un point de singularité, l'exagèrent à dessein, pour le rendre plus piquant, ce qui, contre leur intention, produit un effet contraire. La singularité de l'abbé Terrasson étoit si naturelle qu'il ne s'en doutoit pas. Il pouvoit quelquefois remarquer que les autres ne lui ressembloient pas; mais il n'alloit peut-être pas jusqu'à conclure qu'il ne leur ressembloit point : c'est-à-dire qu'il ne faisoit point de retour sur lui-même.

Ses amis puissants, tels que la comtesse de Vérue, et le marquis de Lassai, avoient entrepris de lui faire une fortune considérable par le moyen de Law, leur ami, dans le temps des billets de banque. Ils en avoient déja procuré pour huit ou neuf cent mille francs à l'abbé, qui disoit qu'il ne répondoit de sa tête que jusqu'au million. Il plaisantoit, ou ne se connoissoit pas. Les richesses ne l'auroient pas enivré; la reconnoissance l'égara. Il crut voir le salut de l'état dans le système qui en fut la ruine. Il composa un ouvrage pour en prouver l'excellence; et le jour même que parut cet éloge du système, parut l'arrêt du conseil qui en fut la ruine. Ce qui prouve la bonne foi de l'abbé, c'est qu'il ne prit aucune des précautions qui pouvoient sauver une partie de sa fortune. Il se retrouva au point d'où il étoit parti; n'eut pas le moindre regret à son opulence passagère, et s'avoua fort content d'en être débarrassé pour ne se livrer qu'à l'étude.

Un homme que je connus en même temps que l'abbé Terrasson, fut du Marsais [1], qui avoit aussi

[1] César Chesneau du Marsais, né à Marseille en 1676, entra dans la congrégation de l'Oratoire; mais le desir d'une plus grande liberté la lui fit quitter bientôt après. Il vint à Paris, s'y maria, fut reçu avocat, et commença à travailler avec succès. Des espérances flatteuses l'avoient engagé dans cette profession; mais, trompé dans ces espérances, il ne tarda pas à l'abandonner. L'humeur chagrine de sa femme, qui croyoit avoir acquis, par une conduite sage, le droit d'être insolente, l'obligea à se séparer d'elle. Il se chargea de l'éducation du fils du président de Maisons. La mort du père l'ayant privé de la récompense que méritoient ses soins, il entra chez le fameux Law, pour être auprès de son fils. Après la chute de ce charlatan, il éleva les fils du marquis de Beaufremont, et en fit des élèves dignes de lui. Cette

beaucoup d'esprit philosophique, qu'il appliqua principalement à la grammaire. Comme il étoit venu tard de sa province à Paris, il avoit conservé l'accent provençal, qui l'empêchoit de bien juger des sons de la langue. Nous en parlions un jour, et, sur ce que je lui en dis, il m'engagea à mettre mes observations par écrit. Elles font partie des notes que je fis dans la suite sur la grammaire de Port-Royal.

éducation finie, il prit une pension, dans laquelle il instruisit, suivant sa méthode, un certain nombre de jeunes gens. Des circonstances imprévues le forcèrent de renoncer à ce travail utile. Obligé à donner quelques leçons pour subsister, sans fortune, sans espérances, et presque sans ressource, il se réduisit à un genre de vie fort étroit. Ce fut alors que les auteurs de l'Encyclopédie l'associèrent à leur grand ouvrage. Les articles dont il l'enrichit sur la grammaire respirent une philosophie saine et lumineuse, un savoir peu commun, beaucoup de précision dans les régles, et de justesse dans leur application. Il mourut à Paris, en 1756, à quatre-vingts ans.

Son caractère doux et tranquille, et son ame toujours égale, étoient peu agités par les différents évènements de la vie, même par les plus tristes. Son extérieur et ses discours n'annonçoient pas toujours ce qu'il étoit. Il avoit l'esprit plus sage que brillant, la marche plus sûre que rapide, et étoit plus propre à discuter avec lenteur qu'à saisir avec promptitude. Son peu de connoissance des hommes, son peu d'usage de traiter avec eux, et sa facilité à dire librement ce qu'il pensoit, lui donnoient cette naïveté, cette simplicité qui n'est pas incompatible avec beaucoup d'esprit. Fontenelle disoit de lui : C'est le nigaud le plus spirituel, et l'homme d'esprit le plus nigaud que je connoisse. C'étoit le La Fontaine des philosophes. On a de lui plusieurs ouvrages estimés, 1° Traité des Tropes ; 2° Exposition d'une méthode raisonnée pour apprendre la langue latine ; 3° Les véritables Principes de la grammaire; 4° Logique, ou Réflexions sur les opérations de l'esprit, etc., etc. (*Dict. hist.*)

Il avoit encore été plus avant que l'abbé dans le temple de la fortune, en acceptant la place de gouverneur du fils de Law, et n'en revint pas plus riche. Après avoir vécu familièrement avec le maréchal de Noailles, qui l'appeloit son philosophe, avoir été long-temps promené sous ce titre dans plusieurs sociétés distinguées, il fut toujours aussi étranger dans le monde, que le monde l'étoit pour lui. On l'y trouvoit un niais de beaucoup d'esprit, et l'on croyoit faire assez pour lui que de s'en amuser, en lui laissant pour fortune le manteau de Diogène. Les éducations dont il fut chargé ne lui valurent pas davantage; et il auroit passé les dernières années de sa vie fort mal à l'aise, si le comte de Lauraguais-Brancas, qui ne lui devoit rien, ne lui eût fait une pension.

Parmi ceux qui venoient chez Procope, il y en avoit qui alloient aussi au café de Gradot; tels que le marquis de La Faye [1]. Avec de la finesse dans l'es-

---

[1] Jean-François Leriget de La Faye, d'abord capitaine d'infanterie, puis gentilhomme ordinaire du roi, mérita, par ses talents et son goût pour les lettres, une place à l'académie françoise, qui l'admit en 1730; il mourut l'année suivante, à cinquante-sept ans, regretté de tous les gens de lettres, qu'il charmoit par son esprit, sa douceur et sa politesse. Voltaire, qui l'avoit beaucoup connu, en a fait un portrait avantageux, mais vrai:

> Il a réuni le mérite
> Et d'Horace et de Pollion,
> Tantôt protégeant Apollon,
> Et tantôt chantant à sa suite.
> Il reçut deux présents des dieux,

prit, de la littérature françoise, beaucoup de politesse, le meilleur ton dans la conversation, faisant des vers faciles, c'étoit un homme très aimable, et qui auroit pu servir de modéle à ce qu'on appelle les gens du monde. Il jouissoit d'une fortune considérable, tenoit une bonne maison, et y rassembloit souvent compagnie choisie de différents états. Son frère aîné, capitaine aux gardes, homme d'esprit et fort instruit, avoit formé la plus belle bibliothéque qu'un particulier pût avoir, et dont le catalogue est, je crois, le premier qui ait été imprimé, et qui ait servi à l'ordre de ceux qui ont paru depuis. Il est connu et recherché dans la librairie. Le capitaine La Faye, ayant eu la jambe emportée d'un boulet de canon, fut obligé de quitter le service, et, pour s'en

> Les plus charmants qu'ils puissent faire;
> L'un étoit le talent de plaire,
> L'autre le secret d'être heureux.

On a de lui quelques poésies, où l'on remarque un esprit délicat et une imagination agréable. Sa pièce la plus connue est son Ode apologétique de la poésie, contre le système de La Motte en faveur de la prose. On y trouve cette belle strophe:

> De la contrainte rigoureuse,
> Où l'esprit semble resserré,
> Il reçoit cette force heureuse
> Qui l'élève au plus haut degré.
> Telle dans des canaux pressée,
> Avec plus de force élancée,
> L'onde s'élève dans les airs :
> Et la règle, qui semble austère,
> N'est qu'un art plus certain de plaire,
> Inséparable des beaux vers.
>
> (*Dict. hist.*)

consoler, se renferma dans sa bibliothèque, sur laquelle il mit pour inscription :

Me læsit Mavors, læsum mulcere Camenæ.

A sa mort, son fils étant mineur, cette bibliothèque fut vendue. Le frère du capitaine racheta de la succession les livres qui convenoient le plus au genre de littérature dont il s'occupoit, et, les joignant à ceux qu'il avoit déja, en fit une collection très curieuse, au service de tous les gens de lettres. Il étoit secrétaire du cabinet du roi, et a été de l'académie françoise. Le duc de Bourbon, qui avoit été premier ministre, le chargea d'une commission assez singulière. Ce prince, ayant résolu de se marier, envoya La Faye en Allemagne choisir la princesse dont la figure lui plairoit le plus, s'en rapportant absolument au goût du commissionnaire. La Faye, après avoir parcouru l'Allemagne, donna la pomme à Caroline de Hesse Rhinsfeld, princesse aussi aimable que son mari l'étoit peu ; aussi a-t-elle été plus regrettée que lui du public. Elle est morte à vingt-six ans, en 1741, dix-huit mois après son mari, et dans le temps où elle pouvoit être heureuse. Je ne m'attendois guère, quand elle arriva ici, que je dusse faire son épitaphe, dont je fus chargé par sa belle-mère, madame la duchesse [1]. La Faye, qui avoit

---

[1] Voici cette épitaphe, qui a été trouvée dans les papiers de Duclos, écrite sur une carte à jouer : « Auguste par sa naissance,

pris de l'amitié pour moi, m'auroit volontiers emmené avec lui dans son voyage d'Allemagne, et je l'aurois encore plus volontiers accompagné ; mais ce ne pouvoit pas être à l'insu de ma mère. Je lui laissois bien ignorer ma vie dissipée et le peu d'application que je donnois à la jurisprudence ; mais un voyage de plaisir auroit mis ma conduite trop à découvert, m'auroit fait rappeler en province, et c'étoit ce que je redoutois le plus.

Peu de temps avant ce voyage, La Faye m'avoit mené chez Gradot pour me faire connoître, me dit-il, le plus aimable des gens de lettres ; et j'en jugeai comme lui. C'étoit Lamotte. Après avoir vécu dans les meilleures sociétés de Paris et de la cour, devenu aveugle et perclus des jambes, il étoit réduit à se faire porter en chaise au café de Gradot, pour se distraire de ses maux dans la conversation de plusieurs savants ou gens de lettres qui s'y rendoient à certaines heures. J'y trouvai Maupertuis [1], Saurin, Nicole, tous trois de l'académie des sciences ; Melon, auteur du premier traité sur le commerce, et beaucoup d'autres qui cultivoient ou aimoient les

---

« elle mérita par ses vertus les respects dus à son rang ; la beau-
« té, la jeunesse et les graces en relevoient l'éclat ; sa bonté la fit
« aimer, ses souffrances la firent plaindre, sa patience la fit ad-
« mirer. Sa mort, vraiment chrétienne, nous assure qu'elle repose
« en paix dans le sein de Dieu. »

[1] Nous croyons devoir mettre ici un portrait de Maupertuis, trouvé dans les papiers de Duclos, et fait par M. de Forcalquier

lettres. Lamotte étoit le point de réunion de l'assemblée, et personne n'y étoit plus propre que lui, par le ton de politesse qu'il mettoit dans la discussion. Les sciences dont il ne s'étoit pas occupé ne lui étoient pas étrangères. Il en saisissoit la métaphysique. Ses idées étoient nettes, précises, et rendues avec ordre et clarté. Ses ouvrages, et sur-tout ses qualités personnelles, lui avoient fait des enthousiastes ; aussi étoit-il l'objet de l'envie de ceux qui n'étoient pas en état de l'estimer.

Malgré ses succès en différents genres de poésie, mille grimauds répétoient (car ils n'en savoient rien par eux-mêmes), qu'il n'étoit pas poëte ; ils vouloient dire versificateur. Quoiqu'il ait fait nombre de beaux vers, il est sûr qu'à cet égard il étoit inférieur à Boileau et à Rousseau ; mais il leur étoit fort supérieur par l'étendue de l'esprit, et n'étoit pas, comme eux, renfermé dans les bornes du talent. Il passoit, dans son temps, pour le meilleur écrivain en prose. Voltaire n'avoit encore écrit qu'en vers, et Lamotte n'avoit pas cette vivacité de coloris ; mais, dans les matières susceptibles d'analyse et de discussion, si

---

Brancas, le même qui a fait celui de Duclos, que nous avons inséré dans la notice. « D'une humeur charmante par accès, d'une « vanité insupportable, d'une société impossible, d'une conversa- « tion délicieuse ; l'esprit prompt, le cœur droit, la tête folle ; la « justesse préside à ses pensées, l'agrément à ses propos, la va- « nité dirige toutes ses affections. L'ennui le promène dans tout « l'univers ; on l'estime, il plaît, il est impossible de s'y attacher. »

Voltaire est plus brillant, Lamotte est plus lumineux. L'un éblouit, et l'autre éclaire. Ce n'est pas que je veuille faire aucune comparaison de lui à Voltaire pour le génie, les talents et le goût. Je ne parle ici que de ce qui concerne le raisonnement. Lamotte a beaucoup perdu de sa réputation depuis sa mort ; mais il étoit de son temps un des auteurs les plus distingués. Les penseurs liront toujours avec plaisir ses discours et ses réflexions sur la critique. Ses odes, pleines d'esprit et d'une raison fine, leur plairont plus que celles où règne un pompeux délire de mots, qu'on appelle enthousiasme, et qui est si vide de sens et si froid. Inès de Castro restera au théâtre. Ses opéra sont estimés, et l'Europe galante le fait regarder comme l'inventeur de l'opéra-ballet. Il faut oublier qu'il a fait une Iliade. Ses fables, dont il a inventé presque tous les sujets, lui feroient honneur, si le style n'en étoit pas précieux, affecté, et par là sans goût dans l'expression.

Lamotte, à qui j'avois été annoncé par La Faye, me fit assez d'accueil pour m'en attirer de la part de l'assemblée. J'y allai donc quelquefois. Mais, comme j'étois venu me loger dans le quartier du Luxembourg, où j'avois fait des connoissances qui m'étoient chères, et dont je parlerai, je préférai d'aller au café de Procope, voisin de la comédie, que j'aimois beaucoup. Cela me donna occasion de con-

noître Baron, le Roscius de notre siècle. C'étoit le
plus grand comédien dans le tragique et le comique
noble qui eût paru sur le théâtre françois. Après
l'avoir quitté pendant quelques années, il y étoit
remonté, et avoit, par sa manière de réciter noble
et naturelle, proscrit une déclamation chantante
qui s'étoit introduite pendant son absence. Son jeu
étoit si vrai qu'il faisoit oublier le comédien : on
croyoit voir le personnage. A soixante-quinze ans
passés, il jouoit des rôles d'amoureux, sans qu'on fît
attention à son âge. Il avoit reçu de la nature tout
ce qu'il en pouvoit recevoir pour sa profession ; la
figure, la voix, l'intelligence, les entrailles. Ajou-
tez-y qu'il avoit été adopté, élevé et instruit par
Molière. Racine, qui faisoit répéter ses pièces avec
le plus grand soin, disoit à Baron : Pour vous, je
vous livre à vous-même, le cœur vous en dira plus
que mes leçons.

Baron avoit fait quelques pièces qui sont restées
au théâtre. Mais il y en a une sous son nom, c'est
l'Andrienne, qu'on attribue au père de La Rue, jé-
suite, qui, montant en chaire à Paris et à la cour,
ne pouvoit décemment travailler dans un genre
condamné par tous les gens de son état, et contre
lequel il avoit vraisemblablement déclamé lui-même.

Baron, sans estimer l'état de comédien, dont il
pensoit très modestement, avoit de son art d'acteur
la plus haute opinion, et peut-être y devoit-il en

partie sa supériorité sur tous les comédiens. A talents égaux, tout homme enthousiaste de sa profession doit l'emporter sur les autres. Il s'imaginoit qu'un acteur parfait, tel qu'il se croyoit (et du moins n'avoit-il point d'égal), devoit aller de pair avec ce qu'il y avoit de plus grand par la naissance, les dignités et le génie.

On se souvient encore de son ton de familiarité avec les princes même, qui le lui passoient en riant à cause de sa manie. Il occupoit, à l'Estrapade, une maison très bien meublée, où il recevoit bonne compagnie. Il ne manquoit pas de littérature, et avoit un cabinet de livres choisis, parmi lesquels il s'en trouvoit qui ne sont guère que dans des bibliothèques en forme, tels que les *ad usum* et les *variorum* complets. Je l'avois connu dès le temps que j'étois au collége d'Harcourt. Je le rencontrois assez souvent chez un libraire qui étoit en face du collége, et il m'y avoit fait amitié. Ma curiosité sur ce qui avoit rapport à Molière, Corneille, Racine, et les autres hommes illustres de son temps, lui plaisoit, et il satisfaisoit volontiers à mes questions, qui, loin de l'importuner, lui inspirèrent sans doute le goût qu'il prit pour moi. Il me dit tant de traits de la bonhomie du grand Corneille, que je vis qu'il étoit aussi naturel de l'aimer que de l'estimer. Supérieur à la vanité, sans orgueil, méprisant ou même ignorant l'intrigue, il se sentoit, s'apprécioit quelquefois, et pouvoit dire, comme il l'a dit avec une noble fierté :

Je ne dois qu'à moi seul toute ma renommée.

Thomas Corneille, inférieur à son aîné pour le génie, l'emportoit par ses connoissances dans les arts, dont il a fait un dictionnaire, et ne cédoit qu'à lui pour le théâtre, avant que Molière et Racine s'y fussent fait connoître. Les deux frères avoient une telle convenance de caractère, qu'ayant épousé les deux sœurs, en qui se trouvoit la même différence d'âge de vingt ans qu'entre les deux frères, ils ne formèrent qu'une maison et un ménage, qui subsista vingt-cinq ans, et ne finit que par la mort de l'aîné, en 1684, ce qui fait également l'éloge des femmes et des maris. J'ai connu particulièrement plusieurs de ceux qui avoient vu Pierre, et qui avoient été en liaison avec Thomas. Tous en portoient le même jugement. Ils ne parloient pas si favorablement du caractère de Boileau et de Racine. En rendant justice à leur mérite d'auteur, ils prétendoient que leur commerce n'étoit nullement agréable.

On ne pouvoit parler avec Boileau que de lui. Il ne connoissoit, disoit-il, que trois génies dans le siècle, Molière, Corneille et lui ; et ne comptoit Racine que pour son écolier, un bel esprit, ajoutoit-il, à qui il avoit appris à faire difficilement de bons vers. Telle étoit sa décision dans une assemblée où étoient Boindin, La Faye et Lamotte, qui me l'ont dit. Je ne crois pas que personne l'associe jamais pour le génie à Molière et Corneille, ni le place au-dessus de Racine. Il a sûrement bien mérité des lettres et de la langue pour le goût de l'expression. Le Lutrin et l'Art poétique seront toujours lus avec fruit. Mais il n'a pas appris à Racine à faire des tragédies, ni à Quinault, qu'il a tant dénigré, à faire des opéra. Il auroit dû encore citer La Fontaine dans l'Art poétique, et ne pas dire que Molière

Peut-être de son art eût remporté le prix.

Le *peut-être* est de trop. Molière a certainement obtenu la palme sur tous les anciens, et aucun moderne ne la lui a enlevée, quoique plusieurs, dont je pourrai parler, aient mérité des couronnes dans la même carrière. Il avoit naturellement du fiel, de l'humeur et de l'envie. Il disoit un jour à Fréret, de qui je le tiens, croyant se donner un éloge : « Jeune « homme, il faut penser à la gloire; je l'ai toujours « eue en vue, et n'ai jamais entendu louer quelqu'un, « fût-ce un cordonnier, que je n'aie ressenti un peu « de jalousie. » Je suis persuadé qu'il n'en étoit rien ; c'étoit seulement, pour exciter l'émulation du jeune Fréret, une hyperbole assez mal choisie, mais qui n'en déceloit pas moins le fond du caractère.

Racine, différent à plusieurs égards de son prétendu maître, en connoissoit le foible, et le laissoit se flatter d'une supériorité à laquelle le disciple savoit bien que le public ne souscrivoit pas. Il s'assuroit par là un prôneur dont la voix étoit comptée pour beaucoup. Car, quelque mérite qu'il eût, il ne dédaignoit pas un certain manége dont il auroit pu se passer, et qui, sans ajouter à la renommée, nuit quelquefois à la réputation de l'auteur. Il étoit naturellement railleur, et auroit été satirique, s'il n'eût pas craint la représaille, et de se compromettre. Boileau, qui le connoissoit bien, disoit qu'il étoit le plus malin des deux. Racine étoit très poli dans le monde, contraint avec ses égaux, et affectoit la familiarité avec les grands. Il ne vivoit guère en société littéraire et particulière qu'avec Boileau, Molière et La Fontaine, ménageant fort les deux premiers, qui étoient en faveur auprès du roi, et traitant très légèrement La Fontaine, assez bon pour le souffrir, ou même pour n'y pas faire attention. On sait que Molière, excédé des mauvaises plaisanteries de Boileau et de Racine sur La Fontaine, dit un jour : « Nos beaux « esprits ont beau se trémousser, ils n'effaceront pas « le bonhomme. » L'abbé de Saint-Réal [1], homme très

[1] César-Richard de Saint-Réal, fils d'un conseiller au sénat de Chambéry, vint à Paris de bonne heure. La vivacité de son esprit l'y fit rechercher. De retour dans sa patrie, en 1675, Charles Emmanuel II le chargea d'écrire l'histoire d'Emmanuel Ier, son aïeul. On ignore s'il exécuta ce projet. La duchesse de Mazarin, s'étant réfugiée en Savoie, goûta l'abbé de Saint-Réal, et l'emmena avec elle en Angleterre. Ce voyage ayant dérangé ses études, il vint jouir de la tranquillité à Paris ; il y vécut en philosophe jusqu'en 1692, qu'il se rendit à Chambéry, où il mourut

instruit, et dont les ouvrages sont estimés, sortant d'une conversation avec Boileau et Racine, entra dans une maison où il trouva Thomas Corneille, Fontenelle, et quelques autres gens de lettres. « Je viens, « dit-il, me délasser avec vous de deux hommes que « je quitte, Racine et Boileau, avec qui on ne peut « parler que de vers, et des leurs. » Quoi qu'il en soit, ceux dont il s'agit ici ont aujourd'hui chacun leur place bien reconnue.

Molière étoit le plus philosophe de tous les gens de lettres de son temps, et, quoi qu'en ait dit Boileau, on retrouve dans ses moindres pièces le cachet de l'auteur du Misanthrope. Boileau restera un de nos bons auteurs classiques pour les vers. On lui a peut-être trop accordé de son vivant; peut-être lui refuse-t-on trop aujourd'hui. La gloire de Racine a plutôt augmenté que diminué, et se soutiendra. La Fontaine est, par son style, l'auteur le plus original de

---

vers la fin de cette année. Cet écrivain avoit une imagination vive, un esprit profond; mais son goût n'étoit pas toujours sûr. Le fameux romancier Varillas, auprès duquel il vécut quelque temps, l'accusa de lui avoir enlevé ses papiers; mais cette imposture n'altéra pas l'idée que le public avoit de sa probité. On lui reprochoit seulement d'être d'une sensibilité puérile pour la critique, vif et impétueux à l'excès dans la dispute. Ses principaux ouvrages sont, 1° La Conjuration contre Venise. L'auteur paroît avoir pris Salluste pour modèle. Il y a du sens dans les réflexions, un coloris vigoureux dans les portraits, et un choix heureux dans les faits. 2° Sept discours sur l'usage de l'histoire, pleins de réflexions judicieuses, mais écrits sans précision, etc., etc. (*Dict. hist.*)

la langue, et, par là, moins susceptible de traduction. Quoique la naïveté fît le fond de son caractère et de ses ouvrages, on y trouve quelquefois des vers de la plus haute poésie, et des pensées profondes. Jamais auteur n'eut moins d'amour-propre. Il se mettoit sincèrement au-dessous de tous ceux dont il avoit emprunté des sujets ou de simples traits, d'Ésope, de Phèdre, de Bocace, etc., ce qui lui fit dire un jour par Fontenelle, qui l'aimoit et l'estimoit beaucoup : « Tais-toi, tu n'es qu'une bête qui as plus « d'esprit qu'eux. » Lorsque La Fontaine demanda si saint Augustin avoit autant d'esprit que Rabelais, cette question, qui fit éclater de rire l'assemblée, n'eût peut-être pas paru aussi ridicule à d'autres qu'à des jansénistes.

Je m'aperçois que, ne m'étant proposé que d'écrire mes peu intéressants mémoires, je me suis laissé aller à une discussion littéraire. A la bonne heure ! je n'écris ceci que pour amuser ma vieillesse, et je m'amuse. Je reviens pourtant à moi.

Je continuois de prendre des inscriptions aux écoles de droit, sans les suivre, et l'étude de l'avocat au conseil m'attachoit fort peu. Les connoissances que je fis aux spectacles, soit nouvelles, soit renouvelées du collége, me lièrent avec quelques jeunes gens de qualité qui m'accueillirent. Je n'en fus guère moins libertin ; mais cela me sauva d'associations qui pouvoient m'entraîner dans une sorte de crapule. Je fus aussi initié dans des maisons honnêtes et même distinguées. Engagé journellement alors à des dîners et des soupers, je vis que ce que j'avois de mieux à faire étoit de ne pas payer inutilement une pension, et je pris une petite chambre garnie. Ainsi, n'ayant point d'état que celui d'un étudiant qui n'étudioit point (du moins ce qui étoit de mon devoir, car les belles-lettres prenoient le temps que je ne donnois pas au plaisir), j'étois à portée d'être reçu dans les sociétés d'un rang supérieur au mien, ce qui n'arrive qu'à Paris, pour les hommes, pourvu qu'ils soient de famille honnête, et ne soient pas dans une dépendance personnelle. Ils peuvent vivre avec ce qu'il y a de plus grand, si les mêmes goûts les associent; j'en eus la preuve. J'avois fait quelques autres connoissances que de jeunes gens. Un homme en crédit, sachant que ma fortune étoit assez bornée, me proposa une place très lucrative, mais qui m'auroit donné un maître; je la refusai. Il me pressa, et, voyant que ses instances étoient inutiles, il me dit, en m'embrassant : « Je ne puis vous blâmer : quelque « amitié que j'aie pour vous, nous ne pourrions exac- « tement vivre ensemble comme nous vivons ; je se- « rai peut-être plus heureux dans une autre circon- « stance. »

J'avois déja une répugnance naturelle pour la dépendance, ou plutôt l'asservissement. L'approbation que donnoit à mon refus un homme qui auroit pu s'en offenser, et qui me vouloit du bien, ne fit que me confirmer dans mes sentiments. Si mon petit amour-propre m'a quelquefois fait négliger la fortune, il m'a toujours empêché de m'écarter de l'honneur. Je n'ai, par exemple, jamais accepté avec des seigneurs, de ces soupers libertins que j'ai souvent faits avec mes égaux. Je me souviens que, me trouvant à un souper d'hommes chez le prince de Guise, avec sept ou huit jeunes gens de la cour les plus à la mode, le repas fut très gai. Entre minuit et une heure, on proposa, pour couronner la fête, d'envoyer, chez une célébre abbesse, chercher des filles. La proposition fut applaudie, et je ne la contredis point. Mais, pendant que le Mercure étoit en course, quoique j'eusse la tête échauffée de vin de Champagne, je ne la perdis point, et, sous prétexte d'un besoin, je m'évadai. Je trouvai le lendemain un de nos convives, qui me dit qu'on s'étoit fort réjoui ; qu'on m'avoit regretté ; mais qu'apparemment je m'étois senti incommodé. Je le rassurai sur ma santé de la veille, et ajoutai que je n'aimois pas les parties de plaisir qui pouvoient finir par un éclat ; que ces messieurs, en cas d'aventure, avoient des noms qui imposent, et que celui d'un particulier comme moi figureroit mal sur une telle liste. Ce motif de mon éclipse, qu'il dit aux autres, ajouta quelque estime au goût qu'ils avoient pour moi.

La vie que je menois me plaisoit beaucoup plus

que mes devoirs. Ma mère n'en auroit pas été aussi contente que moi; mais je ne l'en instruisois pas.

Quoique ma conduite ne fût pas absolument sans reproche, je vivois du moins habituellement dans ce qu'on appelle la bonne compagnie.

FIN DES MÉMOIRES DE DUCLOS.

DISCOURS
DE M. DUCLOS,

PRONONCÉ

A L'ACADÉMIE FRANÇOISE,

LORSQU'IL Y FUT REÇU A LA PLACE DE M. L'ABBÉ MONGAULT,
LE 26 JANVIER 1747.

Messieurs,

Après les hommages que tant d'hommes illustres vous out rendus, on pourroit croire que la matière en est épuisée. L'empressement avec lequel on se rend à vos assemblées publiques, l'attention, la curiosité même qu'on y apporte, paroissent autoriser cette idée. Il semble qu'on y vienne, non pour juger un ouvrage ordinaire, mais pour être témoin d'une difficulté vaincue, et qui devient chaque jour plus insurmontable par les succès.

J'avoue, messieurs, que je n'ai jamais envisagé sous cet aspect le devoir que je remplis aujourd'hui; je ne l'ai point regardé comme devant être une preuve de talent propre à justifier votre choix; ce n'est point à une loi que je crois obéir : je cède à un sentiment plus noble et plus digne de vous, messieurs. Les bienfaits exigent la reconnoissance ; ceux qui sont capables de la ressentir ne sauroient la rendre trop publique, et le devoir dont je viens m'acquitter se perpétuera par le principe qui l'a fait naître. Des engagements de citoyen [1], auxquels tous les autres sont subordonnés, ont suspendu mon hommage ; mais je jouis enfin du plaisir de vous marquer ma reconnoissance, et l'honneur que je reçois en est le plus sûr garant.

La gloire d'être assis parmi vous est l'objet de tous ceux qui cultivent les lettres, le principe de leur émulation, la récompense de leurs succès, quelquefois un encouragement dans leurs travaux. Ce ne peut être qu'à ce dernier motif que je dois la grace que vous m'accordez ; mais vous ne pourriez pas toujours réparer vos pertes, si vous ne comptiez pas que vos bienfaits peuvent devenir pour ceux qui les reçoivent un moyen de les mériter.

Je ne chercherai donc point à me dissimuler la distance qu'il y a de moi à mon prédécesseur : peut-être faut-il se proposer un terme au-dessus de ses forces, pour être en état de les employer toutes, et je n'en ai point à négliger.

M. l'abbé Mongault, élevé dans les meilleures

[1] L'auteur, lors de son élection, étoit aux états de Bretagne, en 1746.

écoles, en fut bientôt l'ornement. Des maitres illustres se glorifioient de lui avoir donné les premières leçons, et l'auroient présenté comme une preuve de l'excellence de leur méthode, si un tel disciple eût pu tirer à conséquence. Par un retour heureux, l'honneur qu'il avoit fait à ses maîtres lui procura celui d'élever un prince [1], dont la modestie nous interdit un éloge qui ne déplairoit qu'à lui seul.

M. l'abbé Mongault ne dut qu'à lui la préférence qu'il obtint sur ses concurrents. Un prince d'un génie élevé avoit intérêt de faire un bon choix : M. l'abbé Mongault n'avoit besoin que d'être connu ; il l'étoit, il fut choisi. Loin de se relâcher alors des études auxquelles il devoit sa célébrité, il en fit une utile application au devoir précieux dont il venoit d'être chargé. Il savoit d'ailleurs qu'une réputation d'éclat n'est jamais dans un état de consistance ; si elle ne croît, elle s'éclipse. Il s'étoit déja fait un nom par la traduction d'Hérodien : il l'augmenta par celle des lettres de Cicéron à Atticus, et fit voir qu'un traducteur, qui est toujours un citoyen utile, peut être encore un critique éclairé, un philosophe et un auteur distingué. Il y a des genres où il est facile de réussir à un certain point ; mais la supériorité est peut-être, en tout genre, d'un mérite égal, quoique différent.

[1] M. le duc d'Orléans, fils du régent. Il vivoit alors, et est mort en 1752.

On trouve, dans les traductions de M. l'abbé Mongault, la pureté et l'élégance du style; et dans les notes, une érudition choisie, la précision, la justesse et le goût.

Quelque plaisir qu'on eût à lire ses ouvrages, on ne le préféroit point à celui de converser avec l'auteur, et l'on sait combien il est rare de trouver des hommes supérieurs à leurs écrits.

Le caractère de M. l'abbé Mongault avoit avec son esprit la conformité qu'il auroit dans tous les hommes, s'ils ne le défiguroient pas. Ses idées, ses vertus, ses défauts même, tout étoit à lui. Le commerce du monde l'avoit instruit et ne l'avoit pas changé, puisqu'il ne l'avoit pas corrompu. Il ne confondoit pas les dehors d'une fausse politesse avec l'estime, ni de frivoles attentions avec l'amitié. Jamais il ne refusa sa reconnoissance aux services, ni ses éloges au mérite; mais il accordoit moins son amitié par retour que par attrait. Il ne recherchoit pas fort vivement des amis nouveaux, parcequ'il étoit sûr de ne perdre aucun de ceux qu'il avoit.

Pensant librement, il parloit avec franchise, ne cédoit point aux sentiments d'autrui par foiblesse, contredisoit par estime, ne se rendoit qu'à la conviction. Il étoit un exemple qu'un caractère vrai, fût-il mêlé de défauts, est plus sûr de plaire continuement, qu'une complaisance servile qui dégoûte à la fin, ou une fausse vertu qui tôt ou tard se démasque.

Né avec ce discernement prompt qui pénétre les hommes, il joignit à la sagacité qui saisit le ridicule, l'indulgence qui le fait pardonner; au talent d'une plaisanterie fine, un talent encore plus rare, celui d'en connoître les bornes.

Avec moins d'esprit qu'il n'en avoit, il auroit pu usurper la réputation d'en avoir davantage; en se rendant redoutable dans la société, il ne cessa jamais d'y être aimable. Sa faveur auprès des grands fut toujours égale, parcequ'elle étoit méritée. On ne déplaît sans sujet que lorsqu'on a plu sans motif. Je parlerois de ses liaisons intimes avec les gens de lettres, si l'amitié entre eux devoit être un sujet d'éloges. Leur devoir est d'éclairer les hommes; leur intérêt, de vivre dans une union qui réduise leurs ennemis à une jalousie impuissante et peut-être respectueuse. C'étoit à ces titres que M. l'abbé Mongault remplissoit si dignement parmi vous, messieurs, une place où vous daignez m'admettre. Plus jaloux de votre gloire que de la grace que vous m'accordez, je n'aurois osé ni la rechercher, ni la recevoir, si je n'éprouvois depuis plusieurs années quels secours on trouve dans une compagnie littéraire. Je sens avec la plus vive reconnoissance ce que je dois à l'académie des belles-lettres : j'y vois tous mes confrères comme autant de bienfaiteurs, trop habitués à l'être pour s'en apercevoir eux-mêmes. J'ose me flatter que mon attachement leur est connu; mais je voudrois avoir autant d'occasions de le publier que j'en ai de l'augmenter chaque jour.

J'espère, messieurs, que je ne vous devrai pas moins : les hommes tels que vous s'engagent par leurs propres bienfaits. Peut-on ignorer, d'ailleurs, les avantages nécessairement attachés aux académies? Les hommes n'ont adouci leur état qu'en vivant en société; les sciences et les lettres ont dû tirer les mêmes secours de la réunion des lumières. Le premier essor de l'esprit est toujours accompagné d'une présomption qui peut d'abord lui servir d'aiguillon, mais qui doit aussi l'égarer. Le commerce avec les hommes illustres, la comparaison qu'on ne peut s'empêcher de faire de soi-même avec eux, la réflexion, les progrès même, en inspirant la confiance, font connoître des difficultés. Plus on s'élève, plus l'horizon s'étend; plus on aperçoit d'objets, plus on en conçoit où l'on ne peut atteindre. L'école du mérite doit être celle de la modestie. En effet, si les hommes sont injustes en leur faveur, ce n'est pas dans le sentiment intérieur qu'ils ont d'eux-mêmes, c'est dans le jugement qu'ils en prononcent, et dans l'idée qu'ils en veulent donner aux autres; il est rare que l'amour-propre aille plus loin.

Le concert des esprits ne sert pas uniquement à les rendre plus retenus et plus sûrs; c'est du choc des opinions que sort la lumière de la vérité, qui se communique, se réfléchit, se multiplie, développe et fortifie les talents. Le génie même, cette espéce d'instinct supérieur à l'esprit, plus hardi que la raison, quelquefois moins sûr, toujours plus brillant; le génie, dis-je, qui est indépendant de celui qui en est doué, reçoit ici des secours. On ne l'inspire pas; mais des préceptes sages peuvent en régler la marche, prévenir ses écarts, augmenter ses forces en les réunissant, et les diriger vers leur objet.

Si l'on réfléchit d'ailleurs sur les occupations qui vous sont communes, on verra que le soin de polir et de perfectionner la langue n'a d'autre objet que de rendre l'esprit exact et précis.

Les langues, qui paroissent l'effet du hasard et du caprice, sont assujetties à une logique d'autant plus invariable, qu'elle est naturelle et presque machinale. C'est en la développant qu'on éclaircit les idées, et rien ne contribue tant à les multiplier que de les ranger dans leur ordre naturel. En remontant au principe commun des langues, on reconnoît, malgré le préjugé contraire, que leur premier avantage est de n'avoir point de génie particulier[1], espèce de ser-

---

[1] Le génie d'une langue est une expression assez équivoque qu'il est bon d'éclaircir.

Si, par le génie d'une langue, on entend la propriété d'exprimer des idées que d'autres langues ne pourroient pas rendre, le génie d'une langue est une chimère. Il n'y a point de langues de peuples policés, au moyen desquelles un homme de génie ne puisse rendre ses idées, et tout ce que son esprit conçoit clairement.

Si, par le génie d'une langue, on n'entend que la syntaxe, la forme grammaticale des différents idiomes qui fait que les uns,

vitude qui ne pourroit que resserrer la sphère des idées.

La langue françoise, élevée dans Corneille, élégante dans Racine, exacte dans Boileau, facile dans Quinault, naïve dans La Fontaine, forte dans Bossuet, sublime aussi souvent qu'il est permis aux hommes de l'être, prouve assez que les langues n'ont que le génie de ceux qui les emploient. Quelque langue que ces hommes illustres eussent adoptée, elle auroit reçu l'empreinte de leur génie; et si l'on prétend que le caractère distinctif du françois est d'être simple, clair et naturel, on ne fait pas attention que ces qualités sont celles de la conversation, qu'elles sont nécessaires au commerce intime des hommes, et que le François est de tous le plus sociable.

Quelques peuples paroissent avoir cédé à leurs besoins mutuels, en formant des sociétés; il semble que le François n'ait consulté que le plaisir d'y vivre. C'est par là que notre langue est devenue la langue politique de l'Europe.

Des nations policées ont été obligées de faire des lois pour conserver leur langue naturelle dans leurs

---

tels que le grec et le latin, emploient des cas pour marquer les divers rapports sous lesquels un objet est envisagé, et que d'autres, tels que le françois, l'italien, etc., parviennent au même but au moyen des prépositions ou de la place des mots, chaque langue a son génie.

actes publics. La nécessité fait étudier les langues étrangères, on se fait même honneur de les savoir; il seroit honteux d'ignorer le françois qui, chez ces mêmes peuples, fait partie de l'éducation commune. Je suis très éloigné de vouloir fonder notre gloire sur la destruction de celle de nos rivaux, et d'abuser de leur exemple en l'imitant; mais il est permis de ne pas dissimuler ici de pareilles vérités.

On ne sauroit donc trop reconnoître le soin que vous prenez, messieurs, de perfectionner une langue si générale, et dont l'étendue même est le plus grand obstacle au dessein de la fixer, du moins autant qu'une langue vivante peut être fixée; car il faut avouer que le caprice, qui ne peut rien sur les principes généraux, décide continuellement de l'usage et de l'application des termes.

Les auteurs de génie doivent, à la vérité, ralentir les révolutions du langage: on adopte et l'on conserve long-temps les expressions de ceux dont on admire les idées; et c'est l'avantage qu'ils ont sur des écrivains qui ne seroient qu'élégants ou corrects; mais enfin tout cède au temps et à l'inconstance; un travail aussi difficile que le vôtre renaît continuellement, puisqu'il s'agit de déterminer l'état actuel et l'état successif de la langue. Que d'objets ne faut-il pas embrasser à-la-fois, lorsqu'on voit dans un même peuple les différentes conditions former presque autant de dialectes particuliers! Il faut l'attention la plus suivie, la discussion la plus fine, le discernement le plus sûr, pour découvrir et faire apercevoir le véritable usage des termes, assigner leur propriété, distinguer des nuances qui échappent à des yeux ordinaires, et qui ne sont saisies que par une vue attentive, nette et exercée. Il arrive nécessairement alors que les idées se rangent dans un ordre méthodique; on apprend à distinguer les termes qui ne sont pas faits pour s'unir, d'avec ceux dont l'union naturelle modifie les idées et en exprime de nouvelles. C'est ainsi qu'un petit nombre de couleurs primitives en forment une infinité d'autres également distinctes. En s'appliquant à parler avec précision, on s'habitue à penser avec justesse.

Tels sont, messieurs, les services que vous rendez aux lettres, aux sciences et aux arts; vos lumières se communiquent de proche en proche à ceux même qui ne croient pas vous les devoir. Il est vrai que les services continus sont ceux qui conservent le moins d'éclat; mais les bienfaiteurs généreux ne s'informent pas s'il y a des ingrats, et l'ingratitude marquée ne sert pas moins que la reconnoissance de monument aux bienfaits.

Quelque grands que soient les vôtres, on ne devoit pas moins attendre d'une compagnie où Corneille, Racine, Bossuet, Fénélon, La Fontaine, Boileau, La Bruyère, et tant d'autres grands hommes dictoient les préceptes, et prodiguoient les exemples dans leurs ouvrages, qui sont les vrais mémoires de l'académie françoise; et, ce qui fait le comble et la preuve de leur gloire, leurs disciples ont été des hommes dignes d'être leurs successeurs.

Le premier [1], dont les jours sont si chers (je ne dis pas à l'académie, un tel homme appartient à l'Europe), semble n'avoir pas assez vécu pour la quantité et le mérite de ses ouvrages. Esprit trop étendu pour pouvoir être renfermé dans les bornes du talent, il s'est maintenu au milieu des lettres et des sciences dans une espèce d'équilibre propre à répandre la lumière sur tout ce qu'il a traité. Il mérita, presque en naissant, des jaloux; mais ses ennemis ont succombé sous l'indignation publique, et, s'il en pouvoit encore avoir, on les regarderoit comme des aveugles qui n'exciteroient plus que la compassion.

Corneille et Racine sembloient avoir fixé les places, et n'en plus laisser à prétendre dans leur carrière. Vous avez vu l'auteur d'Électre, de Rhadamiste et d'Atrée s'élever auprès d'eux. Quand les places sont une fois marquées, l'esprit peut les remplir, il n'appartient qu'au génie de les créer.

Les étrangers, jaloux de la littérature françoise, et qui semblent décider la supériorité en notre faveur par les efforts qu'ils font pour nous la disputer, ne nous demandoient qu'un poëme épique. L'ou-

---

[1] M. de Fontenelle.

vrage qui fait cesser leur reproche doit augmenter leur jalousie.

Molière et Quinault avoueroient les ouvrages de ceux qui ont marché sur leurs traces; quelques uns ont ouvert des routes nouvelles, et leurs succès ont réduit les critiques à n'attaquer que le genre.

Des savants, qui connoissoient trop les hommes pour ignorer qu'il ne suffit pas d'être utile pour leur plaire, et que le lecteur n'est jamais plus attentif que lorsqu'il ne soupçonne pas qu'on veuille l'instruire, présentent l'érudition sous une forme agréable.

Des philosophes, animés du même esprit, cachent les préceptes de la morale sous des fictions ingénieuses, et donnent des leçons d'autant plus sûres, qu'elles sont voilées sous l'appât du plaisir, espèce de séduction nécessaire pour corriger les hommes, à qui le vice ne paroît odieux que lorsqu'ils le trouvent ridicule.

Ceux qui unissent ici un rang élevé à une naissance illustre, seroient également distingués, si le sort les eût fait naître dans l'obscurité. Occupé de leurs qualités personnelles, on ne se rappelle leurs dignités que par réflexion, et l'académie n'en retire pas moins d'utilité que d'éclat, semblable à ces palais d'architecture noble, où les ornements font partie de la solidité.

Tant de talents divers, des conditions si différentes, doivent avoir pour lien nécessaire et pour principe d'égalité, une estime réciproque qui vous assure celle du public. Vous faites voir qu'il faut être digne de l'attention, quand on en devient l'objet. L'admiration n'est qu'un mouvement subit, que la réflexion cherche à justifier, et souvent à désavouer; les hommes n'accordent une estime continue que par l'impossibilité de la refuser, et leur sévérité est juste à cet égard. L'esprit doit être le guide le plus sûr de la vertu; on ne pourroit la trahir que par un défaut de lumière, quelques talents qu'on eût d'ailleurs, et ce n'est qu'en pratiquant ses maximes qu'on obtient le droit de les annoncer.

S'il suffisoit, messieurs, de sentir le prix de vos leçons pour en être digne, j'oserois y prétendre. Permettez-moi cependant un aveu qui naît uniquement de ma reconnoissance. Les biens les plus précieux par eux-mêmes sont ceux dont on doit moins altérer le prix, et je n'aurois jamais aspiré à la gloire dont vous m'avez comblé pendant mon absence, si ceux d'entre vous dont j'ai l'honneur d'être plus particulièrement connu n'eussent fait naître, ou du moins enhardi mes premiers desirs. Si je n'eusse déja éprouvé vos bontés, j'aurois craint que les personnes qui m'honorent de leur amitié, estimables par les qualités de l'esprit, respectables par celles du cœur, ne vous eussent donné de moi une opinion plus avantageuse que je ne la mérite.

Ce seroit ainsi, messieurs, qu'on pourroit surprendre vos suffrages, que personne n'est en droit de contraindre ; en effet, qui sont ceux qui composent cette compagnie ? Les uns, respectables par les premières dignités de l'état, ne doivent guère connoître d'égards que ceux dont ils sont l'objet, et, se dépouillant ici de tous les titres étrangers à l'académie, s'honorent de l'égalité ; les autres, uniquement livrés à l'étude, retireroient bien peu d'avantage du sacrifice qu'ils font de la fortune, s'ils ne conservoient pas le privilége d'une ame libre : j'ajouterai de plus que le roi s'étant déclaré votre protecteur, l'usage de votre liberté devient le premier devoir de votre reconnoissance.

Votre fondateur, messieurs, si jaloux d'ailleurs de l'autorité, sentit mieux que personne que les lettres doivent former une république dont la liberté est l'ame, et que les hommes qui en sont dignes sont les plus ennemis de la licence. C'est par un sentiment si honorable pour vous que la mémoire du cardinal de Richelieu doit vous être chère. Que pourroit-on dire de plus à sa gloire, que le fait même dont on ne paroît pas assez frappé? L'éloge d'un particulier a été mis au rang des devoirs, sans qu'on ait été étonné d'un pareil projet, et, ce qui n'est pas moins glorieux pour vous que pour lui, ce devoir a toujours été rempli.

L'honneur d'avoir succédé à ce grand ministre, et

sur-tout d'avoir été choisi parmi vous, rendra immortel le nom du chancelier Seguier; Louis-le-Grand jugea bientôt que votre reconnoissance n'avoit pas peu contribué à mériter à des sujets l'honneur d'être à votre tête, et qu'il n'appartenoit qu'à votre roi d'être votre protecteur. Ce monarque mit par là le comble à votre gloire, et ne crut pas donner atteinte à la sienne, lui dont le caractère propre, si j'ose le dire, fut d'être roi, et qui n'a pas moins illustré les lettres par la matière que ses actions leur ont fournie, que par les graces dont il les a comblées.

Votre gloire, messieurs, ne pouvoit plus croitre; mais, ce qui est encore plus rare suivant le sort des choses humaines, elle s'est maintenue dans le même éclat. L'auguste successeur de Louis-le-Grand a bien voulu vous adopter, et semble avoir regardé votre compagnie comme un apanage de la royauté.

Quel bonheur pour vous, messieurs, de lui rendre, par reconnoissance et par amour, le tribut d'éloges que ses ennemis ne sauroient lui refuser! Il n'en a point qui ne soient ses admirateurs. Ils ont la douleur de succomber sous les armes d'un vainqueur qui ne se glorifie pas même de la victoire. Il l'envisage comme un malheur pour l'humanité, et ne voit dans le titre de héros que la cruelle nécessité de l'être. L'intérêt qu'il prend aux hommes prouve qu'il est fait pour commander à tous. Peu touché de la gloire des succès, il gémit des malheurs de la guerre; supérieur à la gloire même, né pour elle, il n'en est point ébloui : il combat, il triomphe, et ses vœux sont pour la paix. Sensible, reconnoissant, digne et capable d'amitié, roi et citoyen à-la-fois, qualités si rarement unies, il aime ses sujets autant qu'il en est aimé, et son peuple est fait pour son cœur. Le François est le seul qui, servant son prince par amour, ne s'aperçoit pas s'il a un maître; il aime, et tous ses devoirs se trouvent remplis : par-tout ailleurs on obéit. La félicité publique doit être nécessairement le fruit d'une union si chère entre le monarque et le peuple. Que Louis soit toujours l'unique objet de nos vœux; si les siens sont remplis, nous n'en aurons point à former pour nous-mêmes.

FIN DU DISCOURS DE M. DUCLOS.

RÉPONSE

DE M. L'ABBÉ

COMTE DE BERNIS[1],

DIRECTEUR DE L'ACADÉMIE FRANÇOISE,

AU DISCOURS DE M. DUCLOS.

Monsieur,

Je ne dois point au caprice du sort l'honneur de présider à cette assemblée; l'académie françoise a voulu confier à vos amis le soin de vous marquer son estime. Elle auroit choisi entre eux, pour parler en son nom, si elle n'eût été sensible qu'à sa gloire, un homme[2] dont les talents sont connus, dont les succès sont assurés, et qui, né à la cour, pouvoit négliger les lettres s'il avoit moins d'esprit, et leur donner un nouvel éclat s'il étoit moins modeste.

En me réservant l'honneur de vous recevoir dans son sein, l'académie, monsieur, n'a point consulté

---

[1] Depuis cardinal et archevêque d'Alby.
[2] M. le duc de Nivernois.

mes forces; elle ne s'est souvenue que de mes sentiments; elle a envisagé comme une récompense de mon zèle et de mon respect pour elle, le plaisir que j'aurois de vous couronner à ses yeux, et de mesurer le tribut d'estime qu'elle m'ordonne de vous rendre, aux éloges qu'inspire l'amitié.

Ces lieux ont assez retenti des louanges de l'esprit et du génie; c'est à l'amitié, c'est à ce sentiment respectable que je consacre aujourd'hui mes foibles talents.

Quel heureux moment pour vous et pour moi! je n'ai point à craindre de vous trop louer; vous n'aurez point à rougir de mes louanges : l'éloge d'un ami est toujours exempt de flatterie. L'homme indifférent peut, à son gré, dissimuler les défauts, exagérer les bonnes qualités, supposer des vertus; mais l'ami ne suppose rien dans son ami, il sent tout ce qu'il exprime, et, s'il se trompe quelquefois sur l'étendue du mérite, il ignore toujours qu'il se soit trompé; plus il est sensible, plus il est susceptible de prévention; l'illusion qui le suit le charme en même temps qu'elle l'égare.

C'est pour me défendre, autant qu'il est en moi, d'une illusion si flatteuse, que j'éviterai de m'étendre sur le succès de vos différents ouvrages. Ce n'est point à votre ami à vous dire que l'esprit qui y règne est un esprit de lumière et de feu qui vole rapidement à son but, qui dévore tous les obstacles, dissipe toutes les ténèbres, et ne néglige quelquefois de s'arrêter sur les divers accidents qui précèdent, accompagnent ou suivent les objets, que pour présenter plus vivement les objets mêmes. Il n'est permis qu'à des juges sans prévention d'apprécier la noble hardiesse d'un écrivain qui s'écarte des routes communes, non par la singularité, mais parceque son génie lui en ouvre de nouvelles, qui attaque l'empire injuste des préjugés, et respecte avec soumission toutes les lois de l'autorité légitime.

Je laisse à vos justes admirateurs le soin d'applaudir à votre esprit; mon devoir est de parler de votre cœur, de développer, de faire encore mieux connoître cette partie de vous-même, si intéressante pour nous, et sans laquelle, en vous décernant la couronne du talent et de l'esprit, nous aurions gémi de ne pouvoir vous accorder le prix de notre estime.

Je dois rappeler, pour la gloire des lettres, ce temps à peine écoulé, où l'honneur d'être assis parmi nous excita l'ambition d'une foule de concurrents estimables : le public et l'académie même, partagés entre un écrivain célèbre et un homme [1] qui joint au mérite littéraire l'avantage d'être utile à l'état, s'occupoient sans cesse des deux rivaux, défendoient avec chaleur leurs intérêts, et attendoient, avec une impatience mêlée de crainte, le moment marqué pour le triomphe.

[1] M. l'abbé de La Ville, ci-devant ministre du roi en Hollande.

Jamais victoire ne fut mieux disputée; jamais, au milieu des sollicitations les plus puissantes, la liberté de l'académie, si nécessaire au bien des lettres, et le plus grand des bienfaits de notre auguste protecteur, ne se conserva si pleine et si entière; jamais deux émules ne s'estimèrent de si bonne foi, et ne se firent la guerre avec tant de probité; ils combattoient sans crainte, persuadés que le vainqueur deviendroit l'ami le plus zélé de son rival, au moment qu'il seroit nommé son juge.

L'évènement justifia cette confiance réciproque : l'un et l'autre parti se réunirent, les suffrages se confondirent pour être unanimes, et les juges cessèrent d'être partagés entre les deux concurrents, dès qu'ils eurent deux couronnes à leur offrir.

Vous ne devez pas regretter, monsieur, de n'avoir pu solliciter vous-même une place que nous vous destinions depuis long-temps. Vos amis, pendant votre absence, ont achevé de lever le voile qui déroboit vos vertus; ils ont révélé les secrets de l'honnête homme, ces actions généreuses faites sans ostentation, et toujours cachées avec soin : ils ont mis dans le plus grand jour cette noblesse de sentiments, cette simplicité de mœurs, ce fonds de franchise et de probité qui déconcerte souvent la dissimulation, et attire toujours la confiance.

Pardonnez-moi, monsieur, de m'occuper si long-temps de vous; peut-être un jour, placé où je suis, verrez-vous entrer dans ce sanctuaire des muses un ami; vous sentirez alors combien il est difficile d'abréger son éloge.

Je n'ajouterai rien au portrait que vous venez de faire de votre célèbre prédécesseur; vous avez saisi tous les traits qui peignent son esprit, qui caractérisent ses ouvrages, et je les affoiblirois, si j'essayois de les imiter. Je me contenterai donc de remarquer que M. l'abbé Mongault, dans ses excellentes traductions, a su asservir avec tant d'art la langue françoise au génie de la langue latine et de la langue grecque, que les expressions seules sont changées, et que l'esprit de l'original, conservé tout entier, semble avoir repris une nouvelle vie: Hérodien, dans son histoire, Cicéron, dans ses lettres, parlent comme des François, et ne cessent pas, s'il est permis de s'exprimer ainsi, de penser comme des anciens.

M. l'abbé Mongault eut encore un autre genre de mérite plus rare et plus grand aux yeux de la raison: sévère critique des originaux dont il faisoit de si belles copies, il aperçut des défauts dans l'orateur latin, et un grand nombre de fautes dans l'historien grec; il osa les relever avec une hardiesse presque sans exemple: sans doute la supériorité de son esprit pouvoit seule l'empêcher de tomber dans cette espéce d'idolâtrie si commune aux traducteurs.

Venez, monsieur, nous consoler de la perte d'un

écrivain si estimable; nous sommes en droit d'attendre de vous les mêmes secours : comme lui, vous appartenez à une colonie florissante, qui, sortie autrefois du sein de l'académie françoise, nous rend par reconnoissance les trésors de lumière qu'elle reçut autrefois de nous : venez nous faire part des richesses qu'elle découvre tous les jours, et portez-lui en échange ces principes de goût, ces finesses de l'art d'écrire, qui sont l'objet de nos recherches.

Vous verrez régner dans nos assemblées l'égalité la plus parfaite, malgré la différence des conditions; la docilité la plus grande, malgré la supériorité des lumières; la concorde au milieu des talents, et l'union entre les rivaux.

Vous verrez l'académie, toujours équitable, ne mépriser dans ses plus cruels ennemis que l'injustice de leur prévention, et louer même, de bonne foi, les dons précieux de l'esprit dont ils abusent contre elle.

Vous verrez enfin, dans ce temple des muses, les vertus exciter autant d'émulation que les talents. Oui, monsieur, l'estime d'un roi protecteur des arts, les bontés d'un monarque père de son peuple, sont pour l'académie françoise des motifs d'ambition plus puissants que les applaudissements de l'univers et les louanges de la postérité. Admis au pied du trône, vous bénirez avec nous le règne de la justice; vous célébrerez les succès de la guerre, sans perdre de vue les avantages de la paix. L'encens de la flatterie ne fume point devant notre maître : le roi méprise la louange; il n'aime que l'expression du sentiment. Que nous sommes heureux! en ne disant que la vérité, nous faisons l'éloge de son règne.

Bientôt son palais va retentir de nos chants; bientôt un fils digne de lui, un prince, l'espérance des François, qui, au sortir de l'enfance, connoissoit déja la probité, et l'honoroit de ses éloges, va s'unir au pied des autels à une princesse illustre, qui ne doit qu'à ses vertus le bruit de sa renommée. Bientôt ces deux augustes époux vont former ces liens respectables qui assurent la gloire du trône et la félicité des peuples.

Que leurs nœuds sacrés soient éternels; que leur bonheur surpasse leur espérance, et égale l'ardeur de nos vœux! Une semblable union annonce à la postérité la plus reculée des princes justes; aux ennemis de la France, des vainqueurs généreux, et des arbitres à l'Europe.

FIN DE LA RÉPONSE DE M. L'ABBÉ DE BERNIS.

TESTAMENT

ET

CODICILLE DE DUCLOS.

Au nom du Père, et du Fils, et du Saint-Esprit.

Je donne et lègue douze cents livres de rente viagère à ma nièce, madame de La Souallaye.

Je donne et lègue à Brusselle, qui me sert avec zéle et amitié depuis plus de vingt ans, six cents livres de rente viagère, qui sera continuée à sa femme, si elle lui survit; de plus deux cents livres une fois payées pour leur deuil, et au mari toute ma garderobe, mon linge de corps et les draps. Toutes ces rentes viagères seront payées chaque année d'avance, à commencer du jour de mon décès.

J'augmente de cent francs la rente viagère de pareille somme que je fais à Guillemette, qui a servi ma mère: ainsi sa pension sera désormais de deux cents livres.

Je donne et lègue à mademoiselle Olympe Quinault dix mille livres une fois payées.

Je donne et lègue trois mille livres aux pauvres de la paroisse de Saint-Sauveur de Dinan, lesquelles seront remises au recteur; et j'excepte des pauvres les mendiants valides, à qui je ne donne rien, et à qui l'on ne doit que du travail.

Je lègue douze cents livres à mon curé pour m'enterrer comme il voudra.

Je donne un diamant de cent louis à mon confrère M. d'Alembert.

Je donne à M. du Tartre de Bourdonné mon tableau de Boucher, et tous autres tableaux et estampes qui sont chez moi, s'il les veut. Je donne à l'académie mon buste du roi en bronze, et je la prie de me donner pour successeur *un homme de lettres*.

Mes dettes acquittées, s'il s'en trouve, et le présent testament entièrement rempli et exécuté, je lègue le surplus des biens que je posséderai à mon décès, à M. de Noual, mon neveu à la mode de Bretagne; et, à son défaut et mourant sans enfants, je lui substitue sa sœur, madame Michel.

Si mes héritiers, ou légataires, ou aucun d'eux contestoient, en tout ou partie, les dispositions de mon présent testament, du jour que la contestation sera formée, je veux que de plein droit toutes les dispositions faites en faveur des contestants soient nulles, les révoquant en ce cas expressément; et je donne et lègue à l'hôpital de Paris, toujours en cas où il seroit contrevenu à ma volonté, les mêmes droits qu'auroient eus celui, celle ou ceux qui auroient contesté.

Je prie M. Abeille d'être mon exécuteur testamentaire, et d'accepter un diamant de cent louis.

C'est pour qu'on satisfasse le plus promptement que faire se pourra à mes différents legs, et pour me précautionner contre les accidents de la fortune, que j'ai gardé chez moi une somme assez considérable.

Paris, le 15 décembre 1769.

PINOT DUCLOS.

La rente de douze cents livres viagère que je laisse à ma nièce sera continuée à son mari, s'il survit à sa femme : ainsi cette rente viagère porte sur les deux têtes. Je ratifie tous les articles du présent testament.

Paris, le 18 mai 1771.

PINOT DUCLOS.

FIN DU TESTAMENT DE DUCLOS.

DISCOURS

PRONONCÉ

DANS L'ACADÉMIE FRANÇOISE.

M. Beauzée, ayant été élu par messieurs de l'académie françoise à la place de M. Duclos, y vint prendre séance le lundi 6 juillet 1772, et prononça le discours qui suit :

Messieurs,

Le laurier que je reçois aujourd'hui de vos mains n'est dû qu'aux talents les plus distingués ; mais votre sagesse l'accorde quelquefois à titre d'encouragement. C'est sous ce point de vue que je dois envisager la grace que vous m'avez faite en m'associant à votre gloire, et je sens tout le prix d'une adoption si honorable. Les avantages et les agréments du commerce où j'ai l'honneur d'entrer avec des hommes que la France respecte comme ses maîtres, et dont l'Europe admire les écrits ; la part qu'ont bien voulu prendre au succès de mes vœux, par des actes également honorables et authentiques, des corps respectables qui, depuis long-temps, ont un juste intérêt d'avoir les yeux ouverts sur moi, et dont les témoignages peuvent servir de supplément aux titres qui doivent me rendre digne de vous [1] : voilà, messieurs, la source des plus douces émotions que j'aie jamais éprouvées, et qui semblent avoir donné à mon ame une sorte d'existence toute nouvelle. Auroit-elle jamais pu suffire à toute sa félicité, si la douceur n'en avoit été altérée dans son principe?

Vous m'entendez, messieurs ; le gémissement de mon cœur retentit dans les vôtres : la place que je viens occuper aujourd'hui, je ne la dois qu'à la perte la plus douloureuse; et le bonheur même d'être admis parmi vous ne sera pas pour moi sans amertume, puisqu'il me rappellera sans cesse que j'y suis assis, pour ainsi dire, sur la cendre précieuse d'un ami.

[1] Le conseil de l'hôtel de l'École royale militaire m'a fait l'honneur, par un arrêté du 2 juin, de me marquer la part qu'il prend à mon admission dans l'académie françoise; mais ce qu'il y a de plus flatteur pour moi, c'est le témoignage honorable qu'on y rend à la manière dont j'ai rempli mes différentes fonctions dans l'hôtel depuis près de dix-neuf années.

MM. les officiers de l'hôtel-de-ville de Verdun, ma patrie, m'ont aussi adressé une lettre de félicitation, sous la même date du 2 juin. Le zèle patriotique qui l'a dictée fait encore plus d'honneur à leur cœur, qu'il ne peut flatter mon amour-propre : l'enthousiasme qu'il leur inspire va jusqu'à desirer, pour exciter l'émulation de mes jeunes compatriotes, de placer mon portrait dans la même salle, avec celui de M. de Chevert.

Mânes chers à mon cœur? objet immortel de ma reconnoissance, de mes regrets et de ma vénération! l'amitié dont vous m'avez honoré, et qui n'est point, comme vos dépouilles mortelles, la triste proie du tombeau, vous rappelle encore le souvenir de m'avoir inspiré les premiers desirs qui m'ont porté vers ce temple auguste; d'avoir encouragé, éclairé, dirigé les travaux qui pouvoient m'y conduire; d'avoir disposé en ma faveur les suffrages qui devoient m'y placer; d'avoir répondu à vos illustres confrères de mon assiduité à leurs assemblées, de ma docilité pour leurs décisions, de mon attachement à leurs personnes, de mon respect inviolable pour la compagnie; en un mot, de leur avoir promis qu'il ne tiendroit ni à la persévérance de mon travail que je ne justifiasse à leurs yeux le titre d'académicien; ni à la nature de mon caractère qu'ils ne me jugeassent digne du titre de confrère. Souffrez que, sous votre garantie et sous vos auspices, je renouvelle moi-même, en présence de l'académie et du public, les promesses que vous avez faites pour moi; et que l'invocation que je vous adresse donne aux engagements que je contracte la sanction inviolable d'un serment consacré par la religion.

J'y serai fidèle, messieurs; mais tous mes efforts ne vous dédommageront jamais de la perte de M. Duclos. Avec le même dévouement et le même zéle, je n'ai ni les mêmes talents ni les mêmes ressources ; toutefois, comme je l'ai pris pour mon garant, je le prendrai pour mon modèle, et peut-être pourrai-je obtenir par-là votre estime et même votre amitié, sans avoir des titres aussi brillants et aussi solides que ceux de mon prédécesseur.

Au lieu des fleurs que l'éloquence a coutume de répandre ici sur la tombe des académiciens qu'on y remplace, permettez, messieurs, à ma douleur de consacrer seulement, sur celle de mon ami, quelques détails historiques qui lui tiendront lieu d'éloge, et dont la simplicité convient mieux sans doute au langage de l'amitié, que les pompes de l'éloquence.

La fortune sembloit préparer M. Duclos, dès son enfance, aux fonctions académiques : un de vos confrères, également distingué par sa naissance, par ses lumières et par l'usage louable qu'il savoit en faire, M. l'abbé de Dangeau, dirigeoit alors une pension qui a été comme le germe et le modèle, à quelques égards, de l'École royale militaire : seize gentilshommes pauvres y recevoient gratuitement une éducation digne de leur naissance, et ils en sortoient chevaliers de l'ordre de Saint-Lazare, par la faveur de M. le marquis de Dangeau, frère de l'abbé, son confrère à l'académie, et grand-maître de l'ordre depuis 1693. D'autres jeunes gens choisis y recevoient les mêmes leçons ; et la famille du jeune Duclos, qui sentoit tout le prix d'une éducation confiée à de pareils hommes, sollicita et obtint pour lui une place dans cette école.

C'est là qu'il puisa ce goût pour les lettres qui l'a mis depuis en état d'en parcourir la carrière avec tant de célébrité, et qui lui a ouvert les portes des académies les plus distinguées de la capitale, des provinces et des royaumes étrangers. Celle des inscriptions l'adopta en 1739, et ses précieux recueils y ont acquis d'excellents mémoires, dignes de servir de modèles en ce genre : on y remarque l'exactitude d'un observateur attentif, le discernement d'un philosophe qui réfléchit, et la discrétion d'un sage qui respecte ceux qu'il instruit, ceux même qu'il censure ; la sécheresse de l'érudition y est tempérée par la finesse des réflexions, par les agréments de l'esprit, par un style clair, aisé, correct, et toujours proportionné à la matière ; les décisions n'y sont jamais énoncées avec cette morgue qui dépare trop souvent le ton dogmatique, elles y prennent communément le ton modeste du doute, et n'en ont que plus sûrement l'efficacité de la démonstration.

Après d'autres ouvrages d'une composition plus légère, peut-être même plus délicate, qui avoient annoncé de bonne heure le talent de l'écrivain, des mémoires travaillés avec tant de goût, presque sous les yeux de l'académie françoise, et dont quelques uns avoient beaucoup d'analogie avec l'objet de ses travaux, procurèrent à l'auteur, en 1747, l'honneur d'y succéder à M. l'abbé Mongault; et il vous auroit consolés, messieurs, de la perte de ce savant confrère, si de tels hommes n'étoient pas dignes en effet de laisser des regrets éternels.

M. de Mirabaud, qui étoit sincèrement attaché à la compagnie, et par goût et par le devoir de sa place, desiroit de transmettre la plume qui lui étoit confiée à un homme qui eût de la délicatesse et de la présence d'esprit, un zèle sans bornes pour l'académie, et du courage pour en soutenir les intérêts: il sentit bientôt tout le prix de votre nouvelle acquisition, et eut le bonheur de vous déterminer à choisir M. Duclos pour être son successeur. Ce n'est point à moi, c'est au digne chef qui préside aujourd'hui l'académie, et qui en est l'organe, à lui rappeler tout ce qu'elle doit au dévouement, à l'activité, à l'habileté du secrétaire qu'elle vient de perdre. Mais je ne rendrois justice ni à lui, ni à vous, messieurs, si je passois sous silence les ouvrages qu'il a composés au milieu de vous, et perfectionnés sans doute par l'influence secrète, mais infaillible, de vos lumières réunies.

Les Considérations sur les Mœurs de ce siècle suffiroient seules pour assurer à l'auteur une réputation immortelle: une philosophie tout à-la-fois hardie et discrète, aimable et austère, lumineuse et profonde; une sagacité qui pénètre dans tous les replis du cœur humain, qui développe toutes les ruses des passions, qui apprécie les hommes dans tous les états; un goût de probité qui censure les vices sans commettre les personnes, qui fronde les ridicules sans lever les masques, qui ménage les foiblesses sans les autoriser, qui respecte les préjugés sans les épargner, qui pèse les devoirs sans les affoiblir ni les exagérer : tels sont les titres qui ont mérité à ce livre le glorieux avantage d'être consacré par l'estime publique. Des éditions multipliées, des traductions faites en des langues étrangères sur la foi des éloges publics, l'ont mis au-dessus des traits de la censure. Les sages, dans tous les temps, placeront dans leurs cabinets, et sur la même ligne, Platon et Théophraste, Épictète et Marc Antonin, Montagne et Charron, La Rochefoucauld, La Bruyère et Duclos.

En 1660, le savant Lancelot, d'après les vues du célèbre Arnaud, avoit publié la fameuse Grammaire générale et raisonnée, connue sous le nom de Port-Royal. C'est une réduction systématique, aussi bien faite qu'il étoit possible, des principes de grammaire reçus jusqu'alors; mais c'étoit, j'ose le dire, un beau germe, condamné peut-être à une stérilité éternelle, si les Remarques judicieuses et savantes de M. Duclos n'en avoient préparé et assuré la fécondité; elles étendent les vues du texte, en rectifient les principes, en développent les conséquences; elles font voir que tout n'étoit pas découvert dans ce genre, et marquent assez nettement la route des découvertes.

Génie facile qui savoit s'accommoder à toutes les espèces d'ouvrages d'esprit, M. Duclos avoit aussi entrepris une continuation de l'Histoire de l'académie françoise. On se souvient d'en avoir entendu lire, dans une de vos assemblées publiques, un morceau qui fut reçu avec applaudissement : ce fut pour moi en particulier un moment bien agréable ; j'entendois un éloge où Fontenelle étoit loué, à la manière de Fontenelle, par un homme qui avoit sur ma reconnoissance et sur mon attachement les mêmes droits que Fontenelle.

Quel préjugé en faveur de votre historien, messieurs, que son Histoire de Louis XI, qui me semble approcher fort près de la pureté de Quinte-Curce, de la noblesse de Tite-Live et de la vigueur de Tacite ! Cet ouvrage, qui avoit été l'un de ses titres pour obtenir une place parmi vous, lui valut, en 1750, le brevet d'historiographe de France ; et, dans la même année, le roi l'honora des entrées de sa chambre.

Il reçut, en 1755, une autre faveur encore plus grande : il fut anobli ; et les lettres patentes données à cet effet, également quoique diversement honorables pour le prince de qui elles émanent et pour le sujet qu'elles concernent, le sont sur-tout pour la littérature, en ce qu'elles rappellent comme autant de motifs les succès littéraires de M. Duclos, et particulièrement son admission dans l'académie françoise.

Mais à quelle occasion lui fut accordée cette distinction éclatante? Le roi, satisfait du zéle qu'avoient montré pour son service les états de sa province de Bretagne, leur ordonna de lui indiquer les membres sur lesquels il pourroit verser des graces qui éternisassent le souvenir de sa juste satisfaction, et M. Duclos fut unanimement désigné dans le tiers-état. Sa gloire en effet n'est pas uniquement fondée sur ses talents littéraires, il en eut un beaucoup plus précieux : sa droiture inflexible forçoit le sentiment de l'estime ; et son penchant à obliger obtenoit celui de l'amitié.

Dès 1744, quoiqu'il fût domicilié à Paris, l'estime de ses compatriotes le fit élire maire de Dinan ; et, lorsqu'attaché plus particulièrement au service du roi, il quitta cette charge en 1750, les regrets de ses concitoyens, consignés jusque dans les lettres patentes de son anoblissement, marquèrent assez combien il étoit cher à leur cœur. Il n'a pas cessé depuis de mériter leur amour : des services publics et particuliers, d'abondantes aumônes qu'il répandoit annuellement dans cette ville, et qu'il a doublées dans les temps où l'augmentation de la misère publique l'avertissoit du besoin de multiplier les secours ; voilà des titres pour être aimé, et il l'étoit.

Quand il alloit chercher quelque relâche au milieu de ses compatriotes, il en étoit reçu comme un ange tutélaire, l'alégresse étoit générale; quand la nouvelle inopinée de sa mort leur fut portée, on perdoit l'homme de la patrie, le deuil fut universel.

« Les qualités propres à la société, écrivoit-il lui-« même[1], sont la politesse sans fausseté, la fran-« chise sans rudesse, la complaisance sans flatterie, « les égards sans contrainte, et sur-tout le cœur « porté à la bienfaisance : ainsi, ajoutoit-il, l'homme « sociable est le citoyen par excellence. » Le voilà peint par lui-même : ses concitoyens le reconnoissent à ces traits; vous le reconnoissez vous-mêmes, messieurs, et la vérité du tableau ne peut qu'augmenter vos regrets et les miens.

J'avoue toutefois qu'on lui a reproché de la vivacité dans le ton, peut-être quelque chose de plus dans la dispute. Mon amitié ne m'aveugle point; mais elle m'autorise, je pense, à mettre dans son vrai jour un ami qui, au fond, étoit digne de ne trouver que des amis. Il aimoit la vérité, ses écrits l'attestent; il vouloit le bien avec force, ses concitoyens et ses confrères en sont les garants : si l'on cherchoit à obscurcir la vérité, il ne tiroit point le voile, il le déchiroit; s'il rencontroit des obstacles au bien, il ne les détournoit point, il les renversoit. Ainsi, les deux vertus les plus nobles qui puissent

---

[1] Considérations sur les Mœurs, chap. VIII.

honorer le cœur de l'homme, s'armoient alors du feu que la nature avoit mis en lui. Eh! ce feu même qui donnoit à ses expressions ce je ne sais quoi de dur qui paroissoit offensant, n'étoit-il pas aussi le principe de ce zéle officieux si bien connu de l'académie, et dont le souvenir arrache des larmes à une ville entière et à tous ses amis? Disons de M. Duclos ce qu'il vous disoit, messieurs, de l'académicien à qui il succédoit: « Pensant librement, il parloit avec « franchise, ne cédoit point au sentiment d'autrui « par foiblesse, contredisoit par estime, ne se ren- « doit qu'à la conviction: il étoit un exemple qu'un « caractère vrai, fût-il mêlé de défauts, est plus sûr « de plaire continuement qu'une complaisance ser- « vile qui dégoûte à la fin, ou une fausse vertu qui « tôt ou tard se démasque. » La sienne étoit bien loin d'être fausse: comment n'auroit-elle pas été sincère dans un cœur qui la chérissoit et l'honoroit dans les autres? Comment ce cœur auroit-il manqué de sincérité, tandis qu'on se plaignoit de l'excès de sa franchise? Il avoit des défauts sans doute, parce-qu'il étoit homme, mais ces défauts mêmes tenoient à des vertus, et en deviennent la preuve....

FIN DU DISCOURS DE M. BEAUZÉE.

RÉPONSE

De M. le prince de Beauvau au discours
de M. Beauzée.

Monsieur,

Quand je me bornerois à faire connoître à cette assemblée que M. Duclos vous avoit toujours desiré pour confrère, je m'acquitterois à-la-fois de deux obligations que le sort m'impose aujourd'hui : vous recevriez, monsieur, l'éloge le plus flatteur par un suffrage d'un si grand prix, et la mémoire de M. Duclos se trouveroit honorée par le choix que l'académie fait de vous pour le remplacer; mais le public et vos nouveaux confrères me reprocheroient de ne pas les entretenir assez, et de vos ouvrages qui leur ont été utiles, et des différents mérites d'un académicien qui sera long-temps l'objet de leurs regrets.

A l'exemple de M. l'abbé Girard, vous vous êtes occupé, monsieur, à déterminer le sens de ces mots qu'on employoit trop indifféremment l'un pour l'autre, et par là vous avez ajouté à la précision et à la clarté de notre langue.

Vous avez enrichi d'un très grand nombre d'articles de grammaire, ce dépôt des connoissances humaines qui fait tant d'honneur à la littérature françoise. Vous avez pleinement justifié le choix des éditeurs éclairés de ce grand ouvrage; ils vous avoient jugé digne de remplacer le célébre du Marsais qui en étoit chargé avant vous.

L'académie, qui a souvent employé dans son dictionnaire les observations dont vous lui avez fait part, regarde la grammaire générale que vous avez publiée comme un des ouvrages de nos jours où la science du langage a été le plus approfondie.

Ces travaux, dont le genre et le succès ont fait vos titres pour être adopté par l'académie, vous firent connoître avantageusement de M. Duclos : l'étude de notre langue devint un objet commun entre vous, monsieur, et ce digne secrétaire qui, sur la fin de sa vie, ne se livroit plus qu'aux occupations que lui imposoient ses emplois, la continuation de l'histoire de l'académie, et des recherches sur l'histoire de France.

Les premiers ouvrages de M. Duclos avoient été plus propres à faire connoître ses talents : la jeunesse de l'auteur s'y fait apercevoir par le choix des sujets, plutôt que par la manière dont ils sont traités ; on y démêle un homme qui a beaucoup observé, qui aperçoit la variété et les nuances des caractères, qui saisit les rapports de la galanterie avec notre esprit et avec nos mœurs.

M. Duclos s'essaya quelquefois à faire des vers :

quoique la nature ne l'eût point formé poëte, il fit un ballet qu'on se plaît encore à voir, et qui peut être mis à côté de tout ce qu'on peut faire en poésie, avec de l'esprit et du goût.

M. Duclos étoit très savant dans notre histoire (il est fâcheux que ce mérite soit, dans les hommes de lettres, une distinction). L'académie des belles-lettres l'adopta fort jeune encore; les dissertations les plus estimées dont il ait enrichi le recueil de cette académie, sont celles qui ont pour objet les épreuves du feu, de l'eau bouillante, et plusieurs autres que nos ancêtres regardoient comme des moyens de distinguer le crime et l'innocence : ces absurdités subsistent encore dans des pays très éloignés de nous; il n'est pas nécessaire que les hommes se communiquent leurs idées, pour se rencontrer dans les mêmes erreurs.

Dans l'histoire de Louis XI, M. Duclos raconte avec rapidité les événements d'un des règnes les plus remarquables de la monarchie, et qui prépara la révolution la plus importante dans le gouvernement et dans les mœurs : sa narration est vive, animée, et semée de réflexions; il peint avec énergie et avec impartialité : on voit que Tacite est son modèle.

L'histoire de Louis XI procura sans doute à M. Duclos l'honneur de remplacer M. de Voltaire dans la charge d'historiographe de France. Il avoit depuis plusieurs années mérité d'être admis dans l'académie françoise; il s'occupoit avec zéle du genre d'étude qui est un de nos devoirs; il donna un commentaire sur la grammaire de Port-Royal, et ce commentaire est estimé de ceux même qui n'adoptent pas toutes les idées de l'auteur.

Les Considérations sur les mœurs sont un des derniers ouvrages que M. Duclos ait donnés au public : il y a peu de livres de morale où l'on trouve un plus grand nombre d'observations justes, fines et profondes ; c'est un recueil de maximes vraies et de définitions exactes : c'est sur-tout dans cet ouvrage, digne d'un philosophe, que M. Duclos a mis son caractère; on y remarque toute la pénétration, la justesse, la précision de son esprit, et le tour énergique ou plaisant qu'il donnoit à ses idées dans la conversation. La sienne étoit toujours agréable, parcequ'elle étoit toujours instructive et gaie : on étoit sûr d'entendre de lui des vérités neuves et intéressantes ; elles lui échappoient comme des saillies : ses maximes étoient souvent prouvées par des anecdotes bien choisies; ses plaisanteries du moment étoient des bons mots, dont plusieurs ont survécu aux occasions qui les avoient fait naître.

Dans sa jeunesse, il ne haïssoit pas la dispute ; il y portoit une finesse de discussion qu'il devoit à sa sagacité naturelle, et à l'étude philosophique de la grammaire : il fut souvent aussi le censeur sévère de tout ce qui avoit des prétentions sans avoir des titres : l'âge, l'expérience, un grand fonds de bonté, lui avoient appris à devenir indulgent pour les particuliers, et à ne plus dire qu'au public des vérités dures.

Il avoit ce caractère d'humanité, cet amour-propre généreux, qui attachent les hommes aux sociétés dont ils sont les membres : il étoit particulièrement zélé pour les académies qui l'avoient adopté; mais rien n'approche de l'attachement qu'il eut pour la province où il étoit né, si ce n'est les regrets dont cette province l'honore : sa bienfaisance envers ses concitoyens ne pourra jamais être mieux célébrée que par les larmes que sa mort leur a fait répandre.

Dans sa place de secrétaire de l'académie françoise, il donna de fréquentes preuves de son amour et de son respect pour les lettres : attaché scrupuleusement à maintenir les priviléges de l'académie, sa dépendance immédiate du roi, et l'égalité entre ses membres, il ne tenta jamais de faire prévaloir son suffrage sur celui de ses confrères; il ne cherchoit point à s'appuyer pour cela du crédit des gens en place, qu'il est plus aisé de séduire qu'il ne l'est de mériter l'estime et la confiance de ses égaux; il savoit trop que les gens de lettres sont les plus intéressés à ne donner la préférence dans leur choix qu'au mérite le plus reconnu; c'est parmi les gens de lettres qu'il avoit formé les liaisons les plus intimes; il connoissoit les devoirs et le prix de l'amitié;

il savoit servir courageusement ses amis et le mérite oublié ; il avoit alors un art dont on ne se défioit pas, et qu'on n'auroit pas même attendu d'un homme qui aima mieux toute sa vie montrer la vérité avec force, que l'insinuer avec adresse.

FIN DE LA RÉPONSE DE M. LE PRINCE DE BEAUVAU.

CONSIDÉRATIONS

SUR

LES MOEURS

DE CE SIÈCLE.

AU ROI.

SIRE,

Le bonheur d'être attaché personnellement à VOTRE MAJESTÉ par la place dont elle m'a honoré [1], les bontés dont elle m'a comblé, et l'approbation qu'elle a daigné accorder à l'ouvrage que j'ose lui présenter [2], sont mes titres pour lui en offrir l'hommage. Ma vie sera désormais consacrée à rassembler les monuments du règne le plus fécond en événements glorieux. Tous les écrivains s'empresseront de peindre le héros et le pacificateur de l'Europe;

---

[1] La place d'historiographe de France, par brevet du 20 septembre 1750.

[2] Ce fut la seconde édition de cet ouvrage, dont le Roi daigna accepter la dédicace en 1751.

j'aurai de plus l'avantage d'être à portée de faire connoître le Roi vertueux, le prince à qui l'humanité est chère. Pour rendre à VOTRE MAJESTÉ le tribut d'éloges qui lui est dû, je n'ai qu'à écouter la voix de la renommée et de la vérité. Voilà mes guides et mes garants ; l'éloge d'un grand Roi doit être l'histoire de sa vie.

Je suis avec le plus profond respect,

SIRE,

DE VOTRE MAJESTÉ,

Le très humble, très obéissant,
et très fidèle sujet et serviteur,

DUCLOS.

CONSIDÉRATIONS

SUR

LES MŒURS

DE CE SIÈCLE.

INTRODUCTION.

J'ai vécu; je voudrois être utile à ceux qui ont à vivre. Voilà le motif qui m'engage à rassembler quelques réflexions sur les objets qui m'ont frappé dans le monde. Les sciences n'ont fait de vrais progrès que depuis qu'on travaille, par l'expérience, l'examen et la confrontation des faits, à éclaircir, détruire ou confirmer les systèmes. C'est ainsi qu'on en devroit user à l'égard de la science des mœurs. Nous avons quelques bons ouvrages sur cette matière; mais, comme il arrive des révolutions dans les mœurs, les observations faites dans un temps ne sont pas exactement applicables à un autre. Les principes puisés dans la nature sont toujours subsistants; mais, pour s'assurer de leur vérité, il faut sur-tout observer les différentes formes qui les déguisent, sans les altérer, et qui, par leur liaison avec les principes, tendent de plus en plus à les confirmer.

Il seroit donc à souhaiter que ceux qui ont été à portée de connoître les hommes fissent part de leurs observations. Elles seroient aussi utiles à la science des mœurs, que les journaux des navigateurs l'ont été à la navigation. Des faits et des observations suivies conduisent nécessairement à la découverte des principes, les dégagent de ce qui les modifie dans tous les siècles, et chez les différentes nations ; au lieu que des principes purement spéculatifs sont rarement sûrs, ont encore plus rarement une application fixe, et tombent souvent dans le vague des systèmes. Il y a d'ailleurs une grande différence entre la connoissance de l'homme et la connoissance des hommes. Pour connoître l'homme, il suffit de s'étudier soi-même ; pour connoître les hommes, il faut les pratiquer.

Je me suis proposé, en observant les mœurs, de démêler dans la conduite des hommes quels en sont les principes, et peut-être de concilier leurs contradictions. Les hommes ne sont inconséquents dans leurs actions que parcequ'ils sont inconstants ou vacillants dans leurs principes.

Quoique cet ouvrage semble avoir pour objet particulier la connoissance des mœurs de ce siècle, j'espère que l'examen des mœurs actuelles pourra servir à faire connoître l'homme de tous les temps.

Pour mettre plus d'ordre et de clarté dans les différentes matières que je me propose de traiter, je les distribuerai par chapitres. Je choisirai les sujets qui me paroîtront les plus importants, dont l'application est la plus fréquente, la plus étendue; et je tâcherai, par leur réunion, de les faire concourir à un même but, qui est la connoissance des mœurs. J'espère que mes idées s'éloigneront également de la licence et de l'esprit de servitude; j'userai en citoyen de la liberté dont la vérité a besoin.

Si l'ouvrage plaît, j'en serai très flatté; j'en serai encore plus content, s'il est utile.

CHAPITRE PREMIER.

Sur les Mœurs en général.

Avant que de parler des mœurs, commençons par déterminer les différentes idées qu'on attache à ce terme; car, loin d'avoir des synonymes, il admet plusieurs acceptions. Dans la plus générale, il signifie les habitudes naturelles ou acquises pour le bien ou pour le mal. On l'emploie même pour désigner les inclinations des différentes espèces d'animaux.

On dit d'un poëme, et de tout ouvrage d'imagination, que les *mœurs* y sont bien gardées, lorsque les usages, les coutumes, les caractères des personnages sont conformes à la connoissance, ou à l'opinion qu'on en a communément. Mais, si l'on dit simplement d'un ouvrage qu'il y a des *mœurs*, on veut faire entendre que l'auteur a écrit d'une manière à inspirer l'amour de la vertu et l'horreur du vice. Ainsi les *mœurs* sans épithète s'entendent toujours des *bonnes mœurs*.

Les *mœurs* d'un tableau consistent dans l'observation du *costume*. Les *mœurs*, en parlant d'un particulier et de la vie privée, ne signifient autre chose que la pratique des vertus morales, ou le dérèglement de la conduite, suivant que ce terme est pris en bien ou en mal. On voit dès-là que les mœurs diffèrent de la morale, qui devroit en être la règle, et dont elles ne s'écartent que trop souvent. Les bonnes mœurs sont la morale pratique.

Relativement à une nation, on entend par les *mœurs*, ses coutumes, ses usages, non pas ceux qui, indifférents en eux-mêmes, sont du ressort d'une mode arbitraire, mais ceux qui influent sur la manière de penser, de sentir et d'agir, ou qui en dépendent. C'est sous cet aspect que je considère les *mœurs*.

De telles considérations ne sont pas des idées purement spéculatives. On pourroit l'imaginer d'après ces écrits sur la morale, où l'on commence par supposer que l'homme n'est qu'un composé de misère et de corruption, et qu'il ne peut rien produire d'estimable. Ce système est aussi faux que dangereux. Les hommes sont également capables du bien et du mal; ils peuvent être corrigés, puisqu'ils peuvent se pervertir; autrement, pourquoi punir, pourquoi récompenser, pourquoi instruire? Mais, pour être en droit de reprendre, et en état de corriger les hommes, il faudroit d'abord aimer l'humanité, et l'on seroit alors, à leur égard, juste sans dureté, et indulgent sans lâcheté.

Les hommes sont, dit-on, pleins d'amour-propre, et attachés à leur intérêt. Partons de là. Ces dispositions n'ont par elles-mêmes rien de vicieux, elles deviennent bonnes ou mauvaises par les effets qu'elles produisent. C'est la séve des plantes; on n'en doit juger que par les fruits. Que deviendroit la société, si on la privoit de ses ressorts, si l'on en retranchoit les passions? Qu'importe en effet qu'un homme ne se propose dans ses actions que sa propre satisfaction, s'il la fait consister à servir la société? Qu'importe que l'enthousiasme patriotique ait fait trouver à Régulus de la satisfaction dans le sacrifice de sa vie? La vertu purement désintéressée, si elle étoit possible, produiroit-elle d'autres effets? Cet odieux sophisme d'intérêt personnel n'a été imaginé que par ceux qui, cherchant toujours exclusivement le leur, voudroient rejeter le reproche qu'eux seuls méritent sur l'humanité entière. Au lieu de calomnier la nature, qu'ils consultent leurs vrais intérêts, ils les verront unis à ceux de la société.

Qu'on apprenne aux hommes à s'aimer entre eux, qu'on leur en prouve la nécessité pour leur bonheur. On peut leur démontrer que leur gloire et leur intérêt ne se trouvent que dans la pratique de leurs devoirs. En cherchant à les dégrader, on les trompe, on les rend plus malheureux; sur l'idée humiliante qu'on leur donne d'eux-mêmes, ils peuvent être criminels sans en rougir. Pour les rendre meilleurs, il ne faut que les éclairer : le crime est toujours un faux jugement.

Voilà toute la science de la morale, science plus importante et aussi sûre que celles qui s'appuient sur des démonstrations. Dès qu'une société est formée, il doit y exister une morale et des principes sûrs de conduite. Nous devons à tous ceux qui nous doivent, et nous leur devons également, quelque différents que soient ces devoirs. Ce principe est aussi sûr en morale, qu'il est certain, en géométrie, que tous les rayons d'un cercle sont égaux et se réunissent en un même point.

Il s'agit donc d'examiner les devoirs et les erreurs des hommes; mais cet examen doit avoir pour objet les mœurs générales, celles des différentes classes qui composent la société, et non les mœurs des particuliers; il faut des tableaux et non des portraits; c'est la principale différence qu'il y a de la morale à la satire.

Les peuples ont, comme des particuliers, leurs caractères distinctifs, avec cette différence, que les mœurs particulières d'un homme peuvent être une suite de son caractère, mais elles ne le constituent pas nécessairement; au lieu que les mœurs d'une nation forment précisément le caractère national.

Les peuples les plus sauvages sont ceux parmi lesquels il se commet le plus de crimes : l'enfance d'une nation n'est pas son âge d'innocence. C'est l'excès du désordre qui donne la première idée des lois : on les doit au besoin, souvent au crime, rarement à la prévoyance.

Les peuples les plus polis ne sont pas aussi les plus vertueux. Les mœurs simples et sévères ne se trouvent que parmi ceux que la raison et l'équité ont policés, et qui n'ont pas encore abusé de l'esprit pour se corrompre. Les peuples policés valent mieux que les peuples polis. Chez les barbares, les lois doivent former lés mœurs : chez les peuples policés, les mœurs perfectionnent les lois, et quelquefois y suppléent ; une fausse politesse les fait oublier. L'état le plus heureux seroit celui où la vertu ne seroit pas un mérite. Quand elle commence à se faire remarquer, les mœurs sont déja altérées, et si elle devient ridicule, c'est le dernier degré de la corruption.

Un objet très intéressant seroit l'examen des différents caractères des nations, et de la cause physique ou morale de ces différences ; mais il y auroit de la témérité à l'entreprendre, sans connoître également bien les peuples qu'on voudroit comparer, et l'on seroit toujours suspect de partialité. D'ailleurs l'étude des hommes avec qui nous avons à vivre est celle qui nous est vraiment utile.

En nous renfermant dans notre nation, quel champ vaste et varié ! Sans entrer dans des subdivisions qui seroient plus réelles que sensibles, quelle différence, quelle opposition même de mœurs ne remarque-t-on pas entre la capitale et les provinces? Il y en a autant que d'un peuple à un autre.

Ceux qui vivent à cent lieues de la capitale, en sont à un siècle pour les façons de penser et d'agir. Je ne nie pas les exceptions, et je ne parle qu'en général : je prétends encore moins décider de la supériorité réelle, je remarque simplement la différence.

Qu'un homme, après avoir été long-temps absent de la capitale, y revienne, on le trouve ce qu'on appelle *rouillé :* peut-être n'en est-il que plus raisonnable ; mais il est certainement différent de ce qu'il étoit. C'est dans Paris qu'il faut considérer le François, parcequ'il y est plus François qu'ailleurs.

Mes observations ne regardent pas ceux qui, dévoués à des occupations suivies, à des travaux pénibles, n'ont par-tout que des idées relatives à leur situation, à leurs besoins, et indépendantes des lieux qu'ils habitent. On trouve plus à Paris qu'en aucun lieu du monde de ces victimes du travail.

Je considère principalement ceux à qui l'opulence et l'oisiveté suggèrent la variété des idées, la bizarrerie des jugements, l'inconstance des sentiments et des affections, en donnant un plein essor au caractère. Ces hommes-là forment un peuple dans la capitale. Livrés alternativement et par accès à la dissipation, à l'ambition, ou à ce qu'ils appellent philosophie, c'est-à-dire à l'humeur, à la misanthropie ; emportés par les plaisirs, tourmentés quelquefois par de grands intérêts ou des fantaisies frivoles, leurs idées ne sont jamais suivies, elles se trouvent en contradiction, et leur paroissent successivement d'une égale évidence. Les occupations sont différentes à Paris et dans la province ; l'oisiveté même ne s'y ressemble pas : l'une est une langueur, un engourdissement, une existence matérielle ; l'autre est une activité sans dessein, un mouvement sans objet. On sent plus à Paris qu'on ne pense, on agit plus qu'on ne projette, on projette plus qu'on ne résout. On n'estime que les talents et les arts de goût ; à peine a-t-on l'idée des arts nécessaires : on en jouit sans les connoître.

Les liens du sang n'y décident de rien pour l'amitié ; ils n'imposent que des devoirs de décence ; dans la province, ils exigent des services : ce n'est pas qu'on s'y aime plus qu'à Paris, on s'y hait souvent davantage, mais on y est plus *parent :* au lieu que dans Paris, les intérêts croisés, les événements multipliés, les affaires, les plaisirs, la variété des sociétés, la facilité d'en changer ; toutes ces causes réunies empêchent l'amitié, l'amour ou la haine d'y prendre beaucoup de consistance.

Il règne à Paris une certaine indifférence générale qui multiplie les goûts passagers, qui tient lieu de liaison, qui fait que personne n'est de trop dans la société, que personne n'y est nécessaire : tout le monde se convient, personne ne se manque. L'extrême dissipation où l'on vit, fait qu'on ne prend pas assez d'intérêt les uns aux autres, pour être difficile ou constant dans les liaisons.

On se recherche peu, on se rencontre avec plaisir ; on s'accueille avec plus de vivacité que de chaleur ; on se perd sans regret, ou même sans y faire attention.

Les mœurs font à Paris ce que l'esprit du gouvernement fait à Londres; elles confondent et égalent dans la société les rangs qui sont distingués et subordonnés dans l'état. Tous les ordres vivent à Londres dans la familiarité, parceque tous les citoyens ont besoin les uns des autres ; l'intérêt commun les rapproche.

Les plaisirs produisent le même effet à Paris; tous ceux qui se plaisent se conviennent, avec cette différence que l'égalité, qui est un bien quand elle part d'un principe du gouvernement, est un très grand mal quand elle ne vient que des mœurs, parceque cela n'arrive jamais que par leur corruption.

Le grand défaut du François est d'avoir toujours le caractère jeune; par là il est souvent aimable, et rarement sûr : il n'a presque point d'âge mûr, et passe de la jeunesse à la caducité. Nos talents dans tous les genres s'annoncent de bonne heure : on les néglige long-temps par dissipation, et à peine commence-t-on à vouloir en faire usage, que leur temps est passé. Il y a peu d'hommes parmi nous qui puissent s'appuyer de l'expérience.

Oserai-je faire une remarque, qui peut-être n'est pas aussi sûre qu'elle me le paroît? mais il me semble que ceux de nos talents qui demandent de l'exécution ne vont pas ordinairement jusqu'à soixante ans dans toute leur force. Nous ne réussissons jamais mieux, dans quelque carrière que ce puisse être, que dans l'âge mitoyen, qui est très court, et plutôt encore dans la jeunesse que dans un âge trop avancé. Si nous formions de bonne heure notre esprit à la réflexion, et je crois cette éducation possible, nous serions sans contredit la première des nations, puisque, malgré nos défauts, il n'y en a point qu'on puisse nous préférer : peut-être même pourrions-nous tirer avantage de la jalousie de plusieurs peuples : on ne jalouse que ses supérieurs. A l'égard de ceux qui se préfèrent naïvement à nous, c'est parcequ'ils n'ont pas encore de droit à la jalousie.

D'un autre côté, le commun des François croit que c'est un mérite de l'être : avec un tel sentiment, que leur manque-t-il pour être *patriotes?* Je ne parle point de ceux qui n'estiment que les étrangers. On n'affecte de mépriser sa nation que pour ne pas reconnoître ses supérieurs ou ses rivaux trop près de soi.

Les hommes de mérite, de quelque nation qu'ils soient, n'en forment qu'une entre eux. Ils sont exempts d'une vanité nationale et puérile; ils la laissent au vulgaire, à ceux qui, n'ayant point de gloire personnelle, sont réduits à se prévaloir de celle de leurs compatriotes.

On ne doit donc se permettre aucun parallèle injurieux et téméraire; mais s'il est permis de remarquer les défauts de sa nation, il est de devoir d'en relever le mérite, et le François en a un distinctif.

C'est le seul peuple dont les mœurs peuvent se dépraver, sans que le fond du cœur se corrompe, ni que le courage s'altère; il allie les qualités héroïques avec le plaisir, le luxe et la mollesse : ses vertus ont peu de consistance, ses vices n'ont point de racines. Le caractère d'Alcibiade n'est pas rare en France. Le dérèglement des mœurs et de l'imagination ne donne point atteinte à la franchise, à la bonté naturelle du François : l'amour-propre contribue à le rendre aimable; plus il croit plaire, plus il a de penchant à aimer. La frivolité, qui nuit au développement de ses talents et de ses vertus, le préserve en même temps des crimes noirs et réfléchis. La perfidie lui est étrangère, et il est bientôt fatigué de l'intrigue. Le François est l'enfant de l'Europe. Si l'on a quelquefois vu parmi nous des crimes odieux, ils ont disparu plutôt par le caractère national que par la sévérité des lois.

Un peuple très éclairé et très estimable à beaucoup d'égards, se plaint que la corruption est venue chez lui au point qu'il n'y a plus de principes d'honneur, que les actions s'y évaluent toutes, qu'elles sont en proportion exacte avec l'intérêt, et qu'on y pourroit faire *le tarif des probités.*

Je suis fort éloigné d'en croire l'humeur et des déclamations de parti; mais s'il y avoit un tel peuple, ce que je ne veux pas croire, il seroit composé d'une multitude de vils criminels, parcequ'il y en auroit à tout prix, et on y trouveroit plus de scélérats qu'en aucun lieu du monde, puisqu'il n'y auroit point de vertu dont on ne pût trouver la valeur.

Cela n'est pas heureusement ainsi parmi nous. On y voit peu de criminels par système; la misère y est le principal écueil de la probité. Le François se laisse entraîner par l'exemple, et séduire par le besoin; mais il ne trahit pas la vertu de dessein formé. Or la nécessité ne fait guère que des fautes quelquefois pardonnables; la cupidité réduite en système fait les crimes.

C'est déja un grand avantage que de ne pas supposer que la probité puisse être vénale; cela empêche bien des gens de chercher le prix de la leur; elle n'existe plus dès qu'elle est à l'encan.

Les abus et les inconvénients qu'on remarque parmi nous ne seroient pas sans remède, si on le vouloit. Sans entrer dans le détail de ceux qui appartiennent autant à l'autorité qu'à la philosophie, quel parti ne tireroit pas de lui-même un peuple chez qui l'éducation générale seroit assortie à son génie, à ses qualités propres, à ses vertus, et même à ses défauts?

CHAPITRE II.

Sur l'Éducation et sur les Préjugés.

On trouve parmi nous beaucoup d'instruction et peu d'éducation. On y forme des savants, des artistes de toute espèce; chaque partie des lettres, des sciences et des arts y est cultivée avec succès, par des méthodes plus ou moins convenables. Mais on ne s'est pas encore avisé de former des hommes, c'est-à-dire de les élever respectivement les uns pour les autres, de faire porter sur une base d'éducation générale toutes les instructions particulières, de façon qu'ils fussent accoutumés à chercher leurs avantages personnels dans le plan du bien général, et que, dans quelque profession que ce fût, ils commençassent par être patriotes.

Nous avons tous dans le cœur des germes de vertus et de vices; il s'agit d'étouffer les uns et de développer les autres. Toutes les facultés de l'ame se réduisent à sentir et penser : nos plaisirs consistent à aimer et connoître; il ne faudroit donc que régler et exercer ces dispositions, pour rendre les hommes utiles et heureux par le bien qu'ils feroient et qu'ils éprouveroient eux-mêmes. Telle est l'éducation qui devroit être générale, uniforme, et préparer l'instruction, qui doit être différente, suivant l'état, l'inclination, et les dispositions de ceux qu'on veut instruire. L'instruction concerne la culture de l'esprit et des talents.

Ce n'est point ici une idée de république imaginaire : d'ailleurs, ces sortes d'idées sont au moins d'heureux modèles, des chimères, qui ne le sont pas totalement, et qui peuvent être réalisées jusqu'à un certain point. Bien des choses ne sont impossibles que parcequ'on s'est accoutumé à les regarder comme telles. Une opinion contraire et du courage rendroient souvent facile ce que le préjugé et la lâcheté jugent impraticable.

Peut-on regarder comme chimérique ce qui s'est exécuté? Quelques anciens peuples, tels que les Égyptiens et les Spartiates, n'ont-ils pas eu une éducation relative à l'état, et qui en faisoit en partie la constitution?

En vain voudroit-on révoquer en doute des mœurs si éloignées des nôtres : on ne peut connoître l'antiquité que par les témoignages des historiens; tous déposent et s'accordent sur cet article. Mais, comme on ne juge des hommes que par ceux de son siècle, on a peine à se persuader qu'il y en ait eu de plus sages autrefois, quoiqu'on ne cesse de le répéter par humeur. Je veux bien accorder quelque chose à un doute philosophique, en supposant que les historiens ont embelli les objets ; mais c'est précisément ce qui prouve à un philosophe qu'il y a un fonds de vérité dans ce qu'ils ont écrit. Il s'en faut bien qu'ils rendent un pareil témoignage à d'autres peuples dont ils vouloient cependant relever la gloire.

Il est donc constant que, dans l'éducation qui se donnoit à Sparte, on s'attachoit d'abord à former des Spartiates. C'est ainsi qu'on devroit, dans tous les états, inspirer les sentiments de citoyen, former des François parmi nous, et, pour en faire des François, travailler à en faire des hommes.

Je ne sais si j'ai trop bonne opinion de mon siècle ; mais il me semble qu'il y a une certaine fermentation de raison universelle qui tend à se développer, qu'on laissera peut-être se dissiper, et dont on pourroit assurer, diriger et hâter les progrès par une éducation bien entendue.

Loin de se proposer ces grands principes, on s'occupe de quelques méthodes d'instructions particulières dont l'application est encore bien peu éclairée, sans parler de la réforme qu'il y auroit à faire dans ces méthodes mêmes. Ce ne seroit pas le moindre service que l'Université et les académies pourroient rendre à l'état. Que doit-on enseigner ? comment doit-on l'enseigner ? voilà, ce me semble, les deux points sur lesquels devroit porter tout plan d'étude, tout système d'instruction.

Les artisans, les artistes, ceux enfin qui attendent leur subsistance de leur travail, sont peut-être les seuls qui reçoivent des instructions convenables à leur destination; mais on donne absolument les mêmes à ceux qui sont nés avec une sorte de fortune. Il y a un certain amas de connoissances prescrites par l'usage, qu'ils apprennent imparfaitement après quoi ils sont censés instruits de tout ce qu'ils doivent savoir, quelles que soient les professions auxquelles on les destine.

Voilà ce qu'on appelle *l'éducation*, et ce qui en mérite si peu le nom. La plupart des hommes qui pensent sont si persuadés qu'il n'y en a point de bonne, que ceux qui s'intéressent à leurs enfants songent d'abord à se faire un plan nouveau pour les élever. Il est vrai qu'ils se trompent souvent dans les moyens de réformation qu'ils imaginent, et que leurs soins se bornent d'ordinaire à abréger ou aplanir quelques routes des sciences; mais leur conduite prouve du moins qu'ils sentent confusément les défauts de l'éducation commune, sans discerner précisément en quoi ils consistent.

De là les partis bizarres que prennent, et les erreurs où tombent ceux qui cherchent le vrai avec plus de bonne foi que de discernement.

Les uns, ne distinguant ni le terme où doit finir l'éducation générale, ni la nature de l'éducation particulière qui doit succéder à la première, adoptent souvent celle qui convient le moins à l'homme que l'on veut former, ce qui mérite cependant la plus grande attention. Dans l'éducation générale, on doit considérer les hommes relativement à l'humanité et à la patrie ; c'est l'objet de la morale. Dans l'éducation particulière, qui comprend l'instruction, il faut avoir égard à la condition, aux dispositions naturelles, aux talents personnels. Tel est ou devroit être l'objet de l'instruction. La conduite qu'on suit me paroît bien différente.

Qu'un ouvrage destiné à l'éducation d'un prince ait de la célébrité, le moindre gentilhomme le croit propre à l'éducation de son fils. Une vanité sotte décide plus ici que le jugement. Quel rapport, en effet, y a-t-il entre deux hommes dont l'un doit commander et l'autre obéir, sans avoir même le choix de l'espèce d'obéissance ?

D'autres, frappés des préjugés dont on nous accable, donnent dans une extrémité plus dangereuse que l'éducation la plus imparfaite. Ils regardent comme autant d'erreurs tous les principes qu'ils ont reçus, et les proscrivent universellement. Cependant les préjugés même doivent être discutés et traités avec circonspection.

Un préjugé, n'étant autre chose qu'un jugement porté ou admis sans examen, peut être une vérité ou une erreur.

Les préjugés nuisibles à la société ne peuvent être que des erreurs, et ne sauroient être trop combattus. On ne doit pas non plus entretenir des erreurs indifférentes par elles-mêmes, s'il y en a de telles ; mais celles-ci exigent de la prudence ; il en faut quelquefois même en combattant le vice ; on ne doit pas arracher témérairement l'ivraie. A l'égard des préjugés qui tendent au bien de la société, et qui sont des germes de vertus, on peut être sûr que ce sont des vérités qu'il faut respecter et suivre. Il est inutile de s'attacher à démontrer des vérités admises, il suffit d'en recommander la pratique. En voulant trop éclairer certains hommes, on ne leur inspire quelquefois qu'une présomption dangereuse. Eh! pourquoi entreprendre de leur faire pratiquer par raisonnement ce qu'ils suivoient par sentiment, par un préjugé honnête? Ces guides sont bien aussi sûrs que le raisonnement.

Qu'on forme d'abord les hommes à la pratique des vertus, on en aura d'autant plus de facilité à leur démontrer les principes, s'il en est besoin. Nous sommes assez portés à regarder comme juste et raisonnable ce que nous avons coutume de faire.

On déclame beaucoup depuis un temps contre les préjugés : peut-être en a-t-on trop détruit ; le préjugé est la loi du commun des hommes. La discussion en cette matière exige des principes sûrs et des lumières rares. La plupart, étant incapables d'un tel examen, doivent consulter le sentiment intérieur : les plus éclairés pourroient encore, en morale, le préférer souvent à leurs lumières, et prendre leur goût ou leur répugnance pour la règle la plus sûre de leur conduite. On se trompe rarement par cette méthode : quand on est bien intimement content de soi à l'égard des autres, il n'arrive guère qu'ils soient mécontents. On a peu de reproches à faire à ceux qui ne s'en font point; et il est inutile d'en faire à ceux qui ne s'en font plus.

Je ne puis me dispenser, à ce sujet, de blâmer les écrivains qui, sous prétexte, ou voulant de bonne foi attaquer la superstition, ce qui seroit un motif louable et utile, si l'on s'y renfermoit en philosophe citoyen, sapent les fondements de la morale, et donnent atteinte aux liens de la société : d'autant plus insensés, qu'il seroit dangereux pour eux-mêmes de faire des prosélytes. Le funeste effet qu'ils produisent sur leurs lecteurs, est d'en faire dans la jeunesse de mauvais citoyens, des criminels scandaleux, et des malheureux dans l'âge avancé ; car il y en a peu qui aient alors le triste avantage d'être assez pervertis pour être tranquilles.

L'empressement avec lequel on lit ces sortes d'ouvrages ne doit pas flatter les auteurs qui d'ailleurs auroient du mérite. Ils ne doivent pas ignorer que les plus misérables écrivains en ce genre partagent presque également cet honneur avec eux. La satire, la licence et l'impiété n'ont jamais seules prouvé d'esprit. Les plus méprisables par ces endroits peuvent être lus une fois : sans leurs excès, on ne les eût jamais nommés : semblables à ces malheureux que leur état condamnoit aux ténèbres, et dont le public n'apprend les noms que par le crime et le supplice.

Pour en revenir aux préjugés, il y auroit, pour les juger sans les discuter formellement, une méthode assez sûre, qui ne seroit pas pénible, et qui, dans les détails, seroit souvent applicable, sur-tout en morale. Ce seroit d'observer les choses dont on tire vanité. Il est alors bien vraisemblable que c'est d'une fausse idée. Plus on est vertueux, plus on est éloigné d'en tirer vanité, et plus on est persuadé qu'on ne fait que son devoir ; les vertus ne donnent point d'orgueil.

Les préjugés les plus tenaces sont toujours ceux dont les fondements sont les moins solides. On peut se détromper d'une erreur raisonnée, par cela même que l'on raisonne. Un raisonnement mieux fait peut désabuser du premier ; mais comment combattre ce qui n'a ni principe, ni conséquence. Et tels sont tous les faux préjugés. Ils naissent et croissent insensiblement par des circonstances fortuites, et se trouvent enfin généralement établis chez les hommes, sans qu'ils en aient aperçu les progrès. Il n'est pas étonnant que de fausses opinions se soient élevées à l'insu de ceux qui y sont le plus attachés ; mais elles se détruisent comme elles sont nées. Ce n'est pas la raison qui les proscrit, elles se succèdent et périssent par la seule révolution des temps. Les unes font place aux autres, parceque notre esprit ne peut même embrasser qu'un nombre limité d'erreurs.

Quelques opinions consacrées parmi nous paroîtront absurdes à nos neveux : il n'y aura parmi eux que les philosophes qui concevront qu'elles aient pu avoir des partisans. Les hommes n'exigent point de preuves pour adopter une opinion; leur esprit n'a besoin que d'être familiarisé avec elle, comme nos yeux avec les modes.

Il y a des préjugés reconnus, ou du moins avoués pour faux par ceux qui s'en prévalent davantage. Par exemple, celui de la naissance est donné pour tel par ceux qui sont les plus fatigants sur la leur. Ils ne manquent pas, à moins qu'ils ne soient d'un orgueil stupide, de répéter qu'ils savent que la noblesse du sang n'est qu'un heureux hasard. Cependant il n'y a point de préjugé dont on se défasse moins : il y a peu d'hommes assez sages pour regarder la noblesse comme un avantage, et non comme un mérite, et pour se borner à en jouir, sans en tirer vanité. Que ces hommes nouveaux, qu'on vient de décrasser, soient enivrés de titres peu faits pour eux, ils sont excusables ; mais on est étonné de trouver la même manie dans ceux qui pourroient s'en rapporter à la publicité de leur nom. Si ceux-ci prétendent par là forcer au respect, ils outrent leurs prétentions, et les portent au-delà de leurs droits. Le respect d'obligation n'est dû qu'à ceux à qui l'on est subordonné par devoir, aux vrais supérieurs, que nous devons toujours distinguer de ceux dont le rang seul ou l'état est supérieur au nôtre. Le respect qu'on rend uniquement à la naissance est un devoir de simple bienséance; c'est un hommage à la mémoire des ancêtres qui ont illustré leur nom, hommage qui, à l'égard de leurs descendants, ressemble en quelque sorte au culte des images auxquelles on n'attribue aucune vertu propre, dont la matière peut être méprisable, qui sont quelquefois des productions d'un art grossier, que la piété seule empêche de trouver ridicules, et pour lesquelles on n'a qu'un respect de relation.

Je suis très éloigné de vouloir dépriser un ordre aussi respectable que celui de la noblesse. Le préjugé y tient lieu d'éducation à ceux qui ne sont pas en état de se la procurer, du moins pour la profession des armes, qui est l'origine de la noblesse, et à laquelle elle est particulièrement destinée par la naissance. Ce préjugé y rend le courage presque naturel, et plus ordinaire que dans les autres classes de l'état. Mais, puisqu'il y a aujourd'hui tant de moyens de l'acquérir, peut-être devroit-il y avoir aussi, pour en maintenir la dignité, plus de motifs qu'il n'y en a de la faire perdre. On y déroge par des professions où la nécessité contraint, et on la conserve avec des actions qui dérogent à l'honneur, à la probité, à l'humanité même.

Si on vouloit discuter la plupart des opinions reçues, que de faux préjugés ne trouveroit-on pas, à ne considérer que ceux dont l'examen seroit relatif à l'éducation! On suit par habitude, et avec confiance, des idées établies par le hasard.

Si l'éducation étoit raisonnée, les hommes acquerroient une très grande quantité de vérités avec plus de facilité qu'ils ne reçoivent un petit nombre d'erreurs. Les vérités ont entre elles une relation, une liaison, des points de contact qui en facilitent la connoissance et la mémoire : au lieu que les erreurs sont ordinairement isolées; elles ont plus d'effet qu'elles ne sont conséquentes, et il faut plus d'efforts pour s'en détromper que pour s'en préserver.

L'éducation ordinaire est bien éloignée d'être systématique. Après quelques notions imparfaites de choses assez peu utiles, on recommande pour toute instruction les moyens de faire fortune, et pour morale la politesse; encore est-elle moins une leçon d'humanité, qu'un moyen nécessaire à la fortune.

CHAPITRE III.

Sur la Politesse et sur les Louanges.

Cette politesse, si recommandée, sur laquelle on a tant écrit, tant donné de préceptes et si peu d'idées fixes, en quoi consiste-t-elle ? On regarde comme épuisés les sujets dont on a beaucoup parlé, et comme éclaircis ceux dont on a vanté l'importance. Je ne me flatte pas de traiter mieux cette matière qu'on ne l'a fait jusqu'ici ; mais j'en dirai mon sentiment particulier, qui pourra bien différer de celui des autres. Il y a des sujets inépuisables : d'ailleurs il est utile que ceux qu'il nous importe de connoître soient envisagés sous différents aspects, et vus par différents yeux. Une vue foible, et que sa foiblesse même rend attentive, aperçoit quelquefois ce qui avoit échappé à une vue étendue et rapide.

La politesse est l'expression ou l'imitation des vertus sociales ; c'en est l'expression, si elle est vraie ; et l'imitation, si elle est fausse ; et les vertus sociales sont celles qui nous rendent utiles et agréables à ceux avec qui nous avons à vivre. Un homme qui les posséderoit toutes auroit nécessairement la politesse au souverain degré.

Mais comment arrive-t-il qu'un homme d'un génie élevé, d'un cœur généreux, d'une justice exacte, manque de politesse, tandis qu'on la trouve dans un homme borné, intéressé, et d'une probité suspecte? C'est que le premier manque de quelques qualités sociales, telles que la prudence, la discrétion, la réserve, l'indulgence pour les défauts et les foiblesses d'autrui : une des premières vertus sociales est de tolérer dans les autres ce qu'on doit s'interdire à soi-même. Au lieu que le second, sans avoir aucune vertu, a l'art de les imiter toutes. Il sait témoigner du respect à ses supérieurs, de la bonté à ses inférieurs, de l'estime à ses égaux, et persuader à tous qu'il en pense avantageusement, sans avoir aucun des sentiments qu'il imite.

On ne les exige pas même toujours, et l'art de les feindre est ce qui constitue la politesse de nos jours. Cet art est souvent si ridicule et si vil, qu'il est donné pour ce qu'il est, c'est-à-dire pour faux.

Les hommes savent que les politesses qu'ils se font ne sont qu'une imitation de l'estime. Ils conviennent, en général, que les choses obligeantes qu'ils se disent ne sont pas le langage de la vérité, et dans les occasions particulières ils en sont les dupes. L'amour-propre persuade grossièrement à chacun que ce qu'il fait par décence, on le lui rend par justice.

Quand on seroit convaincu de la fausseté des protestations d'estime, on les préfèreroit encore à la sincérité, parceque la fausseté a un air de respect dans les occasions où la vérité seroit une offense. Un homme sait qu'on pense mal de lui, cela est humiliant; mais l'aveu qu'on lui en feroit seroit une insulte; on lui ôteroit par là toute ressource de chercher à s'aveugler lui-même, et on lui prouveroit le peu de cas qu'on en fait. Les gens les plus unis, et qui s'estiment à plus d'égards, deviendroient ennemis mortels, s'ils se témoignoient complètement ce qu'ils pensent les uns des autres. Il y a un certain voile d'obscurité qui conserve bien des liaisons, et qu'on craint de lever de part et d'autre.

Je suis bien éloigné de conseiller aux hommes de se témoigner durement ce qu'ils pensent, parcequ'ils se trompent souvent dans les jugements qu'ils portent, et qu'ils sont sujets à se rétracter bientôt, sans juger ensuite plus sainement. Quelque sûr qu'on soit de son jugement, cette dureté n'est permise qu'à l'amitié; encore faut-il qu'elle soit autorisée par la nécessité et l'espérance du succès. Les opérations cruelles n'ont été imaginées que pour sauver la vie, et les palliatifs pour adoucir les douleurs.

Laissons à ceux qui sont chargés de veiller sur

les mœurs le soin de faire entendre les vérités dures; leur voix ne s'adresse qu'à la multitude; mais on ne corrige les particuliers qu'en leur prouvant de l'intérêt pour eux, et en ménageant leur amour-propre.

Quelle est donc l'espèce de dissimulation permise, ou plutôt quel est le milieu qui sépare la fausseté vile de la sincérité offensante? ce sont les égards réciproques. Ils forment le lien de la société, et naissent du sentiment de ses propres imperfections, et du besoin qu'on a d'indulgence pour soi-même. On ne doit ni offenser ni tromper les hommes.

Il semble que dans l'éducation des gens du monde, on les suppose incapables de vertus, et qu'ils auroient à rougir de se montrer tels qu'ils sont. On ne leur recommande qu'une fausseté qu'on appelle politesse. Ne diroit-on pas qu'un masque est un remède à la laideur, parcequ'il peut la cacher dans quelques instants?

La politesse d'usage n'est qu'un jargon fade, plein d'expressions exagérées, aussi vides de sens que de sentiment.

La politesse, dit-on, marque cependant l'homme de naissance; les plus grands sont les plus polis. J'avoue que cette politesse est le premier signe de la hauteur, un rempart contre la familiarité. Il y a bien loin de la politesse à la douceur, et plus encore de la douceur à la bonté. Les grands qui écartent les hommes à force de politesse sans bonté, ne sont bons qu'à être écartés eux-mêmes à force de respects sans attachement.

La politesse, ajoute-t-on, prouve une éducation soignée, et qu'on a vécu dans un monde choisi; elle exige un tact si fin, un sentiment si délicat sur les convenances, que ceux qui n'y ont pas été initiés de bonne heure font dans la suite de vains efforts pour l'acquérir, et ne peuvent jamais en saisir la grace. Premièrement, la difficulté d'une chose n'est pas une preuve de son excellence. Secondement, il seroit à desirer que des hommes qui, de dessein formé, renoncent à leur caractère, n'en recueillent d'autre fruit que d'être ridicules : peut-être cela les rameneroit-il au vrai et au simple.

D'ailleurs cette politesse si exquise n'est pas aussi rare que ceux qui n'ont pas d'autre mérite voudroient le persuader. Elle produit aujourd'hui si peu d'effet, la fausseté en est si reconnue, qu'elle en est quelquefois dégoûtante pour ceux à qui elle s'adresse, et qu'elle a fait naître à certaines gens l'idée de jouer la grossièreté et la brusquerie pour imiter la franchise, et couvrir leurs desseins. Ils sont brusques sans être francs, et faux sans être polis.

Ce manége est déja assez commun pour qu'il dût être plus reconnu qu'il ne l'est encore.

Il devroit être défendu d'être brusque à quiconque ne feroit pas excuser cet inconvénient de caractère par une conduite irréprochable.

Ce n'est pas qu'on ne puisse joindre beaucoup d'habileté à beaucoup de droiture ; mais il n'y a qu'une continuité de procédés francs qui constate bien la distinction de l'habileté et de l'artifice.

On ne doit pas pour cela regretter les temps grossiers où l'homme, uniquement frappé de son intérêt, le cherchoit toujours par un instinct féroce au préjudice des autres. La grossièreté et la rudesse n'excluent ni la fraude, ni l'artifice, puisqu'on les remarque dans les animaux les moins disciplinables.

Ce n'est qu'en se policant que les hommes ont appris à concilier leur intérêt particulier avec l'intérêt commun ; qu'ils ont compris que, par cet accord, chacun tire plus de la société qu'il n'y peut mettre.

Les hommes se doivent donc des égards, puisqu'ils se doivent tous de la reconnoissance. Ils se doivent réciproquement une politesse digne d'eux, faite pour des êtres pensants, et variée par les différents sentiments qui doivent l'inspirer.

Ainsi la politesse des grands doit être de l'humanité; celle des inférieurs de la reconnoissance, si les grands la méritent; celle des égaux, de l'estime et des services mutuels. Loin d'excuser la rudesse, il seroit à désirer que la politesse qui vient de la douceur des mœurs fût toujours unie à celle qui partiroit de la droiture du cœur.

Le plus malheureux effet de la politesse d'usage est d'enseigner l'art de se passer des vertus qu'elle imite. Qu'on nous inspire dans l'éducation l'humanité et la bienfaisance, nous aurons la politesse, ou nous n'en aurons plus besoin.

Si nous n'avons pas celle qui s'annonce par les graces, nous aurons celle qui annonce l'honnête homme et le citoyen : nous n'aurons pas besoin de recourir à la fausseté.

Au lieu d'être artificieux pour plaire, il suffira d'être bon; au lieu d'être faux pour flatter les foiblesses des autres, il suffira d'être indulgent.

Ceux avec qui l'on aura de tels procédés n'en seront ni enorgueillis, ni corrompus; ils n'en seront que reconnoissants, et en deviendront meilleurs.

La politesse dont je viens de parler me rappelle une autre espèce de fausseté fort en usage; ce sont les louanges. Elles doivent leur première origine à l'admiration, la reconnoissance, l'estime, l'amour ou l'amitié. Si l'on en excepte ces deux derniers principes, qui conservent leurs droits bien ou mal appliqués, les louanges d'aujourd'hui ne partent guère que de l'intérêt. On loue tous ceux dont on croit avoir à espérer ou à craindre; jamais on n'a vu moins d'estime et plus d'éloges.

A peine le hasard a-t-il mis quelqu'un en place, qu'il devient l'objet d'une conjuration d'éloges : on l'accable de compliments, on lui adresse des vers de toutes parts; ceux qui ne peuvent percer jusqu'à lui se réfugient dans les journaux. Quiconque recevroit de bonne foi tant d'éloges, et les prendroit à la lettre, devroit être fort étonné de se trouver tout-à-coup un si grand mérite, d'être devenu un homme si supérieur; il admireroit sa modestie passée, qui le lui auroit caché jusqu'au moment de son élévation. On n'en voit que trop qui cèdent naïvement à cette persuasion. Je n'ai presque jamais vu d'homme en place contredit, même par ses amis, dans ses propos les plus absurdes; comme il n'est pas possible qu'il ne s'aperçoive quelquefois de cet excès de fadeur, je ne conçois pas que quelqu'un n'ait jamais imaginé d'avoir auprès de soi un homme uniquement chargé de lui rendre, sans délation particulière, compte du jugement public à son égard. Les fous que les princes avoient autrefois à leur cour suppléoient à cette fonction : c'est sans doute ce qui fait regarder aujourd'hui comme fous ceux qui s'y hasardent. C'est pourtant bien dommage qu'on ait supprimé une charge qui pourroit être exercée par un honnête homme, et qui empêcheroit les gens en place de s'aveugler ou de croire que le public est aveugle. Faute de ce *moniteur*, qui leur seroit si utile, je ne sais s'il y en a à qui la tête n'ait plus ou moins tourné en montant : cet accident pourroit être aussi commun au moral qu'au physique. Je crois cependant qu'il y en a d'assez sensés pour regarder les fadeurs qu'on leur jette en face comme un des inconvénients de leur état; car ils ont l'expérience que dans la disgrace ils sont délivrés de ce fléau ; et c'est une consolation, sur-tout pour ceux qui étoient dignes d'éloges, car ils en sont ordinairement les moins flattés. Les hommes véritablement louables sont sensibles à l'estime, et déconcertés par les louanges; le mérite a sa pudeur comme la chasteté : tel se donne naïvement un éloge, qui ne le recevroit pas d'un autre sans rougir ou sans embarras.

Un homme en dignité, à qui la nature auroit refusé la sensibilité aux louanges, seroit bien à plaindre, car il en a terriblement à essuyer, et la forme en est ordinairement aussi dégoûtante que le fonds : c'est la même matière jetée dans le même moule. Il n'y a guère d'éloges dont on pût deviner le héros, si le nom n'étoit en tête; on n'y remarque rien de distinctif; on risqueroit, en ne voyant que l'ouvrage, d'attribuer à un prince ce qui étoit adressé à un particulier obscur; on pourroit, en changeant le nom, transporter le même panégyrique à cent personnages différents, parcequ'il convient aussi peu à l'un qu'à l'autre.

C'étoit ainsi qu'en usoient les anciens à l'égard

des statues qu'ils avoient érigées à un empereur. S'ils venoient à le précipiter du trône, ils enlevoient la tête de ses statues, et y plaçoient aussitôt celle de son successeur[1], en attendant qu'il eût le même sort; mais tant qu'il régnoit on le louoit exclusivement à tous; on se gardoit bien de rappeler la mémoire d'aucun mérite qui eût pu lui déplaire. Auguste même inspiroit cette crainte à ses panégyristes; on est fâché, pour l'honneur de Virgile, d'Horace, d'Ovide et autres, que le nom de Cicéron ne se trouve pas une seule fois dans leurs ouvrages. Ils n'ignoroient pas qu'ils auroient pu offenser l'empereur: c'eût été lui rappeler avec quelle ingratitude il avoit abandonné à la proscription le plus vertueux citoyen de son parti.

Quoique ce prince, le plus habile des tyrans, se fût associé au consulat le fils de Cicéron, on voyoit qu'il cherchoit à couvrir ses fureurs passées du masque des vertus; sa feinte modération étoit toujours suspecte. Plutarque nous a conservé un trait qui prouve à quel point on craignoit de réveiller le souvenir d'un nom cher aux vrais Romains. Auguste étant entré inopinément dans la chambre d'un de ses neveux, s'aperçut que le jeune prince cachoit un livre dans sa robe; il voulut le voir, et trouvant un ouvrage de Cicéron, il en lut une partie; puis

---

[1] Voyez Suétone et Lampridius.

rendant le livre : *C'étoit*, dit-il, *un savant homme, et qui aimoit fort la patrie*. Personne n'eût osé en dire autant devant Auguste.

Nous voyons des ouvrages célèbres dont les dédicaces, enflées d'éloges, s'adressent à de prétendus Mécènes qui n'étoient connus que de l'auteur : du moins sont-ils absolument ignorés aujourd'hui ; leur nom est enseveli avec eux.

Que d'hommes, je ne dirai pas nuls, mais pervers, j'ai vus loués par ceux qui les regardoient comme tels ! il est vrai que tous les louangeurs sont également disposés à faire une satire ; la personne leur est indifférente, il ne s'agit que de sa position.

Il semble qu'un encens si banal, si prostitué, ne devroit avoir rien de flatteur ; cependant on voit des hommes estimables à certains égards, avides de louanges, souvent offertes par des protégés qu'ils méprisent, semblables à Vespasien, qui ne trouvoit pas que l'argent de l'impôt levé sur les immondices de Rome eût rien d'infect. L'adulation la plus outrée est la plus sûre de plaire ; une louange fine et délicate fait honneur à l'esprit de celui qui la donne ; un éloge exagéré fait plaisir à celui qui le reçoit : il prend l'exagération pour l'expression propre, et pense que les grandes vérités ne peuvent se dire avec finesse.

L'adulation même dont l'excès se fait sentir produit encore son effet. *Je sais que tu me flattes*, disoit quelqu'un, *mais tu ne m'en plais pas moins.*

Ce ridicule commerce de louanges a tellement prévalu, que dans mille occasions il est devenu de régle, d'obligation, et semble faire un article de législation, comme si les hommes étoient essentiellement louables. Qui que ce soit n'est revêtu de la moindre charge, que son installation ne soit accompagnée de compliments sur sa grande capacité, de sorte que cela ne signifie plus rien.

Les louanges sont mises aujourd'hui au rang des contes de fées ; on ne doit donc pas les regarder précisément comme des mensonges, puisque leurs auteurs n'ont pas supposé qu'on pût les croire. Quelque vils que soient les flatteurs, quelque aguerri que fût l'amour-propre, si l'on attachoit aux louanges toute la valeur des termes, il n'y a personne qui eût le front de les donner ni de les recevoir. Une monnoie qui n'a plus de valeur devroit cesser d'avoir cours.

On ne doit pas confondre avec ce fade jargon les témoignages sincères de l'estime à laquelle un homme de mérite a droit de prétendre et d'être sensible. Il faudroit un grand fonds de vertu pour la conserver avec le mépris pour l'opinion des hommes dont on est connu.

CHAPITRE IV.

Sur la Probité, la Vertu, et l'Honneur.

On n'entend parler que de probité, de vertu et d'honneur; mais tous ceux qui emploient ces expressions en ont-ils des idées uniformes? Tâchons de les distinguer. Il vaudroit mieux sans doute inspirer des sentiments dans une matière qui ne doit pas se borner à la spéculation; mais il est toujours utile d'éclaircir et de fixer les principes de nos devoirs: il y a bien des occasions où la pratique dépend de nos lumières.

Le premier devoir de la probité est l'observation des lois. Mais indépendamment de celles qui répriment les entreprises contre la société politique, il y a des sentiments et des procédés d'usage qui font la sûreté ou la douceur de la société civile, du commerce particulier des hommes, que les lois n'ont pu ni dû prescrire, et dont l'observation est d'autant plus indispensable qu'elle est libre et volontaire, au lieu que les lois ont pourvu à leur propre exécution. Qui n'auroit que la probité qu'elles exigent, et ne s'abstiendroit que de ce qu'elles punissent, seroit encore un assez malhonnête homme.

Les lois se sont prêtées à la foiblesse et aux passions, en ne réprimant que ce qui attaque ouvertement la société : si elles étoient entrées dans le détail de tout ce qui peut la blesser indirectement, elles n'auroient pas été universellement comprises, ni par conséquent suivies : il y auroit eu trop de criminels, qu'il eût quelquefois été dur, et souvent difficile de punir, attendu la proportion qui doit toujours être entre les fautes et les peines. Les lois auroient donc été illusoires ; et le plus grand vice qu'elles puissent avoir, c'est de rester sans exécution.

Les hommes venant à se polir et s'éclairer, ceux dont l'ame étoit la plus honnête ont suppléé aux lois par la morale, en établissant, par une convention tacite, des procédés auxquels l'usage a donné force de loi parmi les honnêtes gens, et qui sont le supplément des lois positives ; il n'y a point, à la vérité, de punition prononcée contre les infracteurs, mais elle n'en est pas moins réelle : le mépris et la honte en sont le châtiment, et c'est le plus sensible pour ceux qui sont dignes de le ressentir ; l'opinion publique, qui exerce la justice à cet égard, y met des proportions exactes, et fait des distinctions très fines.

On juge les hommes sur leur état, leur éducation, leur situation, leurs lumières. Il semble qu'on soit convenu de différentes espèces de probités, qu'on ne soit obligé qu'à celle de son état, et qu'on ne puisse avoir que celle de son esprit. On est plus sévère à l'égard de ceux qui, étant exposés en vue, peuvent servir d'exemple, que sur ceux qui sont dans l'obscurité. Moins on exige d'un homme dont on devroit beaucoup prétendre, plus on lui fait injure. En fait de procédés, on est bien près du mépris, quand on a droit à l'indulgence.

L'opinion publique, étant elle-même la peine des actions dont elle est juge, ne sauroit manquer d'être sévère sur les choses qu'elle condamne. Il y a telle action dont le soupçon fait la preuve, et la publicité le châtiment.

Il est assez étonnant que cette opinion, si sévère sur de simples procédés, se renferme quelquefois dans des bornes sur les crimes qui sont du ressort des lois. Ceux-ci ne deviennent complétement honteux que par le châtiment qui les suit.

Il n'y a point de maxime plus fausse dans nos mœurs que celle qui dit : *Le crime fait la honte, et non pas l'échafaud.* Cela devroit être, et l'est effectivement en morale; mais nullement dans les mœurs, car on se réhabilite d'un crime impuni : et qu'on ne dise pas que c'est parceque le châtiment le constate, et en fait seul une preuve suffisante, puisqu'un crime constaté par des lettres de grace flétrit toujours moins que le châtiment. On le remarque principalement dans l'injustice et la bizarrerie du préjugé cruel qui fait rejaillir l'opprobre sur ceux que le sang unit à un criminel; de sorte qu'il est peut-être moins malheureux d'appartenir à un coupable reconnu et impuni, qu'à un infortuné dont l'innocence n'a été reconnue qu'après le supplice.

La vraie raison vient de ce que l'impunité prouve toujours la considération qui suit la naissance, le rang, les dignités, le crédit ou les richesses. Une famille qui ne peut soustraire à la justice un parent coupable, est convaincue de n'avoir aucune considération, et par conséquent est méprisée. Le préjugé doit donc subsister; mais il n'a pas lieu, ou du moins est plus foible, sous le despotisme absolu et chez un peuple libre; par-tout où l'on peut dire: Tu es esclave comme moi, ou je suis libre comme toi. Le pouvoir arbitraire chez l'un, la justice chez l'autre, ne faisant acception de personne, font des exemples dans des familles de toutes les classes, qui par conséquent ont besoin d'une compassion réciproque. Qu'il en soit ainsi parmi nous, les fautes deviendront personnelles, le préjugé disparoîtra : il n'y a pas d'autre moyen de l'éteindre.

Pourquoi ces nobles victimes qu'un crime d'état conduit sur l'échafaud n'impriment-elles point de tache à leur famille? C'est que ces criminels sont ordinairement d'un rang élevé. Le crime et même le supplice prouvent également de quelle importance ils étoient dans l'état. Leur chute, inspirant la terreur, montre en même temps l'élévation d'où ils sont tombés, et où sont encore ceux à qui ils appartenoient. Tout ce qui saisit par quelque grandeur l'imagination des hommes, leur impose. Ils ne peuvent pas respecter et mépriser à-la-fois la même famille.

Je crois avoir remarqué une autre bizarrerie dans l'application de ce préjugé. On reproche plus aux enfants la honte de leur père, qu'aux pères celle de leurs enfants. Il me semble que le contraire seroit moins injuste, parceque ce seroit alors punir les pères de n'avoir pas rectifié les mauvaises inclinations de leurs enfants, par une éducation convenable. Si l'on pense autrement, est-ce par un sentiment de compassion pour la vieillesse, ou par le plaisir barbare d'empoisonner la vie de ceux qui ne font que commencer leur carrière ?

Pour éclaircir enfin ce qui concerne la probité, il s'agit de savoir si l'obéissance aux lois, et la pratique des procédés d'usage, suffisent pour constituer l'honnête homme. On verra, si l'on y réfléchit, que cela n'est pas encore suffisant pour la parfaite probité. En effet on peut, avec un cœur dur, un esprit malin, un caractère féroce, et des sentiments bas, avoir par intérêt, par orgueil ou par crainte, avoir, dis-je, cette probité qui met à couvert de tout reproche de la part des hommes.

Mais il y a un juge plus éclairé, plus sévère et

plus juste que les lois et les mœurs; c'est le sentiment intérieur qu'on appelle *la conscience*. Son empire s'étend plus loin que celui des lois et des mœurs, qui ne sont pas uniformes chez tous les peuples. La conscience parle à tous les hommes qui ne se sont pas, à force de dépravation, rendus indignes de l'entendre.

Les lois n'ont pas prononcé sur des fautes autant ou plus graves en elles-mêmes que plusieurs de celles qu'elles ont condamnées. Il n'y en a point contre l'ingratitude, la perfidie, et, en bien des cas, contre la calomnie, l'imposture, l'injustice, etc., sans parler de certains désordres qu'elles condamnent, et ne punissent guère, si l'on ne brave la honte, en les réclamant. Tel est le sort de toutes les législations. Celle des peuples que nous ne connoissons que par l'histoire nous paroît un monument de leur sagesse, parceque nous ignorons en combien de circonstances les lois fléchissoient et restoient sans exécution. Cette ignorance des faits particuliers, des abus de détail, contribue beaucoup à notre admiration pour les gouvernements anciens.

Cependant quand les lois deviennent indulgentes, les mœurs cessent d'être sévères, quoiqu'elles n'aient pas embrassé tout ce que les lois ont omis. Il y a même des excès condamnés par les lois, qui sont tolérés dans les mœurs, sur-tout à la cour et dans la capitale, où les mœurs s'écartent souvent de la morale. Combien ne tolèrent-elles pas de choses plus dangereuses que ce qu'elles ont proscrit! Elles exigent des décences et pardonnent des vices : on est dans la société plus délicat que sévère.

Doit-on regarder comme innocent un trait de satire, ou même de plaisanterie de la part d'un supérieur, qui porte quelquefois un coup irréparable à celui qui en est l'objet; un secours gratuit refusé par négligence à celui dont le sort en dépend; tant d'autres fautes que tout le monde sent, et qu'on s'interdit si peu?

Voilà cependant ce qu'une probité exacte doit s'interdire, et dont la conscience est le juge infaillible. Il est donc heureux que chacun ait dans son cœur un juge qui défend les autres, ou qui le condamne lui-même.

Je ne prétends point ici parler en homme religieux; la religion est la perfection et non la base de la morale; ce n'est point en métaphysicien subtil, c'est en philosophe, qui ne s'appuie que sur la raison, et ne procéde que par le raisonnement. Je n'ai donc pas besoin d'examiner si cette conscience est ou n'est pas un sentiment inné; il me suffiroit qu'elle fût une lumière acquise, et que les esprits les plus bornés eussent encore plus de connoissance du juste et de l'injuste par la conscience, que les lois et les mœurs ne leur en donnent.

Cette connoissance fait la mesure de nos obligations; nous sommes tenus, à l'égard d'autrui, de tout ce qu'à sa place nous serions en droit de prétendre. Les hommes ont encore droit d'attendre de nous, non seulement ce qu'ils regardent avec raison comme juste, mais ce que nous regardons nous-mêmes comme tel, quoique les autres ne l'aient ni exigé, ni prévu; notre propre conscience fait l'étendue de leurs droits sur nous.

Plus on a de lumières, plus on a de devoirs à remplir; si l'esprit n'en inspire pas le sentiment, il suggère les procédés, et démontre l'obligation d'y satisfaire.

Il y a un autre principe d'intelligence sur ce sujet, supérieur à l'esprit même; c'est la sensibilité d'ame, qui donne une sorte de sagacité sur les choses honnêtes, et va plus loin que la pénétration de l'esprit seul.

On pourroit dire que le cœur a des idées qui lui sont propres. On remarque entre deux hommes dont l'esprit est également étendu, profond et pénétrant sur des matières purement intellectuelles, quelle supériorité gagne celui dont l'ame est sensible, sur les sujets qui sont de cette classe-là. Qu'il y a d'idées inaccessibles à ceux qui ont le sentiment froid! Les ames sensibles peuvent par vivacité et chaleur tomber dans des fautes que les hommes *à procédés* ne commettroient pas; mais elles l'emportent de beaucoup par la quantité de biens qu'elles produisent.

Les ames sensibles ont plus d'existence que les autres : les biens et les maux se multiplient à leur égard. Elles ont encore un avantage pour la société, c'est d'être persuadées des vérités dont l'esprit n'est que convaincu ; la conviction n'est souvent que passive, la persuasion est active, et il n'y a de ressort que ce qui fait agir. L'esprit seul peut et doit faire l'homme de probité ; la sensibilité prépare l'homme vertueux. Je vais m'expliquer.

Tout ce que les lois exigent, ce que les mœurs recommandent, ce que la conscience inspire, se trouve renfermé dans cet axiome si connu et si peu développé : *Ne faites point à autrui ce que vous ne voudriez pas qui vous fût fait;* l'observation exacte et précise de cette maxime fait la probité. *Faites à autrui ce que vous voudriez qui vous fût fait;* voilà la vertu. Sa nature, son caractère distinctif consiste dans *un effort sur soi-même en faveur des autres.* C'est par cet effort généreux qu'on fait un sacrifice de son bien-être à celui d'autrui. On trouve dans l'histoire quelques uns de ces efforts héroïques. Tous les degrés de vertu morale se mesurent sur le plus ou le moins de sacrifices qu'on fait à la société.

Il semble, au premier coup-d'œil, que les législateurs étoient des hommes bornés ou intéressés, qui, n'ayant pas besoin des autres, vouloient se garantir du mal, et se dispenser de faire du bien. Cette idée paroît d'autant plus vraisemblable, que les premiers législateurs ont été des princes, des chefs du peuple, ceux, en un mot, qui avoient le plus à perdre et le moins à gagner. Il faut avouer que les lois positives, qui ne devroient être qu'une émanation, un développement de la loi naturelle, loin de pouvoir toujours s'y rappeler, y sont quelquefois opposées, et favorisent plutôt l'intérêt des législateurs, des hommes puissants, que celui des foibles, qui doit être l'objet principal de toute législation, puisque cet intérêt est celui du plus grand nombre, et constitue la société politique. L'examen des différentes lois confrontées au droit naturel seroit un objet bien digne de la philosophie appliquée à la morale, à la politique, à la science du gouvernement.

. Quoi qu'il en soit, les lois se bornent à défendre : en y faisant réflexion, nous avons vu que c'est par sagesse qu'elles en ont usé ainsi. Elles n'exigent que ce qui est possible à tous les hommes. Les mœurs sont allées plus loin que les lois; mais c'est en partant du même principe; les unes et les autres ne sont guère que prohibitives. La conscience même se borne à inspirer la répugnance pour le mal. Enfin la fidélité aux lois, aux mœurs et à la conscience, fait l'exacte probité. La vertu, supérieure à la probité, exige qu'on fasse le bien, et y détermine.

La probité défend, il faut obéir; la vertu commande, mais l'obéissance est libre, à moins que la vertu n'emprunte la voix de la religion. On estime la probité; on respecte la vertu. La probité consiste presque dans l'inaction; la vertu agit. On doit de la reconnoissance à la vertu; on pourroit s'en dispenser à l'égard de la probité, parcequ'un homme éclairé, n'eût-il que son intérêt pour objet, n'a pas, pour y parvenir, de moyen plus sûr que la probité.

Je n'ignore pas les objections qu'on peut tirer des crimes heureux; mais je sais aussi qu'il y a différentes espèces de bonheur; qu'on doit évaluer les probabilités du danger et du succès, les comparer avec le bonheur qu'on se propose, et qu'il n'y en a aucun dont l'espérance la mieux fondée puisse contrebalancer la perte de l'honneur, ni même le simple danger de le perdre. Ainsi, en ne faisant d'une telle question qu'une affaire de calcul, le parti de la probité est toujours le meilleur qu'il y ait à prendre. Il ne seroit pas difficile de faire une démonstration morale de cette vérité; mais il y a des principes qu'on ne doit pas mettre en question. Il est toujours à craindre que les vérités les plus évidentes ne contractent, par la discussion, un air de problème qu'elles ne doivent jamais avoir.

Quand la vertu est dans le cœur, et n'exige aucun effort, c'est un sentiment, une inclination au bien, un amour pour l'humanité; elle est aux actions honnêtes ce que le vice est au crime; c'est le rapport de la cause à l'effet.

En distinguant la vertu et la probité, en observant la différence de leur nature, il est encore nécessaire, pour connoître le prix de l'une et de l'autre, de faire attention aux personnes, aux temps et aux circonstances.

Il y a tel homme dont la probité mérite plus d'éloges que la vertu d'un autre. Ne doit-on attendre que les mêmes actions de ceux qui ont des moyens si différents? Un homme au sein de l'opulence n'aura-t-il que les devoirs, les obligations de celui qui est assiégé par tous les besoins? Cela ne seroit pas juste. La probité est la vertu des pauvres; la vertu doit être la probité des riches.

On rapporte quelquefois à la vertu des actions où elle a peu de part. Un service offert par vanité, ou rendu par foiblesse, fait peu d'honneur à la vertu.

On retire un homme de son nom d'un état malheureux, dont on pouvoit partager la honte. Est-ce générosité? C'est tout au plus décence, ou peut-être orgueil, intérêt réel et sensible.

D'un autre côté, on loue et on doit louer les actes de probité où l'on sent un principe de vertu, un effort de l'ame. Un homme pauvre remet un dépôt dont il avoit seul le secret; il n'a fait que son devoir, puisque le contraire seroit un crime; cependant son action lui fait honneur, et doit lui en faire.

On juge que celui qui ne fait pas le mal dans certaines circonstances, est capable de faire le bien : dans un acte de simple probité, c'est la vertu qu'on loue.

Un malheureux pressé de besoins, humilié par la honte de la misère, résiste aux occasions les plus séduisantes. Un homme dans la prospérité n'oublie pas qu'il y a des malheureux, les cherche et prévient leurs demandes. Je chéris sa bienfaisance. Je les estime, je les loue tous deux ; mais c'est le premier que j'admire ; j'y vois de la vertu.

Les éloges qu'on donne à de certaines probités, à de certaines vertus, ne font que le blâme du commun des hommes. Cependant on ne doit pas les refuser ; il ne faut pas rechercher avec trop de sévérité le principe des actions, quand elles tendent au bien de la société. Il est toujours sage et avantageux d'encourager les hommes aux actes honnêtes : ils sont capables de prendre le pli de la vertu comme du vice.

On acquiert de la vertu par la gloire de la pratiquer. Si l'on commence par amour-propre, on continue par honneur, on persévère par habitude. Que l'homme le moins porté à la bienfaisance vienne par hasard, ou par un effort qu'il fera sur lui-même, à faire quelque action de générosité, il éprouvera ensuite une sorte de satisfaction, qui lui rendra une seconde action moins pénible : bientôt il se portera de lui-même à une troisième, et dans peu la bonté fera son caractère. On contracte le sentiment des actions qui se répètent.

D'ailleurs, quand on chercheroit à rapporter des actions vertueuses à un système d'esprit et de conduite plutôt qu'au sentiment, l'avantage des autres seroit égal, et la gloire qu'on voudroit rabaisser n'en seroit peut-être pas moindre. Heureuse alternative, que de réduire les censeurs à l'admiration, au défaut de l'estime !

Outre la vertu et la probité, qui doivent être les principes de nos actions, il y en a un troisième très digne d'être examiné; c'est l'honneur : il est différent de la probité, peut-être ne l'est-il pas de la vertu, mais il lui donne de l'éclat, et me paroît être une qualité de plus.

L'homme de probité se conduit par éducation, par habitude, par intérêt, ou par crainte. L'homme vertueux agit avec bonté.

L'homme d'honneur pense et sent avec noblesse. Ce n'est pas aux lois qu'il obéit; ce n'est pas la réflexion, encore moins l'imitation, qui le dirigent : il pense, parle et agit avec une sorte de hauteur, et semble être son propre législateur à lui-même.

On s'affranchit des lois par la puissance, on s'y soustrait par le crédit, on les élude par adresse; on remplace le sentiment, et l'on supplée aux mœurs par la politesse; on imite la vertu par l'hypocrisie.

L'honneur est l'instinct de la vertu, et il en fait le courage. Il n'examine point, il agit sans feinte, même sans prudence, et ne connoît point cette timidité ou cette fausse honte qui étouffe tant de vertus dans les ames foibles ; car les caractères foibles ont le double inconvénient de ne pouvoir se répondre de leurs vertus, et de servir d'instruments aux vices de tous ceux qui les gouvernent.

Quoique l'honneur soit une qualité naturelle, il se développe par l'éducation, se soutient par les principes, et se fortifie par les exemples. On ne sauroit donc trop en réveiller les idées, en réchauffer le sentiment, en relever les avantages et la gloire, et attaquer tout ce qui peut y porter atteinte.

Les réflexions sur cette matière peuvent servir de préservatif contre la corruption des mœurs qui se relâchent de plus en plus. Je n'ai pas dessein de renouveler les reproches que de tout temps on a faits à son siècle, et dont la répétition fait croire qu'ils ne sont pas mieux fondés dans un temps que dans un autre. Je suis persuadé qu'il y a toujours dans le monde une distribution de vertus et de vices à-peu-près égale ; mais il peut y avoir, en différents âges, des partages inégaux de nation à nation, de peuple à peuple. Il y a des âges plus ou moins brillants, et le nôtre ne paroît pas être celui de l'honneur, du moins autant qu'il l'a été. Je ne doute pas que les causes de cette altération ne soient un jour développées dans l'histoire de ce siècle. Ce n'en sera pas l'article le moins curieux ni le moins utile.

On n'est certainement pas aussi délicat, aussi scrupuleux sur les liaisons, qu'on l'a été. Quand un homme avoit jadis de ces procédés tolérés ou impunis par les lois, et condamnés par l'honneur, le ressentiment ne se bornoit pas à l'offensé; tous les honnêtes gens prenoient parti, et faisoient justice par un mépris général et public.

Aujourd'hui on a des ménagements, même sans vue d'intérêt, pour l'homme le plus décrié. *Je n'ai pas*, vous dit-on, *sujet de m'en plaindre personnellement, je n'irai pas me faire le réparateur des torts.* Quelle foiblesse! C'est bien mal entendre les intérêts de la société, et, par conséquent, les siens propres. Pourquoi les malhonnêtes gens rougiroient-ils de l'être, quand on ne rougit pas de leur faire accueil? Si les honnêtes gens s'avisoient de faire cause commune, leur ligue seroit bien forte. Quand les gens d'esprit et d'honneur s'entendront, les sots et les fripons joueront un bien petit rôle. Il n'y a malheureusement que les fripons qui fassent des ligues, les honnêtes gens se tiennent isolés. Mais la probité sans courage n'est digne d'aucune considération; elle ressemble assez à l'attrition qui n'a pour principe qu'une crainte servile.

On se cachoit autrefois de certains procédés, et l'on en rougissoit s'ils venoient à se découvrir. Il me semble qu'on les a aujourd'hui trop ouvertement, et dès-là il doit s'en trouver davantage, parceque la contrainte et la honte retenoient bien des hommes.

Je ne sache que l'infidélité au jeu qui soit plus décriée aujourd'hui que dans le siècle passé; encore voit-on des gens suspects à cet égard qui n'en sont pas moins accueillis d'ailleurs. La seule justice qu'on en fasse, est d'employer beaucoup de politesses et de détours pour se dispenser de jouer avec eux; cela ressemble moins au mépris qu'à la prudence. Mais un homme du monde qui est irréprochable par cet endroit et par la valeur est homme d'honneur décidé. Quoiqu'il fasse profession d'être de vos amis, n'ayez rien à démêler avec lui sur l'intérêt, l'ambition ou l'amour-propre. S'il craint seulement d'user son crédit, il vous manquera sans scrupule dans une occasion essentielle, et ne sera blâmé de personne. Vous vous croyez en droit de lui faire des reproches; mais il en est plus surpris que confus: il reste homme d'honneur. Il ne conçoit pas que vous ayez pu regarder comme un engagement de simples propos de politesse; car cette politesse, si recommandée, sauve bien des bassesses; on seroit trop heureux qu'elle ne couvrît que des platitudes.

Il y a, à la vérité, telle action si blâmable, que l'interprétation ne sauroit en être équivoque. Un homme d'un caractère leste trouve encore alors le secret de n'être pas déshonoré, s'il a le courage d'être le premier à la publier, et de plaisanter ceux qui seroient tentés de le blâmer. On n'ose plus la lui reprocher, quand on le voit en faire gloire. L'audace fait sa justification, et le reproche qu'on lui feroit seroit un ridicule auquel on n'ose s'exposer. On commence alors à douter qu'il ait tort; on craint de l'avoir. Dans la façon commune de penser, prévoir une objection, c'est la réfuter sans être obligé d'y répondre; dans les mœurs, prévenir un reproche, c'est le détruire.

Un homme qui en a trompé un autre avec l'artifice le plus adroit et le plus criminel, loin d'en avoir des remords ou de la honte, se félicite sur son habileté; il se cache pour réussir, et non pas d'avoir réussi; il s'imagine simplement avoir gagné une belle partie d'échecs, et celui qui est sa dupe ne pense guère autre chose, sinon qu'il l'a perdue par sa faute : c'est de lui-même qu'il se plaint. Le ressentiment est déja devenu un sentiment trop noble; à peine est-on digne de haïr, et la vengeance n'est plus qu'une revanche utile ; on la prend comme un moyen de réussir, et pour l'avantage qui en résulte.

Cette manière de penser, cette négligence des mœurs avilit ceux mêmes qu'elle ne déshonore pas, et devient de plus en plus dangereuse pour la société. Ceux qui pourroient prétendre à la gloire de donner l'exemple par leur rang ou par leurs lumières, paroissent avoir trop peu de respect pour les principes, même quand ils ne les violent pas. Ils ignorent qu'indépendamment des actions, la légèreté de leurs propos, les sentiments qu'ils laissent apercevoir, sont des exemples qu'ils donnent. Le bas peuple n'ayant aucun principe, faute d'éducation, n'a d'autre frein que la crainte, et d'autre guide que l'imitation. C'est dans l'état mitoyen que la probité est encore le plus en honneur.

Le relâchement des mœurs n'empêche pas qu'on ne vante beaucoup l'honneur et la vertu; ceux qui en ont le moins savent combien il leur importe que les autres en aient. On auroit rougi autrefois d'avancer de certaines maximes, si on les eût contredites par ses actions : les discours formoient un préjugé favorable sur les sentiments. Aujourd'hui les discours tirent si peu à conséquence, qu'on pourroit quelquefois dire d'un homme qu'il a de la probité, quoiqu'il en fasse l'éloge. Cependant les discours honnêtes peuvent toujours être utiles à la société; mais on ne se fait vraiment honneur, et l'on ne se rend digne de les tenir que par sa conduite. C'est un engagement de plus, et l'on ne doit pas craindre d'en prendre, quand il est avantageux de les remplir.

On prétend qu'il a régné autrefois parmi nous un

fanatisme d'honneur, et l'on rapporte cette heureuse manie à un siècle encore barbare. Il seroit à desirer qu'elle se renouvelât de nos jours : les lumières que nous avons acquises serviroient à régler cet engouement, sans le refroidir. D'ailleurs, on ne doit pas craindre l'excès en cette matière : la probité a ses limites, et pour le commun des hommes, c'est beaucoup que de les atteindre; mais la vertu et l'honneur peuvent s'étendre et s'élever à l'infini; on peut toujours en reculer les bornes; on ne les passe jamais.

Il faut avouer que, si d'un côté l'honneur a perdu, on a aussi sur certains articles des délicatesses ignorées dans le siècle passé. En voici un trait.

Lorsque le surintendant Fouquet donna à Louis XIV cette fête si superbe dans le château de Vaux, le surintendant porta l'attention jusqu'à faire mettre dans la chambre de chaque courtisan de la suite du roi une bourse remplie d'or, pour fournir au jeu de ceux qui pouvoient manquer d'argent, ou n'en avoir pas assez. Aucun ne s'en trouva offensé; tous admirèrent la magnificence de ce procédé. Ils tâchèrent peut-être de croire que c'étoit au nom du roi, ou du moins à ses dépens, et ne se trompoient pas sur ce dernier article. Quoi qu'il en soit, ils en usèrent sans plus d'information. Si un ministre des finances s'avisoit aujourd'hui d'en faire autant, la délicatesse de ses hôtes en seroit blessée avec raison ; tous refuseroient avec hauteur et dignité. Jusque-là il n'y a rien à dire. Mais je craindrois fort que quelques uns de ceux qui rejetteroient avec le plus d'éclat le présent du ministre, ne lui empruntassent une somme pareille ou plus forte, avec un très ferme dessein de ne la jamais rendre. Il peut y avoir là de la délicatesse ; mais je ne crois pas que ce soit de l'honneur.

Le surintendant de Bullion avoit déja donné un exemple de ce magnifique scandale. Ayant fait frapper, en 1640, les premiers louis qui aient paru en France, il imagina de donner un dîner à cinq seigneurs de ses courtisans, fit servir au dessert trois bassins pleins des nouvelles espèces, et leur dit d'en prendre autant qu'ils voudroient. Chacun se jeta avidement sur ce fruit nouveau, en emplit ses poches, et s'enfuit avec sa proie sans attendre son carrosse ; de sorte que le surintendant rioit beaucoup de la peine qu'ils avoient à marcher. Le paiement de quelques dettes de l'état eût également pu donner cours à ces premières espèces ; mais ce moyen n'eût pas été si noble au jugement de Bullion et de ses convives, que je ne crois pas devoir nommer, par égard pour leurs petits-fils, qui peut-être, loin de me savoir gré de ma discrétion, en riroient eux-mêmes, si je nommois leurs pères.

CHAPITRE V.

Sur la Réputation, la Célébrité, la Renommée, et la Considération.

Les hommes sont destinés à vivre en société, et de plus, ils y sont obligés par le besoin qu'ils ont les uns des autres : ils sont tous à cet égard dans une dépendance mutuelle. Mais ce ne sont pas uniquement les besoins matériels qui les lient ; ils ont une existence morale qui dépend de leur opinion réciproque.

Il y a peu d'hommes assez sûrs et assez satisfaits de l'opinion qu'ils ont d'eux-mêmes, pour être indifférents sur celle des autres ; et il y en a qui en sont plus tourmentés que des besoins de la vie.

Le desir d'occuper une place dans l'opinion des hommes a donné naissance à la réputation, la célébrité et la renommée, ressorts puissants de la société, qui partent du même principe, mais dont les moyens et les effets ne sont pas totalement les mêmes.

Plusieurs moyens servent également à la réputation et à la renommée, et ne diffèrent que par les degrés ; d'autres sont exclusivement propres à l'une ou à l'autre.

Une réputation honnête est à la portée du commun des hommes : on l'obtient par les vertus sociales, et la pratique constante de ses devoirs. Cette espèce de réputation n'est, à la vérité, ni étendue ni brillante; mais elle est souvent la plus utile pour le bonheur.

L'esprit, les talents, le génie, procurent la célébrité; c'est le premier pas vers la renommée, qui n'en diffère que par plus d'étendue; mais les avantages en sont peut-être moins réels que ceux d'une bonne réputation. Ce qui nous est vraiment utile nous coûte peu; les choses rares et brillantes sont celles qui exigent le plus de travaux, et dont la jouissance n'est qu'idéale.

Deux sortes d'hommes sont faits pour la renommée. Les premiers, qui se rendent illustres par eux-mêmes, y ont droit; les autres, qui sont les princes, y sont assujettis : ils ne peuvent échapper à la renommée. On remarque également dans la multitude celui qui est plus grand que les autres, et celui qui est placé sur un lieu plus élevé : on distingue en même temps si la supériorité de l'un et de l'autre vient de la personne, ou du lieu où elle est placée. Tels sont le rapport et la différence qui se trouvent entre les grands hommes et les princes qui ne sont que princes.

Mais, laissant à part la foule des princes, sans les préférer ni les exclure à ce titre seul, ne considérons la renommée que par rapport aux hommes à qui elle est personnelle.

Les qualités qui sont uniquement propres à la renommée s'annoncent avec éclat. Telles sont les qualités des hommes d'état destinés à faire la gloire, le bonheur ou le malheur des peuples, soit par les armes, soit dans le gouvernement.

Les grands talents, les dons du génie procurent autant ou plus de renommée que les qualités de l'homme d'état, et ordinairement transmettent un nom à une postérité plus reculée.

Quelques uns des talents qui font la renommée des hommes d'état, seroient inutiles, et quelquefois dangereux dans la vie privée. Tel a été un héros, qui, s'il fût né dans l'obscurité, n'eût été qu'un brigand, et, au lieu d'un triomphe, n'eût mérité qu'un supplice. Il y a eu dans tous les genres des grands hommes, qui, s'ils ne le fussent pas devenus, faute de quelques circonstances, n'auroient jamais pu être autre chose, et auroient paru incapables de tout.

La réputation et la renommée peuvent être fort différentes, et subsister ensemble.

Un homme d'état ne doit rien négliger pour sa réputation; mais il ne doit compter que sur la renommée, qui peut seule le justifier contre ceux qui attaquent sa réputation. Il en est comptable au monde, et non pas à des particuliers intéressés, aveugles ou téméraires.

Ce n'est pas qu'on ne puisse mériter à-la-fois une grande renommée et une mauvaise réputation ; mais la renommée, portant principalement sur des faits connus, est ordinairement mieux fondée que la réputation, dont les principes peuvent être équivoques. La renommée est assez constante et uniforme ; la réputation ne l'est presque jamais.

Ce qui peut consoler les grands hommes sur les injustices qu'on fait à leur réputation, ne doit pas la leur faire sacrifier légèrement à la renommée, parcequ'elles se prêtent réciproquement beaucoup d'éclat. Quand on fait le sacrifice de la réputation par une circonstance forcée de son état, c'est un malheur qui doit se faire sentir, et qui exige tout le courage que peut inspirer l'amour du bien public. Ce seroit aimer bien généreusement l'humanité, que de la servir au mépris de la réputation ; ou ce seroit trop mépriser les hommes, que de ne tenir aucun compte de leurs jugements ; et dans ce cas les serviroit-on ? Quand le sacrifice de la réputation à la renommée n'est pas forcé par le devoir, c'est une grande folie, parcequ'on jouit réellement plus de sa réputation que de sa renommée.

On ne jouit en effet de l'amitié, de l'estime, du respect et de la considération, que de la part de ceux dont on est entouré, dont on est personnellement connu. Il est donc plus avantageux que la réputation soit honnête, que si elle n'étoit qu'étendue et brillante. La renommée n'est, dans bien des occasions, qu'un hommage rendu aux syllabes d'un nom.

Qu'un homme illustre se trouve au milieu de ceux qui, sans le connoître personnellement, célèbrent son nom en sa présence, il jouira avec plaisir de sa célébrité; et, s'il n'est pas tenté de se découvrir, c'est parcequ'il en a le pouvoir, et par un jeu libre de l'amour-propre. Mais s'il lui étoit absolument impossible de se faire connoître, son plaisir n'étant plus libre, peut-être sa situation seroit-elle pénible; ce seroit presque entendre parler d'un autre que soi. On peut faire la même réflexion sur la situation contraire d'un homme dont le nom seroit dans le mépris, et qui en seroit témoin ignoré; il ne se feroit pas connoître, et jouiroit, au milieu de son tourment, d'une sorte de consolation, qui seroit dans le rapport opposé à la peine du premier, que nous avons supposé contraint au silence.

Si l'on réduisoit la célébrité à sa valeur réelle, on lui feroit perdre bien des sectateurs. La réputation la plus étendue est toujours très bornée; la renommée même n'est jamais universelle. A prendre les hommes numériquement, combien y en a-t-il à qui le nom d'Alexandre n'est jamais parvenu! Ce nombre surpasse, sans aucune proportion, ceux qui savent qu'il a été le conquérant de l'Asie. Combien y avoit-il d'hommes qui ignoroient l'existence de Kouli-Kan, dans le temps qu'il changeoit une partie de la face de la terre ! Elle a des bornes assez étroites, et la renommée peut toujours s'étendre sans jamais y atteindre. Quel caractère de foiblesse que de pouvoir croître continuellement, sans atteindre à un terme limité !

On se flatte du moins que l'admiration des hommes instruits doit dédommager de l'ignorance des autres. Mais le propre de la renommée est de compter, de multiplier les voix, et non pas de les apprécier. D'ailleurs, quel homme d'état osera se répondre de vivre dans l'histoire, quand on voit des médailles de plusieurs rois dont les noms ne se trouvent dans aucun historien ? L'état de ces princes [1] devoit cependant être considérable. Les arts y étoient florissants, à n'en juger que par la beauté de quelques unes de ces médailles. Il y a des arts qui ne peuvent être portés à un certain degré de perfection, sans que beaucoup d'autres soient également cultivés. Il y avoit sans doute à la cour de ces rois, comme ailleurs, de petits seigneurs très importants, faisant du fracas, s'imaginant occuper fort la renommée, avoir un jour place dans

---

[1] La reine Philistis, les rois Mostis, Samès, Memtès, Sarias, Abdissar, etc.

l'histoire ; et les maîtres sous qui ils rampoient n'y sont pas nommés! Les antiquaires les mieux instruits de la science numismatique exercent aujourd'hui leur sagacité à tâcher de deviner en quel pays ces monarques ont régné. Il paroît cependant par le sujet, le goût du travail, les types des médailles, par les légendes qui sont grecques, que ce n'étoit pas sur des peuples ignorés, et que l'époque n'en est pas de la plus haute antiquité. On conjecture que c'étoit en Sicile, en Illyrie, chez les Parthes, etc. Mais l'histoire n'en fait pas la moindre mention.

Cependant plusieurs ne plaignent ni travaux, ni peines, uniquement pour être connus. Ils veulent qu'on parle d'eux, qu'on en soit occupé ; ils aiment mieux être malheureux qu'ignorés. Celui dont les malheurs attirent l'attention est à demi consolé.

Quand le desir de la célébrité n'est qu'un sentiment, il peut être, suivant son objet, honnête pour celui qui l'éprouve, et utile à la société ; mais si c'est une manie, elle est bientôt injuste, artificieuse et avilissante par les manœuvres qu'elle emploie : l'orgueil fait faire autant de bassesses que l'intérêt. Voilà ce qui produit tant de réputations usurpées et peu solides.

Rien ne rendroit plus indifférent sur la réputation, que de voir comment elle s'établit souvent, se détruit, se varie, et quels sont les auteurs de ces révolutions.

A peine un homme paroît-il dans quelque carrière que ce soit, pour peu qu'il montre de dispositions heureuses, quelquefois même sans cela, que chacun s'empresse de le servir, de l'annoncer, de l'exalter : c'est toujours en commençant qu'on est un prodige. D'où vient cet empressement? Est-ce générosité, bonté ou justice? Non, c'est envie, souvent ignorée de ceux qu'elle excite. Dans chaque carrière il se trouve toujours quelques hommes supérieurs. Les subalternes, ne pouvant aspirer aux premières places, cherchent à en écarter ceux qui les occupent en leur suscitant des rivaux.

On dira peut-être qu'il doit être indifférent par qui les premiers rangs soient occupés, à ceux qui n'y peuvent parvenir; mais c'est bien peu connoître les passions que de les faire raisonner. Elles ont des motifs, et jamais de principes. L'envie sent et agit, ne réfléchit ni ne prévoit : si elle réussit dans son entreprise, elle cherche aussitôt à détruire son propre ouvrage. On tâche de précipiter du faîte celui à qui on a prêté la main pour faire les premiers pas : on ne lui pardonne point de n'avoir plus besoin de secours.

C'est ainsi que les réputations se forment et se détruisent. Quelquefois elles se soutiennent, soit par la solidité du mérite qui les affermit, soit par l'artifice de celui qui, ayant été élevé par la cabale, sait mieux qu'un autre les ressorts qui la font mouvoir, ou qui embarrassent son action.

Il arrive souvent que le public est étonné de certaines réputations qu'il a faites; il en cherche la cause, et ne pouvant la découvrir, parcequ'elle n'existe pas, il n'en conçoit que plus d'admiration et de respect pour le fantôme qu'il a créé. Ces réputations ressemblent aux fortunes qui, sans fonds réels, portent sur le crédit, et n'en sont que plus brillantes.

Comme le public fait des réputations par caprice, des particuliers en usurpent par manége, ou par une sorte d'impudence qu'on ne doit pas même honorer du nom d'amour-propre. Ils annoncent qu'ils ont beaucoup de mérite : on plaisante d'abord de leurs prétentions; ils répètent les mêmes propos si souvent, et avec tant de confiance, qu'ils viennent à bout d'en imposer. On ne se souvient plus par qui on les a entendu tenir, et l'on finit par les croire ; cela se répète et se répand comme un bruit de ville qu'on n'approfondit point.

On fait même des associations pour ces sortes de manœuvres ; c'est ce qu'on appelle *une cabale*.

On entreprend de dessein formé de faire une réputation, et l'on en vient à bout.

Quelque brillante que soit une telle réputation, il n'y a quelquefois que celui qui en est le sujet qui en soit la dupe. Ceux qui l'ont créée savent à quoi s'en tenir, quoiqu'il y en ait aussi qui finissent par respecter leur propre ouvrage.

D'autres, frappés du contraste de la personne et de sa réputation, ne trouvant rien qui justifie l'opinion publique, n'osent manifester leur sentiment propre. Ils acquiescent au préjugé, par timidité, complaisance ou intérêt; de sorte qu'il n'est pas rare d'entendre quantité de gens répéter le même propos, qu'ils désavouent tous intérieurement. La plupart des hommes n'osent ni blâmer ni louer seuls, et ne sont pas moins timides pour protéger que pour attaquer; il y en a peu qui aient le courage de se passer de partisans ou de complices, je ne dis pas pour manifester leur sentiment, mais pour y persister; ils tâchent de s'y affermir eux-mêmes en le suggérant à d'autres, sinon ils l'abandonnent.

Quoi qu'il en soit, les réputations usurpées qui produisent le plus d'illusion, ont toujours un côté ridicule qui devroit empêcher d'en être fort flatté. Cependant on voit quelquefois employer les mêmes manœuvres par ceux qui auroient assez de mérite pour s'en passer.

Quand le mérite sert de base à la réputation, c'est une grande maladresse que d'y joindre l'artifice, parcequ'il nuit plus à la réputation méritée, qu'il ne sert à celle qu'on ambitionne. Si le public vient à reconnoître ce manége dans un homme qui d'ailleurs a des talents, et tôt ou tard il le reconnoît, il se révolte, et dégrade la gloire la mieux acquise. C'est une injustice; mais il ne faut pas le mettre en droit d'être injuste. L'envie, à qui les prétextes suffisent, s'applaudit d'avoir des motifs, les saisit avec ardeur, et les emploie avec adresse. Elle ne pardonne au mérite que lorsqu'elle est trompée par sa propre malignité, et qu'elle croit remarquer des défauts qui lui servent de pâture. Elle se console en croyant rabaisser d'un côté ce qu'elle est forcée d'admirer d'un autre; elle cherche moins à détruire ce qu'elle se flatte d'outrager.

Une sorte d'indifférence sur son propre mérite est le plus sûr appui de la réputation; on ne doit pas affecter d'ouvrir les yeux de ceux que la lumière éblouit. La modestie est le seul éclat qu'il soit permis d'ajouter à la gloire.

Si l'artifice est un moyen honteux pour la réputation, il y a un art, et même un art honnête, qui naît de la prudence, de la sagesse, et qui n'est pas à dédaigner. Les gens d'esprit ont plus d'avantages que les autres, non seulement pour la gloire, mais encore pour acquérir et mériter la réputation de vertu. Une intelligence fine, aussi contraire à la fausseté qu'à l'imprudence, un discernement prompt et sûr, fait qu'on place les bienfaits avec choix, qu'on parle, qu'on se tait et qu'on agit à propos. Il n'y a personne qui n'ait quelquefois occasion de faire une action honnête, courageuse, et toutefois sans danger. Le sot la laisse passer, faute de l'apercevoir; l'homme d'esprit la sent et la saisit. L'expérience prouve cependant que l'esprit seul n'y suffit pas, et qu'il faut encore un cœur noble pour employer cet art heureux.

J'ai vu de ces succès brillants, et je suis persuadé que celui même qui étoit comblé d'éloges sentoit combien il lui en avoit peu coûté pour les obtenir; mais il n'en étoit pas moins louable.

J'en ai remarqué d'autres qui, avec la bienfaisance dans le cœur, avec les actes de vertus les plus fréquents, faute d'intelligence et d'*à propos*, n'étoient pas, à beaucoup près, aussi estimés qu'estimables. Leur mérite ne faisoit point de sensation; à peine le soupçonnoit-on. Il est vrai que si, par un heureux hasard, le mérite simple et uni vient à être remarqué, il acquiert l'éclat le plus subit. On le loue avec complaisance, on voudroit encore l'augmenter; l'envie même y applaudit sans sortir de son caractère : elle en tire parti pour en humilier d'autres.

Si les réputations se forment et se détruisent avec facilité, il n'est pas étonnant qu'elles varient, et soient souvent contradictoires dans la même personne. Tel a une réputation dans un lieu, qui dans un autre en a une toute différente; il a celle qu'il mérite le moins, et on lui refuse celle à laquelle il a le plus de droit. On en voit des exemples dans tous les ordres. Je ne puis me dispenser d'entrer ici dans quelques détails, qui rendront les principes plus sensibles par l'application que j'en vais faire.

Un homme est taxé d'avarice, parcequ'il méprise le faste, et se refuse le superflu pour fournir le nécessaire à des malheureux ignorés. On loue la générosité d'un autre, qui répand avec ostentation ce qu'il ravit avec artifice ou violence; il fait des présents, et refuse le paiement de ses dettes : on admire sa magnificence, quand il est à-la-fois victime du faste et de l'avarice.

On accuse d'insolence un homme qui ne fléchit pas avec bassesse sous une autorité usurpée ou tyrannique : on reproche l'emportement à un autre, parcequ'il n'a pas porté la patience jusqu'à l'avilissement. Comme elle a ses bornes, les gens naturellement doux finissent souvent par avoir tort mal-à-propos, quand la mesure est comble. On ne sauroit croire combien il importe, pour le bien de la paix, de ne se pas laisser trop vexer, à moins que l'on ne consente à être avili.

On vante, au contraire, la douceur d'un homme entier, opiniâtre par caractère et poli par orgueil.

Une femme est déshonorée, parcequ'elle a constaté sa faute par l'éclat de sa douleur et de sa honte; tandis qu'une autre se met à couvert de tout reproche par l'excès de son impudence; celle-ci n'est pas même l'objet d'un mépris secret. Les hommes haïssent ce qu'ils n'oseroient punir; mais ils ne méprisent que ce qu'ils osent blâmer hautement. Leurs actions déterminent plus leurs jugements, que leurs jugements ne règlent leurs actions.

Si l'on passe des simples particuliers à ceux qui, paroissant sur un théâtre plus éclairé, sont à portée d'être mieux connus, on verra qu'on n'en juge pas avec plus de justice.

Un ministre est taxé de dureté, parcequ'il est juste, qu'il rejette des sollicitations payées, et refuse de se prêter à ce que les courtisans appellent *des affaires :* commerce injurieux au mérite, scandaleux pour le public, avilissant pour l'autorité, dangereux pour l'état, et malheureusement trop commun.

On loue la bonté d'un autre, parcequ'on peut le séduire, le tromper, et le faire servir d'instrument à l'injustice.

Un prince passe pour sévère, parcequ'il aime mieux prévenir les fautes, que d'être obligé de les punir; de cruauté, parcequ'il réprime les tyrannies subalternes, de toutes les plus odieuses. Les lois cruelles contre les oppresseurs sont les plus douces pour la société; mais l'intérêt particulier se fait toujours le législateur de l'ordre public.

Louis XII, un des meilleurs, et par conséquent des plus grands rois que la France ait eus, fut accusé d'avarice, parcequ'il ne fouloit pas les peuples pour enrichir des favoris sans mérite. Le peuple doit être le favori d'un roi; et les princes n'ont droit au superflu que lorsque les peuples ont le nécessaire. Les reproches qu'on osoit lui faire ne prouvoient que sa bonté. On porta l'insolence jusqu'à le jouer sur le théâtre. *J'aime mieux*, dit ce prince honnête homme, *que mon avarice les fasse rire, que si elle les faisoit pleurer.* Il ajoutoit : *Leurs plaisanteries prouvent ma bonté; car ils n'oseroient pas les faire sous tout autre prince.* Il avoit raison; les reproches des courtisans valent souvent des éloges, et leurs éloges sont des piéges.

A l'égard des réputations de probité, il est étonnant qu'il n'y en ait pas plus d'établies, attendu la facilité avec laquelle on l'usurpe quelquefois. On ne voyoit jadis que des hypocrites de vertu; on trouve aujourd'hui des hypocrites de vice. Des gens ayant remarqué qu'une vertu austère n'est pas toujours exempte d'un peu de dureté, parcequ'on est moins circonspect quand on est irréprochable, et qu'on s'observe moins quand on ne craint pas de se trahir; ces gens tirent parti de leur férocité naturelle, et souvent la portent à l'excès, pour établir la sévérité de leur vertu : leurs déclamations contre l'impudence sont des preuves continuelles de la leur. Qu'il y a de ces gens dont la dureté fait toute la vertu ! L'étourderie est encore une preuve très équivoque de la franchise ; on ne devroit se fier qu'à l'étourderie de ceux à qui elle est souvent préjudiciable.

La dureté et l'étourderie sont des défauts de caractère qui n'excluent pas absolument, et supposent encore moins la vertu ; mais qui la gâtent, quand ils s'y trouvent unis. Cependant combien de fois a-t-on été trompé par cet extérieur !

Si l'on souscrit légèrement à certaines réputations de probité, on en flétrit souvent avec une témérité encore plus blâmable, par passion, par intérêt. On abuse du malheur d'un homme pour attaquer sa probité. On s'élève contre la réputation des autres, uniquement pour donner opinion de sa vertu.

Si un homme a le courage de défendre une réputation qu'il croit injustement attaquée, on ne lui fait pas toujours l'honneur de le regarder comme une dupe ; ce soupçon seroit trop ridicule : on suppose qu'il a intérêt de soutenir une thèse extraordinaire. Qu'on se soit visiblement trompé en jugeant défavorablement, on n'est suspect que d'un excès de sagacité ; mais si c'est en jugeant trop favorablement, c'est, dit-on, le comble de l'imbécillité : cependant l'erreur est la même, et le caractère est très différent.

Ces faux jugements ne partent pas toujours de la malignité. Les hommes font beaucoup d'injustices sans méchanceté, par légèreté, précipitation, sottise, témérité, imprudence.

Les décisions hasardées avec le plus de confiance font le plus d'impression. Eh! qui sont ceux qui jouissent du droit de prononcer? Des gens qui, à force de braver le mépris, viennent à bout de se faire respecter, et de donner le ton; qui n'ont que des opinions et jamais de sentiments; qui en changent, les quittent, et les reprennent, sans le savoir ni s'en douter; ou qui sont opiniâtres sans être constants.

Voilà cependant les juges des réputations; voilà ceux dont on méprise le sentiment, et dont on recherche le suffrage; ceux qui procurent la considération, sans en avoir eux-mêmes aucune.

La considération est différente de la célébrité. La renommée même ne la donne pas toujours, et l'on peut en avoir sans imposer par un grand éclat.

La considération est un sentiment d'estime mêlé d'une sorte de respect personnel qu'un homme inspire en sa faveur. On en peut jouir également parmi ses inférieurs, ses égaux et ses supérieurs en rang et en naissance. On peut, dans un rang élevé, ou avec une naissance illustre, avec un esprit supérieur ou des talents distingués, on peut même avec de la vertu, si elle est seule et dénuée de tous les autres avantages, être sans considération. On peut en avoir avec un esprit borné, ou malgré l'obscurité de la naissance et de l'état.

La considération ne suit pas nécessairement le grand homme; l'homme de mérite y a toujours droit; et l'homme de mérite est celui qui, ayant toutes les qualités et tous les avantages de son état, ne les ternit par aucun endroit. Pour donner enfin une idée plus précise de la considération, on l'obtient par la réunion du mérite, de la décence, du respect pour soi-même, par le pouvoir connu d'obliger et de nuire, et par l'usage éclairé qu'on fait du premier, en s'abstenant de l'autre.

L'*espèce*, terme nouveau, mais qui a un sens juste, est l'opposé de l'homme de considération. Il y en a de toutes classes. L'*espèce* est celui qui, n'ayant pas le mérite de son état, se prête encore de lui-même à son avilissement personnel : il manque plus à soi qu'aux autres. Un homme d'un haut rang peut être une *espèce*, un autre de bas état peut avoir de la considération.

Si l'on acquiert la considération, on l'usurpe aussi. Vous voyez des hommes dont on vante le mérite : si l'on veut examiner en quoi il consiste, on est étonné du vide; on trouve que tout se borne à un air, un ton d'importance et de suffisance; un peu d'impertinence n'y nuit pas; et quelquefois le maintien suffit. Ils se sont portés pour respectables, et on les respecte : sans quoi, on n'iroit pas jusqu'à les estimer.

On doit conclure de l'analyse que nous venons de faire, et de la discussion dans laquelle nous sommes entrés, que la renommée est le prix des talents supérieurs, soutenus de grands efforts, dont l'effet s'étend sur les hommes en général, ou du moins sur une nation ; que la réputation a moins d'étendue que la renommée, et quelquefois d'autres principes ; que la réputation usurpée n'est jamais sûre ; que la plus honnête est toujours la plus utile ; et que chacun peut aspirer à la considération de son état.

CHAPITRE VI.

Sur les grands Seigneurs.

Après avoir considéré des objets qui regardent les hommes en général, portons nos réflexions sur quelques classes de la société, et commençons par les grands seigneurs.

Grand seigneur est un mot dont la réalité n'est plus que dans l'histoire. Un grand seigneur étoit un homme sujet par sa naissance, grand par lui-même, soumis aux lois, mais assez puissant pour n'obéir que librement, ce qui en faisoit souvent un rebelle contre le souverain, et un tyran pour les autres sujets. Il n'y en a plus. Ce n'est pas qu'il n'y ait, et qu'il ne doive toujours se trouver dans une monarchie une classe supérieure de sujets, qu'on nomme des seigneurs, auxquels on rend des respects d'usage, et dont quelques uns les obtiendroient par leur mérite personnel.

Le peuple a pu gagner à l'abaissement des seigneurs : ceux-ci ont encore plus perdu ; mais il est plus avantageux à l'état qu'ils aient tout perdu, que s'ils avoient tout conservé.

Si l'on s'avisoit aujourd'hui de faire la liste de

ceux à qui l'on donne, ou qui s'attribuent le titre de seigneur, on ne seroit pas embarrassé de savoir par qui la commencer; mais il seroit impossible de marquer précisément où elle doit finir. On arriveroit jusqu'à la bourgeoisie, sans avoir distingué une nuance de séparation. Tout ce qui va à Versailles croit aller à la cour, et en être.

La plupart de ceux qui passent pour des seigneurs ne le sont que dans l'opinion du peuple, qui les voit sans les approcher. Frappé de leur éclat extérieur, il les admire de loin, sans savoir qu'il n'a rien à en espérer, et qu'il n'en a guère plus à craindre. Le peuple ignore que, pour être ses maîtres par accident, ils sont obligés d'être ailleurs, comme il est lui-même à leur égard.

Plus élevés que puissants, un faste ruineux et presque nécessaire les met continuellement dans le besoin des graces, et hors d'état de soulager un honnête homme, quand ils en auroient la volonté. Il faudroit pour cela qu'ils donnassent des bornes au luxe, et le luxe n'en admet d'autres que l'impuissance de croître; il n'y a que les besoins qui se restreignent, pour fournir au superflu.

A l'égard de la crainte qu'ils peuvent inspirer, je sais combien on peut m'opposer d'exemples contraires à mon sentiment; mais c'est l'erreur où l'on est à ce sujet qui les multiplie. Cette crainte s'évanouiroit, si l'on faisoit attention que les grands et les petits ont le même maître, qu'ils sont liés par les mêmes lois, et qu'elles sont rarement sans effet, quand on les réclame hardiment; mais ce courage n'est pas ordinaire, et il en faut plus pour anéantir une puissance imaginaire que pour résister à une puissance réelle.

Les hommes ont plus de timidité dans l'esprit que dans le cœur; et les esclaves volontaires font plus de tyrans que les tyrans ne font d'esclaves forcés.

C'est, sans doute, ce qui a fait distinguer le courage d'esprit du courage de cœur; distinction très juste, quoiqu'elle ne soit pas toujours bien fixée. Il me semble que le courage d'esprit consiste à voir les dangers, les périls, les maux et les malheurs précisément tels qu'ils sont, et par conséquent les ressources. Les voir moindres qu'ils ne sont, c'est manquer de lumières; les voir plus grands, c'est manquer de cœur : la timidité les exagère, et par là les fait croître; le courage aveugle les déguise, et ne les affoiblit pas toujours; l'un et l'autre mettent hors d'état d'en triompher.

Le courage d'esprit suppose et exige souvent celui du cœur : le courage de cœur n'a guère d'usage que dans les maux matériels, les dangers physiques, ou ceux qui y sont relatifs. Le courage d'esprit a son application dans les circonstances les plus délicates de la vie. On trouve aisément des hommes qui affrontent les périls les plus évidents : on en voit rarement qui, sans se laisser abattre par un malheur, sachent en tirer des moyens pour un heureux succès. Combien a-t-on vu d'hommes timides à la cour qui étoient des héros à la guerre !

Pour revenir aux grands, ceux qui sont les dépositaires de l'autorité ne sont pas précisément ceux qu'on appelle des seigneurs. Ceux-ci sont obligés d'avoir recours aux gens en place, et en ont plus souvent besoin que le peuple, qui, condamné à l'obscurité, n'a ni l'occasion de demander, ni la prétention d'espérer.

Ce n'est pas qu'il n'y ait des seigneurs qui ont du crédit; mais ils ne le doivent qu'à la considération qu'ils se sont faite, à des services rendus, au besoin que l'état en a, ou qu'il en espère.

Mais les grands qui ne sont que grands, n'ayant ni pouvoir ni crédit direct, cherchent à y participer par le manége, la souplesse et l'intrigue, caractères de la foiblesse. Les dignités, enfin, n'attirent guère que des respects; les places seules donnent le pouvoir. Il y a très loin du crédit du plus grand seigneur à celui du moindre ministre, souvent même d'un premier commis.

Quelque frappantes que soient ces distinctions, il semble que ceux qui vivent à la cour les sentent plus qu'ils ne les voient; leur conduite y est plus conforme que leurs idées; car ils n'ont pas besoin de réflexion pour savoir à qui il leur importe de plaire. A l'égard du peuple, il ne s'en doute seulement pas; et c'est un des plus grands avantages des seigneurs : c'est par-là qu'ils en exigent, comme un tribut, tous les services qu'il leur rend avec soumission.

Ce n'est pas uniquement par timidité que leurs inférieurs hésitent à les presser sur des engagements, sur des dettes; ils ne sont pas bien sûrs du droit qu'ils en ont: le faste d'un seigneur en impose au malheureux même qui en a fait les frais; il tombe dans le respect devant son ouvrage, comme le sculpteur adora en tremblant le marbre dont il venoit de faire un dieu.

Il est vrai que si ce grand même tombe dans un malheur décidé, le peuple devient son plus cruel persécuteur. Son respect étoit une adoration, son mépris ressemble à l'impiété; l'idole n'étoit que renversée, le peuple la foule aux pieds.

Les grands sont si persuadés de la considération que le faste leur donne aux yeux même de leurs pareils, qu'ils font tout pour le soutenir. Un homme de la cour est avili dès qu'il est ruiné; et cela est au point que celui qui se maintient par des ressources criminelles est encore plus considéré que celui qui a l'ame assez noble pour se faire une justice sévère; mais aussi, lorsqu'on succombe après avoir épuisé les ressources les plus injustes, c'est le comble de l'avilissement, parcequ'il n'y a de vice bien reconnu que celui qui est joint au malheur. On ne lui trouve plus cet *air noble* qu'on admiroit auparavant. C'est que rien ne contribue tant à le faire trouver dans quelqu'un que de croire d'avance qu'il doit l'avoir.

Je hasarderai à ce sujet une réflexion sur ce qu'on appelle *noble*. Ce terme, dans son acception générale, signifie ce qui est distingué, relevé au-dessus des choses de même genre. On l'entend ainsi, soit au physique, soit au moral, en parlant de la naissance, de la taille, du maintien, des manières, d'une action, d'un procédé, du style, du langage, etc. L'air noble devroit donc aussi se prendre dans le même sens; mais il me semble que l'application en a dû changer, et n'a pas, dans tous les temps, fait naître la même idée.

Dans l'enfance d'une nation, l'air noble étoit vraisemblablement un extérieur qui annonçoit la force et le courage. Ces qualités donnoient à ceux qui en étoient doués la supériorité sur les autres hommes. Mais dans les sociétés formées, les enfants ayant succédé au rang de leurs pères, et n'ayant plus qu'à jouir du fruit des travaux de leurs ancêtres, ils se plongèrent dans la mollesse. Les corps s'énervèrent, successivement les races ne parurent plus les mêmes. Cependant comme on continua de rendre les mêmes respects aux mêmes dignités, les enfants qu'on en voyoit revêtus avoient un extérieur si différent des pères, qu'on a dû prendre une idée très opposée à celle de *l'ancien air noble*, qui avoit été synonyme de grand. Celui d'aujourd'hui doit donc être une figure délicate et foible, sur-tout si elle est décorée de marques de dignités ; car c'est principalement ce qui fait reconnoître l'air noble. En effet, on ne l'accorderoit pas aujourd'hui à une figure d'athléte; la comparaison la plus obligeante qu'en feroient les gens du grand monde seroit celle d'un grenadier, d'un beau soldat; mais si les marques de dignités s'y trouvoient jointes, comme la nature conserve toujours ses droits, il éclipseroit alors tous les *petits airs nobles* modernes, par un *air de grandeur* auquel ils ne peuvent prétendre. Il y a une grande distance de l'un à l'autre.

Le véritable air noble pour l'homme puissant, en place, en dignité, c'est l'air qui annonce, qui promet de la bonté, et qui tient parole.

CHAPITRE VII.

Sur le Crédit.

Ce que je viens de dire sur les grands me donne occasion d'examiner ce que c'est que le crédit, sa nature, ses principes et ses effets.

Le crédit est l'usage de la puissance d'autrui; et il est plus ou moins grand à proportion que cet usage est plus ou moins fort, et plus ou moins fréquent [1]. Le crédit marque donc une sorte d'infériorité, du moins relativement à la puissance qu'on emploie, quelque supériorité qu'on eût à d'autres égards.

Aussi parle-t-on du crédit d'un simple particulier auprès d'un grand, de celui d'un grand auprès d'un ministre, de celui du ministre auprès du souverain; et, sans que l'esprit y fasse attention, l'idée qu'on a du crédit est si déterminée, qu'il n'y a personne qui ne trouvât ridicule d'entendre parler du crédit du roi, à moins qu'on ne parlât de celui qu'il auroit dans l'Europe parmi les autres souverains,

---

[1] Le crédit en commerce et en finance ne présente pas une autre idée; c'est l'usage des fonds d'autrui.

dont la réunion forme à son égard une espèce de supériorité.

Un prince, avec une puissance bornée, peut avoir plus de crédit dans l'Europe qu'un roi très grand par lui-même et absolu chez lui. La puissance de celui-ci pourroit seule être un obstacle à ce crédit. Il n'y a point de siècle qui n'en ait fourni des exemples, et l'on a vu quelquefois des particuliers l'emporter à cet égard sur des souverains.

Heinsius, grand pensionnaire de Hollande, avoit autant ou plus de crédit que les princes de son temps, pendant la guerre de la succession d'Espagne. L'abus qu'il en fit ruina sa patrie.

Je n'entrerai pas là-dessus dans un détail étranger à mon sujet : je ne veux considérer que ce qui a rapport à de simples particuliers.

Le crédit est donc la relation du besoin à la puissance, soit qu'on la réclame pour soi ou pour autrui ; avec la distinction qu'obtenir un service pour autrui, c'est crédit; l'obtenir pour soi-même, ce n'est que faveur.

Le crédit n'est donc pas extrêmement flatteur par sa nature ; mais il peut l'être par ses principes et par ses effets. Ses principes sont l'estime et la considération personnelle dont on jouit, l'inclination dont on est l'objet, l'intérêt qu'on présente, ou la crainte qu'on inspire.

Le crédit fondé sur l'estime est celui dont on devroit être le plus flatté, et il pourroit être regardé comme une justice rendue au mérite. Celui qu'on doit à l'inclination, moins honorable par lui-même, est ordinairement plus sûr que le premier. L'un et l'autre cèdent presque toujours à l'espérance ou à la crainte, c'est-à-dire à l'intérêt, puisque ce sont deux effets d'une même cause. Ainsi, quand ces différents motifs sont en concurrence, il est aisé de juger quel est celui qui doit prévaloir.

Les deux premiers ne sont pas communément fort puissants. On n'accorde qu'à regret au mérite; cela ressemble trop à la justice, et l'amour-propre est plus flatté de faire des graces. D'un autre côté, l'inclination détermine moins qu'on ne s'imagine à obliger, quoiqu'elle y fasse trouver du plaisir; elle est souvent subordonnée à beaucoup d'autres motifs, à des plaisirs qui l'emportent sur celui de l'amitié, quoiqu'ils ne soient pas si honnêtes.

D'ailleurs, les hommes en place ont peu d'amis, et ne s'en embarrassent guère. L'ambition et les affaires les occupent trop pour laisser dans leur cœur place à l'amitié, et celle qu'on a pour eux ressemble à un culte. Quand ils paroissent se livrer à leurs amis, ils ne cherchent qu'à se délasser par la dissipation. Ils deviennent des espèces d'enfants gâtés qui se laissent aimer sans reconnoissance, et qui s'irritent à la moindre contradiction qu'éprouvent leurs volontés ou leurs fantaisies. Il faut convenir qu'ils ont souvent occasion de connoître les hommes, d'apprendre à les estimer peu, et à ne pas compter sur eux. Ils savent qu'ils sont plus assiégés par intérêt que recherchés par goût et par estime, même quand ils en sont dignes. Ils voient les manœuvres basses et criminelles que les concurrents emploient auprès d'eux les uns contre les autres, et jugent s'ils doivent être fort sensibles à leur attachement. Quoique l'adulation les flatte, comme si elle étoit sincère, le motif bas ne leur en échappe pas toujours, et ils ont l'expérience de la désertion que leurs pareils ont éprouvée dans la disgrace. Un peu de défiance est donc pardonnable aux gens en place, et leur amitié doit être plus éclairée, plus circonspecte que celle des autres.

Si le mérite et l'amitié donnent si peu de part au crédit, il ne sera plus qu'un tribut payé à l'intérêt, un pur échange dont l'espérance et la crainte décident et sont la monnoie. On ne refuse guère ceux qu'on peut obliger avec gloire, et dont la reconnoissance honore le bienfaiteur : cette gloire est l'intérêt qu'il en retire. On refuse encore moins ceux dont on espère du retour, parceque cette espérance est un intérêt plus sensible à la plupart des hommes ; et l'on accorde presque tout à ceux dont on craint le ressentiment, sur-tout si l'on peut cacher cette crainte sous le masque de la prévenance. Mais si l'on ne peut pas dissimuler son vrai motif, on prend facilement son parti. Il semble qu'on lise dans le cœur des hommes qu'ils approuveront intérieurement la conduite qu'ils auroient eux-mêmes.

La crainte qu'on dissimule le moins est celle qu'inspirent certaines gens à la cour, dont on méprise l'état, mais que l'intimité domestique ou des circonstances peuvent rendre dangereux. On a pour eux des ménagements qui donnent à la crainte un air de prudence; c'est pourquoi on n'en rougit point, parcequ'il semble que le caractère ne sauroit être avili de ce qui fait honneur à l'esprit. Les sollicitations, les simples recommandations de ces sortes de gens l'emportent souvent sur celles des plus grands seigneurs, et toujours sur celles des amis, sur-tout s'ils sont anciens; car les nouveaux ont plus d'avantages. On fait tout pour ceux qu'on veut gagner ou achever d'engager, et rien pour ceux dont on est sûr. Le privilège d'un ancien ami n'est guère que d'être refusé de préférence, et obligé d'approuver le refus, trop heureux si, par un excès de confiance, on lui fait part des motifs,

Tant de circonstances concourent et se croisent quelquefois dans les moindres graces, qu'il seroit difficile de dire comment et par qui elles sont accordées. Il arrive de là qu'on donne sans générosité et qu'on reçoit sans reconnoissance, parcequ'il est rare que le bienfait tombe sur le besoin, et encore plus rare qu'il le prévienne. On refuse durement le nécessaire, on accorde aisément le superflu; on offre les services, on refuse les secours.

L'intérêt, la considération qu'on espère, et la générosité, sont donc les principaux moteurs des gens en crédit.

Ceux qui n'emploient le leur que par intérêt ne méritent pas même de passer pour avoir du crédit. Ce ne sont plus que de vils protégés, dont l'avilissement rejaillit sur les protecteurs. Une grace payée avilit celui qui la reçoit, et déshonore celui qui la fait.

Quand on se propose la considération pour objet, on emploie communément son crédit pour le faire connoître et lui donner de l'éclat. La seule réputation d'en avoir est un des plus sûrs moyens de l'affermir, de l'étendre, et même de le procurer; en tout cas, elle est un prix si flatteur, que bien des gens en sacrifieroient la réalité à l'apparence. Combien en voit-on qui sont accablés de sollicitations sur une fausse réputation de crédit, et qui, pour conserver la considération qu'ils tirent de cette erreur, se gardent bien d'écarter les importuns en les détrompant!

Cependant ceux qui, en obligeant, ne se proposent qu'un bien si frivole, doivent être persuadés, quelque crédit qu'ils aient, qu'ils ne sauroient rendre autant de services qu'ils font de mécontents.

Il ne seroit pas impossible qu'en ne s'occupant

que du desir d'obliger on se fît une réputation très opposée, parceque le volume des bienfaits ne peut jamais égaler le volume des besoins. Il n'y a point de crédit qui ne soit au-dessous de la réputation qu'il procure. Les moindres preuves de crédit multiplient les demandes.

Un homme qui a rendu plusieurs services par générosité peut être regardé comme désobligeant, parcequ'il n'est pas en état de rendre tous ceux qu'on exige de lui. C'est par cette raison que les gens en place ne sauroient employer trop d'humanité pour adoucir les refus nécessaires.

On pourroit penser que la reconnoissance de ceux qu'ils obligent doit les consoler de l'injustice de ceux qu'ils ont blessés par des refus forcés ; mais il n'est que trop ordinaire de voir des gens demander les graces avec ardeur, et souvent avec bassesse, les recevoir comme une justice, avec froideur, et tâcher de persuader qu'ils n'avoient pas fait la moindre démarche, et qu'on a prévenu leurs desirs. Cette conduite n'est sûrement pas l'effet d'une reconnoissance délicate, qui veut laisser au bienfaiteur la gloire d'une justice éclairée.

Il s'en faut bien que je veuille dégoûter les bienfaiteurs ; je veux au contraire prévenir leurs dégoûts, en leur inspirant un sentiment désintéressé, noble, et dont le succès est toujours sûr ; c'est de n'obliger que par générosité, de ne chercher en obligeant que le plaisir d'obliger, salaire infaillible, et que l'ingratitude des hommes ne sauroit ravir. Mais si les bienfaiteurs sont sensibles à la reconnoissance, que leurs bienfaits cherchent le mérite, parcequ'il n'y a que le mérite de reconnoissant.

CHAPITRE VIII.

Sur les Gens à la mode.

De tous les peuples le François est celui dont le caractère a, dans tous les temps, éprouvé le moins d'altération; on retrouve les François d'aujourd'hui dans ceux des croisades, et, en remontant jusqu'aux Gaulois, on y remarque encore beaucoup de ressemblance. Cette nation a toujours été vive, gaie, généreuse, brave, sincère, présomptueuse, inconstante, avantageuse et inconsidérée. Ses vertus partent du cœur, ses vices ne tiennent qu'à l'esprit, et ses bonnes qualités corrigeant ou balançant les mauvaises, toutes concourent peut-être également à rendre le François de tous les hommes le plus sociable. C'est là son caractère propre, et c'en est un très estimable; mais je crains que depuis quelque temps on n'en ait abusé; on ne s'est pas contenté d'être sociable, on a voulu être aimable, et je crois qu'on a pris l'abus pour la perfection. Ceci a besoin de preuves, c'est-à-dire d'explication.

Les qualités propres à la société sont la politesse sans fausseté, la franchise sans rudesse, la prévenance sans bassesse, la complaisance sans flatterie, les égards sans contrainte, et sur-tout le cœur porté à la bienfaisance; ainsi l'homme sociable est le citoyen par excellence.

L'homme aimable, du moins celui à qui l'on donne aujourd'hui ce titre, est fort indifférent sur le bien public: ardent à plaire à toutes les sociétés où son goût et le hasard le jettent, et prêt à en sacrifier chaque particulier, il n'aime personne, n'est aimé de qui que ce soit, plaît à tous, et souvent est méprisé et recherché par les mêmes gens.

Par un contraste assez bizarre, toujours occupé des autres, il n'est satisfait que de lui, et n'attend son bonheur que de leur opinion, sans songer précisément à leur estime qu'il suppose apparemment, ou dont il ignore la nature. Le desir immodéré d'amuser l'engage à immoler l'absent qu'il estime le plus à la malignité de ceux dont il fait le moins de cas, mais qui l'écoutent. Aussi frivole que dangereux, il met presque de bonne foi la médisance et la calomnie au rang des amusements, sans soupçonner qu'elles aient d'autres effets; et, ce qu'il y a d'heureux et de plus honteux dans les mœurs, le jugement qu'il en porte se trouve quelquefois juste.

Les liaisons particulières de l'homme sociable l'attachent de plus en plus à l'état, à ses concitoyens; celles de l'homme aimable ne font que l'écarter des devoirs essentiels. L'homme sociable inspire le desir de vivre avec lui; on n'aime qu'à rencontrer l'homme aimable. Tel est enfin dans ce caractère l'assemblage de vices, de frivolités et d'inconvénients, que l'homme *aimable* est souvent l'homme le moins digne d'être aimé.

Cependant l'ambition de parvenir à cette réputation devient de jour en jour une espèce de maladie épidémique : eh! comment ne seroit-on pas flatté d'un titre qui éclipse la vertu et fait pardonner le vice! Qu'un homme soit déshonoré au point qu'on en fasse des reproches à ceux qui vivent avec lui, ils conviennent de tout; ce n'est pas en essayant de le justifier qu'ils se défendent eux-mêmes : tout cela est vrai, vous dit-on; mais il est fort aimable. Il faut que cette raison soit bonne, ou bien généralement admise, car on n'y réplique pas. L'homme le plus dangereux dans nos mœurs est celui qui est vicieux avec de la gaieté et des graces; il n'y a rien que cet extérieur ne fasse passer et n'empêche d'être odieux.

Qu'arrive-t-il de là? Tout le monde veut être aimable, et ne s'embarrasse pas d'être autre chose; on y sacrifie ses devoirs, et je dirois la considération, si on la perdoit par là. Un des plus malheureux effets de cette manie futile est le mépris de son état, le dédain de la profession dont on est comptable, et dans laquelle on devroit toujours chercher sa première gloire.

Le magistrat regarde l'étude et le travail comme

des soins obscurs qui ne conviennent qu'à des hommes qui ne sont pas faits pour le monde. Il voit que ceux qui se livrent à leurs devoirs ne sont connus que par hasard de ceux qui en ont un besoin passager; de sorte qu'il n'est pas rare de rencontrer de ces magistrats aimables qui, dans les affaires d'éclat, sont moins des juges que des solliciteurs qui recommandent à leurs confrères les intérêts des gens connus.

Le militaire d'une certaine classe croit que l'application au service doit être le partage des subalternes; ainsi les grades ne seroient plus que des distinctions de rang, et non pas des emplois qui exigent des fonctions.

L'homme de lettres qui, par des ouvrages travaillés, auroit pu instruire son siècle, et faire passer son nom à la postérité, néglige ses talents, et les perd faute de les cultiver : il auroit été compté parmi les hommes illustres; il reste un homme d'esprit de société.

L'ambition même, cette passion toujours si ardente et autrefois si active, ne va plus à la fortune que par le manége et l'art de plaire. Les principes de l'ambitieux n'étoient pas autrefois plus justes qu'ils ne le sont aujourd'hui, ses motifs plus louables, ses démarches plus innocentes; mais ses travaux pouvoient être utiles à l'état, et quelquefois inspirer l'émulation à la vertu.

On dira sans doute que la société est devenue, par le desir d'y être aimable, plus délicieuse qu'elle ne l'avoit jamais été : cela peut être ; mais il est certain que ce qu'elle a gagné l'état l'a perdu, et cet échange n'est pas un avantage.

Que seroit-ce si la contagion venoit à gagner toutes les autres professions? Et on peut le craindre, quand on voit qu'elle a percé dans un ordre uniquement destiné à l'édification, et pour lequel les qualités aimables de nos jours auroient été jadis pour le moins indécentes.

Les qualités aimables étant pour la plupart fondées sur des choses frivoles, l'estime que nous en faisons nous accoutume insensiblement à l'indifférence pour celles qui devroient nous intéresser le plus. Il semble que ce qui touche le bien public nous soit étranger.

Qu'un grand capitaine, qu'un homme d'état aient rendu les plus grands services, avant que de hasarder notre estime, nous demandons s'ils sont aimables, quels sont leurs agréments, quoiqu'il y en ait peut-être qu'il ne sied pas toujours à un grand homme d'avoir à un degré supérieur.

Toute question importante, tout raisonnement suivi, tout sentiment raisonnable, sont exclus des sociétés brillantes et sortent du *bon ton*. Il y a peu de temps que cette expression est inventée, et elle est déja triviale, sans en être mieux éclaircie : je vais dire ce que j'en pense.

Le *bon ton*, dans ceux qui ont le plus d'esprit, consiste à dire agréablement des riens, et ne se pas permettre le moindre propos sensé, si l'on ne le fait excuser par les graces du discours ; à voiler enfin la raison, quand on est obligé de la produire, avec autant de soin que la pudeur en exigeoit autrefois, quand il s'agissoit d'exprimer quelque idée libre. L'agrément est devenu si nécessaire, que la médisance même cesseroit de plaire, si elle en étoit dépourvue. Il ne suffit pas de nuire, il faut sur-tout amuser ; sans quoi le discours le plus méchant retombe plus sur son auteur que sur celui qui en est le sujet.

Ce prétendu *bon ton*, qui n'est qu'un abus de l'esprit, ne laisse pas d'en exiger beaucoup ; ainsi il devient dans les sots un jargon inintelligible pour eux-mêmes ; et, comme les sots font le grand nombre, ce jargon a prévalu. C'est ce qu'on appelle le *persiflage*, amas fatigant de paroles sans idées, volubilité de propos qui font rire les fous, scandalisent la raison, déconcertent les gens honnêtes ou timides, et rendent la société insupportable.

Ce mauvais genre est quelquefois moins extravagant, et alors il n'en est que plus dangereux. C'est lorsqu'on immole quelqu'un, sans qu'il s'en doute, à la malignité d'une assemblée, en le rendant tout à-la-fois instrument et victime de la plaisanterie commune par les choses qu'on lui suggère et les aveux ingénus qu'on en tire.

Les premiers essais de cette sorte d'esprit ont dû naturellement réussir ; et comme les inventions nouvelles vont toujours en se perfectionnant, c'est-à-dire en augmentant de dépravation quand le principe en est vicieux, la méchanceté se trouve aujourd'hui l'ame de certaines sociétés, et a cessé d'être odieuse sans même perdre son nom.

La méchanceté n'est aujourd'hui qu'une mode. Les plus éminentes qualités n'auroient pu jadis la faire pardonner, parcequ'elles ne peuvent jamais rendre autant à la société que la méchanceté lui fait perdre, puisqu'elle en sape les fondements, et qu'elle est par-là, sinon l'assemblage, du moins le résultat des vices. Aujourd'hui la méchanceté est réduite en art; elle tient lieu de mérite à ceux qui n'en ont point d'autre, et souvent leur donne de la considération.

Voilà ce qui produit cette foule de petits méchants subalternes et imitateurs, de caustiques fades, parmi lesquels il s'en trouve de si innocents ; leur caractère y est si opposé, ils auroient été de si bonnes gens en suivant leur cœur, qu'on est quelquefois tenté d'en avoir compassion, tant le mal leur coûte à faire. Aussi en voit-on qui abandonnent leur rôle comme trop pénible; d'autres persistent, flattés et corrompus par les progrès qu'ils ont faits. Les seuls qui aient gagné à ce travers de mode sont ceux qui, nés avec le cœur dépravé, l'imagination déréglée, l'esprit faux, borné et sans principes, méprisant la vertu, et incapables de remords, ont le plaisir de se voir les héros d'une société dont ils devroient être l'horreur.

Un spectacle assez curieux est de voir la subordination qui règne entre ceux qui forment ces sortes d'associations. Il n'y a point d'état où elle soit mieux réglée. Ils se signalent ordinairement sur les étrangers que le hasard leur adresse, comme on sacrifioit autrefois dans quelques contrées ceux que leur mauvais sort y faisoit aborder. Mais lorsque les victimes nouvelles leur manquent, c'est alors que la guerre civile commence. Le chef conserve son empire en immolant alternativement ses sujets les uns aux autres. Celui qui est la victime du jour est impitoyablement accablé par tous les autres, qui sont charmés d'écarter l'orage de dessus eux : la cruauté est souvent l'effet de la crainte, c'est le courage des lâches. Les subalternes s'essaient cependant les uns contre les autres ; on cherche à ne se lancer que des traits fins ; on voudroit qu'ils fussent piquants sans être grossiers ; mais, comme l'esprit n'est pas toujours aussi léger que l'amour-propre est sensible, on en vient souvent à se dire des choses si outrageantes, qu'il n'y a que l'expérience qui empêche d'en craindre les suites. Si l'on pouvoit cependant imaginer quelque tempérament honnête entre le caractère ombrageux et l'avilissement volontaire, on ne vivroit pas avec moins d'agrément, et l'on auroit plus d'union et d'égards réciproques.

Les choses étant sur le pied où elles sont, l'homme le plus piqué n'a pas le droit de rien prendre au sérieux, ni d'y répondre avec dureté. On ne se donne, pour ainsi dire, que des cartels d'esprit; il faudroit s'avouer vaincu pour recourir à d'autres armes, et la gloire de l'esprit est le point d'honneur d'aujourd'hui.

On est cependant toujours étonné que de pareilles sociétés ne se désunissent point par la crainte, le mépris, l'indignation ou l'ennui. Il faut espérer qu'à force d'excès elles finiront par faire prendre la méchanceté en ridicule, et c'est l'unique moyen de la détruire. On remarque que la raison froide est la seule chose qui leur impose, et quelquefois les déconcerte.

On croiroit que l'habitude d'offenser rendroit ceux qui l'ont contractée incapables de se plier aux moyens de travailler à leur fortune. Point du tout; il vaut mieux inspirer la crainte que l'estime. D'ailleurs, ces hommes qu'on prétend si singuliers, si caustiques, si méchants, si misanthropes, réussissent parfaitement auprès de ceux dont ils ont besoin. La réputation qu'ils se sont fabriquée donne un très grand poids à leurs prévenances ; ils descendent plus facilement qu'on ne croit à la flatterie basse. Celui qui en est l'objet ne doute pas qu'il n'ait un mérite bien décidé, puisqu'il force de tels caractères à un style qui leur est si étranger.

Il faut convenir que les sociétés dont je parle sont rares ; il n'y a que la parfaitement bonne compagnie qui le soit davantage, et celle-ci n'est peut-être qu'une belle chimère dont on approche plus ou moins. Elle ressemble assez à une république dispersée ; on en trouve des membres dans toutes sortes de classes, il est très difficile de les réunir en un corps. Il n'y a cependant personne qui n'en réclame le titre pour sa société : c'est un mot de ralliement. Je remarque seulement qu'il n'y a personne aussi qui ne croie qu'elle peut se trouver dans un ordre supérieur au sien, et jamais dans une classe inférieure. La haute magistrature la suppose à la cour comme chez elle ; mais elle ne la croit pas dans une certaine bourgeoisie, qui, à son tour, a des nuances d'orgueil.

Pour l'homme de la cour, sans vouloir entrer dans aucune composition sur cet article, il croit fermement que la bonne compagnie n'existe que parmi les gens de sa sorte. Il est vrai qu'à esprit égal ils ont un avantage sur le commun des hommes, c'est de s'exprimer en meilleurs termes et avec des tours plus agréables. Le sot de la cour dit ses sottises plus élégamment que le sot de la ville ne dit les siennes. Dans un homme obscur, c'est une preuve d'esprit, ou du moins d'éducation, que de s'exprimer bien. Pour l'homme de la cour, c'est une nécessité; il n'emploie pas de mauvaises expressions, parcequ'il n'en sait point. Un homme de la cour qui parleroit bassement me paroîtroit presque avoir le mérite d'un savant dans les langues étrangères. En effet, tous les talents dépendent des facultés naturelles, et sur-tout de l'exercice qu'on en fait. Le talent de la parole, ou plutôt de la conversation, doit donc se perfectionner à la cour plus que par-tout ailleurs, puisqu'on est destiné à y parler et réduit à n'y rien dire : ainsi les tours se multiplient, et les idées se rétrécissent. Je n'ai pas besoin, je crois, d'avertir que je ne parle ici que de ces courtisans oisifs à qui Versailles est nécessaire, et qui y sont inutiles.

Il résulte de ce que j'ai dit, que les gens d'esprit de la cour, quand ils ont les qualités du cœur, sont les hommes dont le commerce est le plus aimable; mais de telles sociétés sont rares. Le jeu sert à soulager les gens du monde du pénible fardeau de leur existence; et les talents qu'ils appellent quelquefois à leur secours en cherchant le plaisir, prouvent le vide de leur ame et ne le remplissent pas. Ces remèdes sont inutiles à ceux que le goût, la confiance et la liberté réunissent.

Les gens du monde seroient sans doute fort surpris qu'on leur préférât souvent certaines sociétés bourgeoises où l'on trouve, sinon un plaisir délicat, du moins une joie contagieuse, souvent un peu de rudesse, mais on est trop heureux qu'il ne s'y glisse pas une demi-connoissance du monde, qui ne seroit qu'un ridicule de plus : encore ne se feroit-il pas sentir à ceux qui l'auroient; ils ont le bonheur de ne connoître de ridicule que ce qui blesse la raison ou les mœurs.

A l'égard des sociétés, si l'on veut faire abstraction de quelques différences d'expressions, on trouvera que la classe générale des gens du monde et la bourgeoisie opulente se ressemblent plus au fond qu'on ne le suppose. Ce sont les mêmes tracasseries, le même vide, les mêmes misères. La petitesse dépend moins des objets que des hommes qui les envisagent. Quant au commerce habituel, en général les gens du monde ne valent pas mieux, ne valent pas moins que la bourgeoisie. Celle-ci ne gagne ou ne perd guère à les imiter. A l'exception du bas peuple, qui n'a que des idées relatives à ses besoins, et qui en est ordinairement privé sur tout autre sujet, le reste des hommes est par-tout le même. La bonne compagnie est indépendante de l'état et du rang, et ne se trouve que parmi ceux qui pensent et qui sentent, qui ont les idées justes et les sentiments honnêtes.

CHAPITRE IX.

Sur le Ridicule, la Singularité, et l'Affectation.

Le ridicule ressemble souvent à ces fantômes qui n'existent que pour ceux qui y croient. Plus un mot abstrait est en usage, moins l'idée en est fixe, parceque chacun l'étend, la restreint ou la change ; et l'on ne s'aperçoit de la différence des principes que par celle des conséquences et des applications qu'on en fait. Si l'on vouloit définir les mots que l'on comprend le moins, il faudroit définir ceux dont on se sert le plus.

Le ridicule consiste à choquer la mode ou l'opinion, et communément on les confond assez avec la raison ; cependant ce qui est contre la raison est sottise ou folie ; contre l'équité c'est crime. Le ridicule ne devroit donc avoir lieu que dans les choses indifférentes par elles-mêmes, et consacrées par la mode. Les habits, le langage, les manières, le maintien, voilà son domaine, son ressort : voici son usurpation.

Comme la mode est parmi nous la raison par excellence, nous jugeons des actions, des idées et des sentiments sur leur rapport avec la mode. Tout ce qui n'y est pas conforme est trouvé ridicule. *Cela se fait* ou *ne se fait pas* : voilà la règle de nos jugements. *Cela doit-il se faire* ou *ne se pas faire ?* il est rare qu'on aille jusque-là. En conséquence de ce principe, le ridicule s'étend jusque sur la vertu, et c'est le moyen que l'envie emploie le plus sûrement pour en ternir l'éclat. Le ridicule est supérieur à la calomnie, qui peut se détruire en retombant sur son auteur. La malignité adroite ne s'en fie pas même à la difformité du vice ; elle lui fait l'honneur de le traiter comme la vertu, en lui associant le ridicule pour le décrier ; il devient par-là moins odieux et plus méprisé.

Le ridicule est devenu le poison de la vertu et des talents, et quelquefois le châtiment du vice. Mais il fait malheureusement plus d'impression sur les ames honnêtes et sensibles que sur les vicieux, qui depuis quelque temps s'aguerrissent contre le ridicule ; parmi eux on en donne, on en reçoit, et l'on en rit.

Le ridicule est le fléau des gens du monde, et il est assez juste qu'ils aient pour tyran un être fantastique.

On sacrifie sa vie à son honneur, souvent son honneur à sa fortune, et quelquefois sa fortune à la crainte du ridicule.

Je ne suis pas étonné qu'on ait quelque attention à ne pas s'y exposer, puisqu'il est d'une si grande importance dans l'esprit de plusieurs de ceux avec qui l'on est obligé de vivre. Mais on ne doit pas excuser l'extrême sensibilité que des hommes raisonnables ont sur cet article. Cette crainte excessive a fait naître des essaims de petits donneurs de ridicules, qui décident de ceux qui sont en vogue, comme les marchandes de modes fixent celles qui doivent avoir cours. S'ils ne s'étoient pas emparés de l'emploi de distribuer les ridicules, ils en seroient accablés ; ils ressemblent à ces criminels qui se sont faits exécuteurs pour sauver leur vie.

La plus grande sottise de ces êtres frivoles, et celle dont ils se doutent le moins, est de s'imaginer que leur empire est universel : s'ils savoient combien il est borné, la honte les y feroit renoncer. Le peuple n'en connoît pas le nom ; et c'est tout ce que la bourgeoisie en sait. Parmi les gens du monde, ceux qui sont occupés ne sont frappés que par distraction de ce petit peuple incommode : ceux mêmes qui en ont été, et que la raison ou l'âge en ont séparés, s'en souviennent à peine ; et les hommes illustres seroient trop élevés pour l'apercevoir, s'ils ne daignoient pas quelquefois s'en amuser.

Quoique l'empire du ridicule ne soit pas aussi étendu que ceux qui l'exercent le supposent, il ne l'est encore que trop parmi les gens du monde ; et il est étonnant qu'un caractère aussi léger que le nôtre se soit soumis à une servitude dont le premier effet est de rendre le commerce uniforme, languissant et ennuyeux.

La crainte puérile du ridicule étouffe les idées, rétrécit les esprits et les forme sur un seul modèle, suggère les mêmes propos peu intéressants de leur nature, et fastidieux par la répétition. Il semble qu'un seul ressort imprime à différentes machines un mouvement égal et dans la même direction. Je ne vois que les sots qui puissent gagner à un travers qui abaisse à leur niveau les hommes supérieurs, puisqu'ils sont tous alors assujettis à une mesure commune où les plus bornés peuvent atteindre.

L'esprit est presque égal quand on est asservi au même ton, et ce ton est nécessaire à ceux qui, sans cela, n'en auroient point à eux; il ressemble à ces livrées qu'on donne aux valets, parcequ'ils ne seroient pas en état de se vêtir.

Avec ce ton de mode on peut être impunément un sot, et on regardera comme tel un homme de beaucoup d'esprit qui ne l'aura pas : il n'y a rien qu'on distingue moins de la sottise que l'ignorance des petits usages. Combien de fois a-t-on rougi à la cour pour un homme qu'on y produisoit avec confiance parcequ'on l'avoit admiré ailleurs, et qu'on l'avoit annoncé avec une bonne foi imprudente! On ne s'étoit cependant pas trompé; mais on ne l'avoit jugé que d'après la raison, et on le confronte avec la mode.

Ce n'est pas assez que de ne pas s'exposer au ridicule pour s'en affranchir; on en donne à ceux qui en méritent le moins souvent, aux personnes les plus respectables, si elles sont assez timides pour le recevoir. Des gens méprisables, mais hardis, et qui sont au fait des mœurs régnantes, le repoussent et l'anéantissent mieux que les autres.

Comme le ridicule, n'ayant souvent rien de décidé, n'a d'existence alors que dans l'opinion, il dépend en partie de la disposition de celui à qui on veut le donner, et dans ce cas-là il a besoin d'être accepté. On le fait échouer, non en le repoussant avec force, mais en le recevant avec mépris et indifférence, quelquefois en le recevant de bonne grace. Ce sont les flèches des Mexicains qui auroient pénétré le fer, et qui s'amortissoient contre des armures de laine.

Quand le ridicule est le mieux mérité, il y a encore un art de le rendre sans effet; c'est d'outrer ce qui y a donné lieu. On humilie son adversaire en dédaignant les coups qu'il veut porter.

D'ailleurs cette hardiesse d'affronter le ridicule impose aux hommes; et comme la plupart ne sont pas capables de n'estimer les choses que ce qu'elles valent, où leur mépris s'arrête leur admiration commence, et le singulier en est communément l'objet.

Par quelle bizarrerie la même chose à un certain degré rend-elle ridicule, et portée à l'excès donne-t-elle une sorte d'éclat? Car tel est l'effet de la singularité marquée, soit que le principe en soit louable ou répréhensible.

Cela ne peut venir que du dégoût que cause l'uniformité de caractère qu'on trouve dans la société. On est si ennuyé de rencontrer les mêmes idées, les mêmes opinions, les mêmes manières, et d'entendre les mêmes propos, qu'on sait un gré infini à celui qui suspend cet état léthargique.

La singularité n'est pas précisément un caractère; c'est une simple manière d'être qui s'unit à tout autre caractère, et qui consiste à être *soi*, sans s'apercevoir qu'on soit différent des autres; car si l'on vient à le reconnoître, la singularité s'évanouit; c'est une énigme qui cesse de l'être aussitôt que le mot en est connu. Quand on s'est aperçu qu'on est différent des autres, et que cette différence n'est pas un mérite, on ne peut y persister que par l'affectation, et c'est alors petitesse ou orgueil, ce qui revient au même, et produit le dégoût; au lieu que la singularité naturelle met un certain piquant dans la société, qui en ranime la langueur.

Les sots qui connoissent souvent ce qu'ils n'ont

pas, et qui s'imaginent que ce n'est que faute de s'en être avisés, voyant le succès de la singularité, se font singuliers, et l'on sent ce que ce projet bizarre doit produire.

Au lieu de se borner à n'être rien, ce qui leur convenoit si bien, ils veulent à toute force être quelque chose, et ils sont insupportables. Ayant remarqué, ou plutôt entendu dire que des génies reconnus ne sont pas toujours exempts d'un grain de folie, ils tâchent d'imaginer des folies, et ne font que des sottises.

La fausse singularité n'est qu'une privation de caractère qui consiste non seulement à éviter d'être ce que sont les autres, mais à tâcher d'être uniquement ce qu'ils ne sont pas.

On voit de ces sociétés où les caractères se sont partagés comme on distribue des rôles. L'un se fait philosophe, un autre plaisant, un troisième *homme d'humeur*. Tel se fait caustique qui penchoit d'abord à être complaisant; mais il a trouvé le rôle occupé. Quand on n'est rien, on a le choix de tout.

Il n'est pas étonnant que ces travers entrent dans la tête d'un sot; mais on est étonné de les rencontrer avec de l'esprit. Cela se remarque dans ceux qui, nés avec plus de vanité que d'orgueil, croient rendre leurs défauts brillants par la singularité, en les outrant, plutôt que de s'appliquer à s'en corriger. Ils jouent leur propre caractère, ils étudient alors la nature pour s'en écarter de plus en plus et s'en former une particulière ; ils ne veulent rien faire ni dire qui ne s'éloigne du simple ; et malheureusement quand on cherche l'extraordinaire, on ne trouve que des platitudes. Les gens d'esprit même n'en ont jamais moins que lorsqu'ils tâchent d'en avoir.

On devroit sentir que le naturel qu'on cherche ne se trouve jamais, que l'effort produit l'excès, et que l'excès décèle la fausseté du caractère.

On veut jouer le brusque, et l'on devient féroce ; le vif, et l'on n'est que pétulant et étourdi ; la bonté jouée dégénère en politesse contrainte, et se trahit enfin par l'aigreur ; la fausse sincérité n'est qu'offensante, et quand elle pourroit s'imiter quelque temps, parcequ'elle ne consiste que dans des actes passagers, on n'atteindroit jamais à la franchise qui en est le principe et qui est une continuité de caractère. Elle est comme la probité ; plusieurs actes qui y sont conformes n'en font pas la démonstration, et un seul de contraire la détruit.

Enfin toute affectation finit par se déceler, et l'on retombe alors au-dessous de sa valeur réelle. Tel est regardé comme un sot après et peut-être pour avoir été pris pour un génie. On ne se venge point à demi d'avoir été sa dupe.

Soyons donc ce que nous sommes ; n'ajoutons rien à notre caractère ; tâchons seulement d'en retrancher ce qui peut être incommode aux autres et dangereux pour nous-mêmes. Ayons le courage de nous soustraire à la servitude de la mode, sans passer les bornes de la raison.

CHAPITRE X.

Sur les Gens de fortune.

Il y a deux sortes de conditions qui ont plus de relation avec la société, et sur-tout avec les gens du monde, qu'elles n'en avoient autrefois. Ce sont les gens de lettres et les gens de fortune; ce qui ne doit s'entendre que des plus distingués d'entre eux; les uns par leur réputation ou leurs agréments personnels, les autres par une opulence fastueuse : car dans tous les états il y a des chefs, un ordre mitoyen et du peuple.

Il n'y a pas encore long-temps que les financiers ne voyoient que des protecteurs dans les gens de condition, dont ils sont aujourd'hui les rivaux. La plupart des fortunes de finance du dernier siècle n'étoient pas assez honnêtes pour en faire gloire, et dès là elles en devenoient plus considérables. Les premiers gains faisoient naître l'avarice, l'avarice augmentoit l'avidité, et ces passions sont ennemies du faste. Une habitude d'économie ne se relâche guère, et suffit seule, sans génie ni bonheur marqué, pour tirer des richesses immenses d'une médiocre fortune et d'un travail continuel.

S'il se trouvoit alors des gens d'affaires assez sensés pour vouloir jouir, ils l'étoient assez pour se borner aux commodités, aux plaisirs, à tous les avantages d'une opulence sourde; ils évitoient un éclat qui ne pouvoit qu'exciter l'envie des grands et la haine des petits. Si l'on se contentoit de ce qui fait réellement plaisir, on passeroit pour modeste.

Ceux à qui les richesses ne donnent que de l'orgueil, parcequ'ils n'ont pas à se glorifier d'autre chose, ont toujours aimé à faire parade de leur fortune; trop enivrés de la jouissance pour rougir des moyens, leur faste étoit jadis le comble de la folie, du mauvais goût et de l'indécence.

Cette ostentation d'opulence est plus communément la manie de ces hommes nouveaux qu'un coup du sort a subitement enrichis, que de ceux qui sont parvenus par degrés. Il est assez singulier que les hommes tirent plus de vanité de leur bonheur que de leurs travaux. Ceux qui doivent tout à leur industrie savent combien ils ont évité, fait et réparé de fautes; ils jouissent avec précaution, parcequ'ils ne peuvent pas s'exagérer les principes de leur fortune; au lieu que ceux qui se trouvent tout-à-coup des êtres si différents d'eux-mêmes se regardent comme des objets dignes de l'attention particulière du sort. Ils ne savent à quoi l'attribuer; et cette obscurité de causes, on l'interprète toujours à son avantage.

Telles sont les fortunes qu'on peut appeler ridicules, et qui l'étoient encore plus autrefois qu'aujourd'hui par le contraste de la personne et du faste déplacé.

D'ailleurs, la fortune de finance n'étoit guère alors qu'une loterie; au lieu qu'elle est devenue un art, ou tout au moins un jeu mêlé d'adresse et de hasard.

Les financiers prétendent que leur administration est *une belle machine*. Je ne doute pas qu'elle n'ait beaucoup de ressorts dont la multiplicité en cache le jeu au public; mais elle est encore bien loin d'être une science. Il faut que dans tous les temps elle ait été une énigme; car les historiens ne parlent guère de cette partie du gouvernement si importante dans tous les états. La raison n'en seroit pas impossible à trouver; mais je ne veux pas trop m'écarter de mon sujet.

Quoi qu'il en soit, si la finance prenoit jamais la forme qu'elle pourroit avoir, pourquoi seroit-elle méprisée? L'état doit avoir des revenus; il faut qu'il y ait des citoyens chargés de la perception, et qu'ils y trouvent des avantages, pourvu que ces avantages soient limités, comme ceux des autres professions, suivant le degré de travail et d'utilité; sans quoi ils deviennent scandaleux.

On ne doit s'élever que contre la vexation ou l'insolence de ceux qui abusent, et les punir avec éclat et sévérité. C'est ainsi que dans toutes les conditions, quelque élevées qu'elles fussent, on devroit immoler à la vengeance publique ceux qui font haïr l'autorité par l'abus qu'ils en font, et qui, en rendant les hommes malheureux par leurs excès, les corrompent par leurs exemples.

Il faut convenir que c'est moins à leurs vexations qu'à l'insolence de quelques uns d'entre eux que les financiers doivent rapporter le décri où ils sont. Croit-on que cela dépende des injustices qui seront tombées sur des gens obscurs dont les plaintes sont étouffées, les malheurs ignorés, et qui ne seroient pas protégés par ceux qui crient vaguement à l'injustice, quand ils en seroient connus? Dans les déclamations contre la finance, ce n'est ni la générosité ni la justice qui réclament, quoiqu'elles en eussent souvent le droit et l'occasion; c'est l'envie qui poursuit le faste.

Voilà ce qui devroit inspirer aux gens riches, et qui n'étoient pas nés pour l'être, une modestie raisonnée. Ils ne sentent pas assez combien ceux qui pourroient avoir mérité leur fortune ont encore besoin d'art pour se la faire pardonner.

Malheureusement les hommes veulent afficher leur bonheur; ils devroient pourtant sentir qu'il est fort différent de la gloire, dont la publicité fait et augmente l'existence. Les malheureux sont déja assez humiliés par l'éclat seul de la prospérité;

faut-il les outrager par l'ostentation qu'on en fait? Il est pour le moins imprudent de fortifier un préjugé peut-être trop légitime contre les fortunes immenses et rapides. Les eaux qui croissent subitement sont toujours un peu bourbeuses; celles qui sortent d'une source pure conservent leur limpidité. Les débordements peuvent féconder les terres qu'ils ont couvertes; mais c'est après avoir épuisé les sucs de celles qu'ils ont ravagées: les ruisseaux fertilisent celles qu'ils arrosent. Telle est la double image des fortunes rapides et des fortunes légitimes; celles-ci sont presque toujours bornées.

Je ne suis pas étonné que le peuple voie avec chagrin et murmure des fortunes dont il fournit la substance sans jamais les partager. Mais les gens de condition doivent les regarder comme des biens qui leur sont substitués et destinés à remplacer un patrimoine qu'ils ont dissipé, souvent sans avantage pour l'état. Il y a peu de fortunes qui ne tombent dans quelques maisons distinguées. Un homme de qualité vend un nom qu'il n'a pas eu la peine d'illustrer; et, sans le commerce qui s'est établi entre l'orgueil et la nécessité, la plupart des maisons nobles tomberoient dans la misère, et par conséquent dans l'obscurité; les exemples n'en sont pas rares dans les provinces. La mésalliance a commencé par les hommes, qui conservent toujours leur nom; celle des filles de qualité est plus moderne, mais elle prend faveur. La cour et la finance portent souvent les mêmes deuils. Si les gens riches ne s'allioient qu'entre eux, il faudroit nécessairement que, par la seule puissance des richesses, ils parvinssent eux-mêmes aux dignités qu'ils conservent dans des familles étrangères : peut-être s'aviseront-ils un jour de ce secret-là, à moins que les gens de la cour ne s'avisent eux-mêmes d'entrer dans les affaires. Les premiers qui heurteroient le préjugé pourroient d'abord avoir des scrupules ; mais quand ils en ont, quelques plaisanteries les soulagent, et beaucoup d'argent les dissipe. Cette révolution n'est peut-être pas fort éloignée. Ne voit-on pas déja des hommes assez vils pour abandonner des professions respectables, et embrasser, en se dégradant eux-mêmes, le métier de la finance? au lieu que les financiers d'autrefois ou leurs enfants n'aspiroient qu'à sortir de leur état et à s'élever par des professions que l'on quitte aujourd'hui pour la leur.

Cependant les gens de condition ont déja perdu le droit de mépriser la finance, puisqu'il y en a peu qui n'y tiennent par le sang.

C'étoit autrefois une espèce de bonté que de ne pas humilier les financiers. Aujourd'hui qu'ils tiennent à tout, le mépris pour eux seroit, de la part des gens de condition, injustice et sottise. Il y en a tels qui ne se sont pas mésalliés, parceque les gens de fortune n'en ont pas fait assez de cas pour les rechercher.

Tous ceux qui tirent vanité de leur naissance ne sont pas toujours dignes de se mésallier. Il n'appartient pas à tout le monde de vendre son nom.

Si les raisons de décence ne répriment pas la hauteur des gens de condition à l'égard de la finance, celles d'intérêt les contiennent.

Les plaisanteries sur les financiers, en leur absence, marquent plus d'envie contre leur opulence que de mépris pour leurs personnes, puisqu'on leur prodigue en face les égards, les prévenances et les éloges. Les gens de condition se flattent que cette conduite peut être regardée comme la marque d'une supériorité si décidée, qu'elle peut s'humaniser sans risque; mais personne ne se trompe sur les véritables motifs. Quelquefois ils se permettent avec les financiers ces petits accès d'une humeur modérée, d'autant plus flatteuse pour l'inférieur, qu'elle ressemble au procédé naïf de l'égalité. Ceux qui jouent ce rôle desireroient que les spectateurs désintéressés le prissent pour de la hauteur; mais il n'y a pas moyen, parceque, si ce manége paroît produire un effet opposé à celui qu'ils en espéroient, on les voit s'adoucir par degrés, et aller jusqu'à la fadeur pour ramener un homme prêt à s'effaroucher. Ils se tirent d'embarras par une sorte de plaisanterie qui sert à couvrir bien des bassesses.

Si les gens riches viennent enfin à se croire supérieurs aux autres hommes, ont-ils si grand tort? N'a-t-on pas pour eux les mêmes égards, je dirai les mêmes respects que pour ceux qui sont dans les places auxquelles on les rend par devoir? Les hommes ne peuvent juger que sur l'extérieur. Sont-ils donc ridiculement dupes, parceque ceux qui les trompent sont bassement et adroitement perfides?

Il y a peu de gens riches qui dans des moments ne se sentent humiliés de n'être que riches, ou de n'être regardés que comme tels.

Cette réflexion les mortifie et leur donne du dépit. Alors, pour s'en distraire et en imposer aux autres et à eux-mêmes, ils cèdent à des accès d'une humeur impérieuse qui ne leur réussit pas toujours. En effet l'orgueil des richesses ne ressemble point à celui de la naissance. L'un a quelque chose de libre, d'aisé, qui semble exiger des égards légitimes. L'autre a un air de grossièreté révoltante qui avertit de l'usurpation. On s'avise quelquefois de comparer l'insolent avec l'insolence, et l'un ne paroissant pas fait pour l'autre, on le fait rentrer dans l'ordre. J'en ai vu des exemples. J'ai rencontré aussi des gens de fortune dignes de leurs richesses, par l'usage qu'ils en faisoient. La bienfaisance leur donne une supériorité réelle sur ceux à qui ils rendent service. Les vrais inférieurs sont ceux qui reçoivent, et l'humiliation s'y joint quand les services sont pécuniaires. C'est ce qui a fait mettre avec justice les mendiants au-dessous des esclaves : ceux-ci ne sont que dans l'abaissement, les autres sont dans la bassesse. Ainsi ceux qui font la cour aux financiers sont bas; plus bas encore s'ils en reçoivent; et, s'ils les paient d'ingratitude, la bassesse n'a plus de nom; elle augmente à proportion de la naissance et de l'élévation des ingrats.

Pourquoi s'étonner de la considération que donnent les richesses? Il est sûr qu'elles ne font pas un mérite réel; mais elles sont le moyen de toutes les commodités, de tous les plaisirs, et quelquefois du mérite même. Tout ce qui contribue ou passe pour contribuer au bonheur sera chéri des hommes. Il est difficile de ne pas identifier les riches et les richesses. Les décorations extérieures ne font-elles pas la même illusion?

Si l'on veut, par un examen philosophique, dépouiller un homme de tout l'éclat qui lui est étranger, la raison en a le droit; mais je vois que l'humeur l'exerce plus que la philosophie.

D'ailleurs, pourquoi ne considéreroit-on pas ce qui est représentatif de tout ce que l'on considère? Voilà précisément ce que les richesses sont parmi nous; il n'y a de différence que de la cause à l'effet. La seule chose respectée que les richesses ne peuvent donner, c'est une naissance illustre ; mais si elle n'est pas soutenue par les places, les dignités ou la puissance ; si elle est seule enfin, elle est éclipsée par tout ce que l'or peut procurer. Voulons-nous avoir le droit de mépriser les riches, commençons par mépriser les richesses ; changeons nos mœurs.

Il y a eu des lieux et des temps où l'or étoit méprisé et le mérite seul honoré. Sparte et Rome naissante nous en fournissent des exemples. Mais, pour peu qu'on fasse attention à la constitution et à l'esprit de ces républiques, on sentira qu'on n'y devoit faire aucun cas de l'or, puisqu'il n'y étoit représentatif de rien. On ignoroit les commodités ; les vrais besoins ne donnent pas l'idée de celles que nous connoissons. L'imagination ne s'étoit pas encore exercée sur les plaisirs ; ceux de la nature suffisoient, et les plus grands ne coûtent pas cher ; le luxe étoit honteux, ainsi l'or étoit inutile et méprisé. Ce mépris étoit à-la-fois le principe et l'effet de la modération et de l'austérité. La vie la plus pénible cesse de gêner les hommes dès qu'elle est glorieuse ; et, dans les ames hautes, les grands sacrifices ne sont pas toujours aussi cruels qu'ils le paroissent aux ames vulgaires. Un certain sentiment de fierté et d'estime pour soi-même élève l'ame et la rend capable de tout. L'orgueil est le premier des tyrans ou des consolateurs.

Telle fut Lacédémone, telle fut Rome dans son berceau; mais aussitôt que le vice et les plaisirs y eurent pénétré, tout, jusqu'aux choses qui doivent être le prix de la vertu; tout, dis-je, y fut vénal; l'or y fut donc recherché, nécessaire, estimé et honoré. Voilà précisément l'état où nous nous trouvons par nos connoissances, nos goûts, nos besoins nouveaux, nos plaisirs et nos commodités recherchées. Qu'on fasse revivre les anciennes mœurs de Rome ou de Sparte, peut-être n'en serons-nous ni plus, ni moins heureux; mais l'or sera inutile.

Les hommes n'ont qu'un penchant décidé, c'est leur intérêt; s'il est attaché à la vertu, ils sont vertueux sans effort; que l'objet change, le disciple de la vertu devient l'esclave du vice, sans avoir changé de caractère : c'est avec les mêmes couleurs qu'on peint la beauté et les monstres.

Les mœurs d'un peuple font le principe actif de sa conduite, les lois n'en sont que le frein; celles-ci n'ont donc pas sur lui le même empire que les mœurs. On suit les mœurs de son siècle, on obéit aux lois; c'est l'autorité qui les fait et qui les abroge. Les mœurs d'une nation lui sont plus sacrées et plus chères que ses lois. Comme elle n'en connoît pas l'auteur, elle les regarde comme son ouvrage, et les prend toujours pour la raison.

Cependant on ne sauroit croire avec quelle facilité un prince changeroit chez certains peuples les mœurs les plus dépravées, et les dirigeroit vers la vertu, pourvu que ce ne fût pas un projet annoncé, et que ses ordres à cet égard ne fussent que son exemple. Une telle révolution paroîtroit le chef-d'œuvre des entreprises ; mais elle le seroit plus par son effet que par ses difficultés. En attendant qu'elle arrive, et les choses étant sur le pied où elles sont, ne soyons pas étonnés que les richesses procurent de la considération. Cela sera honteux, si l'on veut ; mais cela doit être, parceque les hommes sont plus conséquents dans leurs mœurs que dans leurs jugements.

On comprend ordinairement dans le monde parmi les financiers une autre classe de gens riches, qui prétendent avec raison devoir en être distingués. Ce sont les commerçants, hommes estimables, nécessaires à l'état, qui ne s'enrichissent qu'en procurant l'abondance, en excitant une industrie honorable, et dont les richesses prouvent les services. On ne les rencontre pas dans la société aussi communément que les financiers, parceque les affaires les occupent, et ne leur permettent pas de perdre un temps dont ils connoissent le prix, pour des amusements frivoles, dont le goût vient autant de l'habitude que de l'oisiveté, et qui, sous le nom de plaisirs, causent l'ennui aussi souvent qu'ils le dissipent.

Les commerçants sont donc plus occupés que

les financiers. Quoique le commerce ait sa méthode comme la finance, celle-ci se simplifie en s'éclaircissant, et tout l'art des fripons est de l'embrouiller. La science du commerce est moins compliquée et mieux ordonnée, moins obscure, mais plus étendue, et s'étend encore plus en se perfectionnant. L'application de ses principes exige une attention suivie, de nouveaux accidents demandent de nouvelles mesures, le travail est presque continuel; au lieu que la finance, plus bornée en elle-même, ressemble assez à une machine qui n'a pas souvent besoin de la main de l'ouvrier pour agir, quand le mouvement est une fois imprimé; c'est une pendule qu'on ne remonte que rarement, mais qui auroit besoin d'être totalement refaite sur une meilleure théorie.

Tous les préjugés d'état ne sont pas également faux, et l'estime que les commerçants font du leur est d'accord avec la raison. Ils ne font aucune entreprise, il ne leur arrive aucun avantage que le public ne le partage avec eux; tout les autorise à estimer leur profession. Les commerçants sont le premier ressort de l'abondance. Les financiers ne sont que des canaux propres à la circulation de l'argent, et qui trop souvent s'engorgent. Que ces canaux soient de bronze ou d'argile, la matière en est indifférente, l'usage est le même.

On ne doit pas confondre les commerçants dont

je parle, avec ces hommes qui, sans avoir l'esprit du commerce, n'ont que le caractère marchand, n'envisagent que leur intérêt particulier, et y sacrifieroient celui de l'état, s'il se trouvoit en opposition avec le leur. Tel commerce peut enrichir une société marchande, qui est ruineux pour un état; et tel autre seroit avantageux à l'état, qui ne donneroit à des marchands que des gains médiocres, mais légitimes, ou quelquefois leur occasioneroit des pertes. Le commerçant digne de ce nom est celui dont les spéculations et les entreprises n'ont pour objet que le bien public, et dont les effets rejaillissent sur la nation [1].

Les commerçants s'honorent par la voie même qui les enrichit; les financiers s'imaginent tendre au même but par le faste et l'étalage de leurs richesses : c'est ce qui les a engagés à se produire

---

[1] Les commerçants ont créé et rendu militaire la marine marchande, qui a été le berceau de Barth, Duguay-Trouin, Cassart, Miniac, Ducasse, Gardin, Porée, Villetreux, et de quelques autres que je nommerois s'ils ne vivoient pas. Mais je me suis également interdit l'éloge et le blâme directs. Ils n'appartiennent qu'à l'histoire, dont c'est le devoir, et qui doit, ainsi que la justice, ne faire acception de personne.

Combien d'armements ont été faits par les Le Gendre, Fontaine-des-Montées, Bruni, Eon de La Baronie, Grandville-Loquet, Masson, Le Couteulx, Magon, Montaudouin, La Rue, Castanier, Casaubon, Mouchard, les Vincent, et tant d'autres que leur fortune ne doit pas faire placer parmi les financiers qui ruinoient l'état par des usures, dans le temps que les commerçants le soutenoient par leur crédit!

dans le monde, où ils auroient été les seuls étrangers, si l'on n'y eût à-peu-près dans le même temps recherché les gens de lettres.

CHAPITRE XI.

Sur les Gens de lettres.

Autrefois les gens de lettres, livrés à l'étude, et séparés du monde, en travaillant pour leurs contemporains, ne songeoient qu'à la postérité. Leurs mœurs, pleines de candeur et de rudesse, n'avoient guère de rapport avec celles de la société; et les gens du monde, moins instruits qu'aujourd'hui, admiroient les ouvrages, ou plutôt le nom des auteurs, et ne se croyoient pas trop capables de vivre avec eux. Il entroit même dans cet éloignement plus de considération que de répugnance.

Le goût des lettres, des sciences et des arts a gagné insensiblement, et il est venu au point que ceux qui ne l'ont pas, l'affectent. On a donc recherché ceux qui les cultivent, et ils ont été attirés dans le monde à proportion de l'agrément qu'on a trouvé dans leur commerce.

On a gagné de part et d'autre à cette liaison. Les gens du monde ont cultivé leur esprit, formé leur goût, et acquis de nouveaux plaisirs. Les gens de lettres n'en ont pas retiré moins d'avantages. Ils ont trouvé de la considération; ils ont perfectionné leur goût, poli leur esprit, adouci leurs mœurs, et acquis sur plusieurs articles des lumières qu'ils n'auroient pas puisées dans les livres.

Les lettres ne donnent pas précisément un état; mais elles en tiennent lieu à ceux qui n'en ont pas d'autre, et leur procurent des distinctions, que des gens qui leur sont supérieurs par le rang n'obtiendroient pas toujours. On ne se croit pas plus humilié de rendre hommage à l'esprit qu'à la beauté, à moins qu'on ne soit d'ailleurs en concurrence de rang ou de dignité; car l'esprit peut devenir alors l'objet le plus vif de la rivalité. Mais lorsqu'on a une supériorité de rang bien décidée, on accueille l'esprit avec complaisance; on est flatté de donner à un homme d'un rang inférieur le prix qu'il faudroit disputer avec un rival à d'autres égards.

L'esprit a l'avantage que ceux qui l'estiment, prouvent qu'ils en ont eux-mêmes, ou le font croire; ce qui est à-peu-près la même chose pour bien des gens.

On distingue la république des lettres en plusieurs classes. Les savants, qu'on appelle aussi érudits, ont joui autrefois d'une grande considération; on leur doit la renaissance des lettres; mais comme aujourd'hui on ne les estime pas autant qu'ils le méritent, le nombre en diminue trop, et c'est un malheur pour les lettres : ils se produisent peu dans le monde, qui ne leur convient guère, et à qui ils ne conviennent pas davantage.

Il y a un autre ordre de savants qui s'occupent des sciences exactes. On les estime, on en reconnoît l'utilité, on les récompense quelquefois; leur nom est cependant plus à la mode que leur personne, à moins qu'ils n'aient d'autres agréments que le mérite qui fait leur célébrité.

Les gens de lettres les plus recherchés sont ceux qu'on appelle communément beaux-esprits, entre lesquels il y a encore une distinction à faire. Ceux dont les talents sont marqués et couronnés par des succès, sont bientôt connus et accueillis; mais si leur esprit se trouve renfermé dans la sphère du talent, quelque génie qu'on y reconnoisse, on applaudit l'ouvrage, et on néglige l'auteur. On lui préfère, dans la société, celui dont l'esprit est d'un usage plus varié, et d'une application moins décidée, mais plus étendue.

Les premiers font plus d'honneur à leur siècle; mais on cherche dans la société ce qui plaît davantage. D'ailleurs il y a compensation sur tout. De grands talents ne supposent pas toujours un grand fonds d'esprit : un petit volume d'eau peut fournir un jet plus brillant qu'un ruisseau dont le cours paisible, égal et abondant fertilise une terre utile. Les hommes de talent doivent avoir plus de célébrité, c'est leur récompense. Les gens d'esprit doivent trouver plus d'agrément dans la société, puisqu'ils y en portent davantage; c'est une reconnoissance fondée. Les talents ne se communiquent point par la fréquentation. Avec les gens d'esprit, on développe, on étend, et on leur doit une partie du sien. Aussi le plaisir et l'habitude de vivre avec eux font naître l'intimité, et quelquefois l'amitié, malgré les disproportions d'état, quand les qualités du cœur s'y trouvent ; car il faut avouer que, malgré la manie d'esprit à la mode, les gens de lettres, dont l'ame est connue pour honnête, ont un tout autre coup-d'œil dans le monde que ceux dont on loue les talents, et dont on désavoue la personne.

On a dit que le jeu et l'amour rendent toutes les conditions égales : je suis persuadé qu'on y eût joint l'esprit, si le proverbe eût été fait depuis que l'esprit est devenu une passion. Le jeu égale en avilissant le supérieur; l'amour, en élevant l'inférieur; et l'esprit, parceque la véritable égalité vient de celle des ames. Il seroit à desirer que la vertu produisît le même effet; mais il n'appartient qu'aux passions de réduire les hommes à n'être que des hommes, c'est-à-dire à renoncer à toutes les distinctions extérieures.

Cependant, de tous les empires, celui des gens d'esprit, sans être visible, est le plus étendu. Le puissant commande, les gens d'esprit gouvernent, parcequ'à la longue ils forment l'opinion publique, qui tôt ou tard subjugue ou renverse toute espèce de despotisme.

Les gens de la cour sont ceux dont les lettres ont le plus à se louer; et si j'avois un conseil à donner à un homme qui ne peut se faire jour que par son esprit, je lui dirois : Préférez à tout l'amitié de vos égaux; c'est la plus sûre, la plus honnête, et souvent la plus utile : ce sont les petits amis qui rendent les grands services, sans tyranniser la reconnoissance; mais si vous ne voulez que des liaisons de société, faites-les à la cour; ce sont les plus agréables et les moins gênantes. Le manége, l'intrigue, les piéges, et ce qu'on appelle les *noirceurs*, ne s'emploient qu'entre les rivaux d'ambition. Les courtisans ne pensent pas à nuire à ceux qui ne peuvent les traverser, et font quelquefois gloire de les obliger. Ils aiment à s'attacher un homme de mérite dont la reconnoissance peut avoir de l'éclat. Plus on est grand, moins on s'avise de faire sentir une distance trop marquée pour être méconnue. L'amour-propre éclairé ne diffère guère de la modestie dans ses effets. Un homme de lettres estimable n'en essuiera point de faste offensant; au lieu qu'il pourroit y être exposé avec ces gens qui n'ont sur lui que la supériorité que leur impertinence suppose, et qui croient que c'est un moyen de la lui prouver. Depuis que le bel esprit est devenu une contagion, tel s'érige en protecteur qui auroit besoin lui-même d'être protégé, et à qui il ne manque pour cela que d'en être digne.

Plusieurs devroient sentir qu'ils seroient assez honorés d'être utiles aux lettres, parcequ'ils en retireroient plus de considération qu'ils ne pourroient leur en procurer.

D'autres qui se croient gens du monde, parcequ'on ne sait pas pourquoi ils s'y trouvent, paroissent étonnés d'y rencontrer les gens de lettres. Ceux-ci pourroient, à plus juste titre, être surpris d'y trouver ces gens d'un état fort commun, qui, malgré leur complaisance pour les grands, et leur impertinence avec leurs égaux, seront toujours hors-d'œuvre. On fera toujours une différence entre ceux qui sont recherchés dans le monde, et ceux qui s'y jettent malgré les dégoûts qu'ils éprouvent.

En effet, réduisons les choses au vrai. On est homme du monde par la naissance et les dignités; on s'y attache par intérêt, on s'y introduit par bassesse; on y est lié par des circonstances particulières, telles que sont les alliances des gens de fortune; on y est admis par choix, c'est le partage des gens de lettres; et les liaisons de goût entraînent nécessairement des distinctions.

Les gens de fortune qui ont de l'esprit et des lettres le sentent si bien que, si on les consulte, ou qu'on suive simplement leur conduite, on verra qu'ils jouissent de leur fortune, mais qu'ils s'estiment à d'autres égards. Ils sont même blessés des éloges qu'on donne à leur magnificence, parcequ'ils sentent qu'ils ont un autre mérite que celui-là ; on veut tirer sa gloire de ce qu'on estime le plus. Ils recherchent les gens de lettres, et se font honneur de leur amitié.

Les succès de quelques gens de lettres en ont égaré beaucoup dans cette carrière ; tous se sont flattés de jouir des mêmes agréments, et plusieurs se sont trompés, soit qu'ils eussent moins de mérite, soit que leur mérite fût moins de commerce.

Quantité de jeunes gens ont cru obéir au génie, et leurs mauvais succès n'ont fait que les rendre incapables de suivre d'autres routes où ils auroient réussi, s'ils y étoient entrés d'abord. Par là l'état a perdu de bons sujets, sans que la république des lettres y ait rien gagné.

Quoique les avantages que les lettres procurent se réduisent ordinairement à quelques agréments dans la société, ils n'ont pas laissé d'exciter l'envie. Les sots sont presque tous par état ennemis des gens d'esprit. L'esprit n'est pas souvent fort utile à celui qui en est doué ; et cependant il n'y a point de qualité qui soit si fort exposée à la jalousie.

On est étonné qu'il soit permis de faire l'éloge de son cœur, et qu'il soit révoltant de louer son esprit ; et la vanité qu'on tireroit du dernier se pardonneroit d'autant moins, qu'elle seroit mieux fondée.

On en a conclu que les hommes estiment plus l'esprit que la vertu. N'y en auroit-il point une autre raison ?

Il me semble que les hommes n'aiment point ce qu'ils sont obligés d'admirer. On n'admire que forcément et par surprise. La réflexion cherche à prescrire contre l'admiration; et quand elle est forcée d'y souscrire, l'humiliation s'y joint, et ce sentiment ne dispose pas à aimer.

Un seul mot renferme souvent une collection d'idées : tels sont les termes d'esprit et de cœur. Si un homme nous fait entendre qu'il a de l'esprit, et que de plus il ait raison de le croire, c'est comme s'il nous prévenoit que nous ne lui imposerons point par de fausses vertus, que nous ne lui cacherons point nos défauts, qu'il nous verra tels que nous sommes, et nous jugera avec justice. Une telle annonce ressemble déjà à un acte d'hostilité. Au lieu que celui qui nous parle de la bonté de son cœur, et qui nous en persuade, nous apprend que nous pouvons compter sur son indulgence, même sur son aveuglement, sur ses services, et que nous pourrons être impunément injustes à son égard.

Les sots ne se bornent pas à une haine oisive contre les gens d'esprit, ils les représentent comme des hommes dangereux, ambitieux, intrigants : ils supposent enfin qu'on ne peut faire de l'esprit que ce qu'ils en feroient eux-mêmes.

L'esprit n'est qu'un ressort capable de mettre en mouvement la vertu ou le vice. Il est comme ces liqueurs qui, par leur mélange, développent et font percer l'odeur des autres. Les vicieux l'emploient pour leur passion. Mais combien l'esprit a-t-il guidé, soutenu, embelli, développé et fortifié de vertus ! L'esprit seul, par un intérêt éclairé, a quelquefois produit des actions aussi louables que la vertu même l'auroit pu faire. C'est ainsi que la sottise seule a peut-être fait ou causé autant de crimes que le vice.

A l'égard des gens d'esprit, proprement dit, c'est-à-dire, qui sont connus par leurs talents, ou par un goût décidé pour les sciences et les lettres, c'est les connoître bien peu que de craindre leur concurrence et leurs intrigues dans les routes de la fortune et de l'ambition. La plupart en sont incapables ; et ceux qui, par hasard, veulent s'en mêler, finissent ordinairement par être des dupes. Les intrigants de profession les connoissent bien pour tels ; et quand ils les engagent dans quelques affaires délicates, ils songent à les tromper les premiers, les font servir d'instruments ; mais ils se gardent bien de leur confier le ressort principal [1]. Il y a, au contraire, des sots qui, par une ardeur soutenue, des démarches

---

[1] Voyez dans les communautés ; ce ne sont pas ceux qui les illustrent par des talents qu'on y charge du régime.

suivies sans distraction de leur objet, parviennent à tout ce qu'ils desirent.

L'amour des lettres rend assez insensible à la cupidité et à l'ambition, console de beaucoup de privations, et souvent empêche de les connoître ou de les sentir. Avec de telles dispositions, les gens d'esprit doivent, tout balancé, être encore meilleurs que les autres hommes. A la disgrace du surintendant Fouquet, les gens de lettres lui restèrent le plus courageusement attachés. La Fontaine, Pélisson, et mademoiselle de Scudéry allèrent jusqu'à s'exposer au ressentiment du roi, et même des ministres.

De deux personnes également bonnes, sensibles et bienfaisantes, celle qui aura le plus d'esprit l'emportera encore par la vertu pratique. Elle aura mille procédés délicats, inconnus à l'esprit borné. Elle n'humiliera point par ses bienfaits : elle aura, en obligeant, ces égards si supérieurs aux services, et qui, loin de faire des ingrats, font éprouver une reconnoissance délicieuse. Enfin, quelque vertu qu'on ait, on n'a que celle de l'étendue de son esprit.

Il arrive encore que l'esprit inspire à celui qui en est doué, une secrète satisfaction qui ne tend qu'à le rendre agréable aux autres, séduisant pour lui-même, inutile à sa fortune, et heureusement assez indifférent sur cet article.

Les gens d'esprit devroient d'autant moins s'embarrasser de la basse jalousie qu'ils excitent, qu'ils ne vivent jamais plus agréablement qu'entre eux. Ils doivent savoir par expérience combien ils se sont réciproquement nécessaires. Si quelque pique les éloigne quelquefois les uns des autres, les sots les réconcilient, par l'impossibilité de vivre continuellement avec des sots.

Les ennemis étrangers feroient peu de tort aux gens de lettres, s'il ne s'en trouvoit pas d'assez imprudents pour fournir des moyens de les décrier, en se desservant quelquefois eux-mêmes.

Je voudrois, pour l'honneur des lettres et le bonheur de ceux qui les cultivent, qu'ils fussent tous persuadés d'une vérité qui devroit être pour eux un principe fixe de conduite : c'est qu'ils peuvent se déshonorer eux-mêmes par les choses injurieuses qu'ils font, disent ou écrivent contre leurs rivaux; qu'ils peuvent tout au plus les mortifier, s'en faire des ennemis, et les engager à une représaille aussi honteuse; mais qu'ils ne sauroient donner atteinte à une réputation consignée dans le public. On ne fait et l'on ne détruit que la sienne propre, et toujours par soi-même. La jalousie marque de l'infériorité dans celui qui la ressent. Quelque supériorité qu'on eût à beaucoup d'égards sur un rival, dès qu'on en conçoit de la jalousie, il faut qu'on lui soit inférieur par quelque endroit.

Il n'y a point de particulier, si élevé ou si illustre qu'il puisse être, point de société si brillante qu'elle soit, qui détermine le jugement du public, quoiqu'une cabale puisse par hasard procurer des succès, ou donner des dégoûts passagers. Cela seroit encore plus difficile aujourd'hui que dans le siècle précédent, parceque le public étoit moins instruit, ou se piquoit moins d'être juge. Aujourd'hui il s'amuse des scènes littéraires, méprise personnellement ceux qui les donnent avec indécence, et ne change rien à l'opinion qu'il a prise de leurs ouvrages.

Il est inutile de prouver aux gens de lettres que la rivalité qui produit autre chose que l'émulation est honteuse : cela n'a pas besoin de preuves; mais ils devroient sentir que leur désunion va directement contre leur intérêt général et particulier; et quelques uns ne paroissent pas s'en apercevoir.

Des ouvrages travaillés avec soin, des critiques sensées, sévères, mais justes et décentes, où l'on marque les beautés en relevant les défauts, pour donner des vues nouvelles; voilà ce qu'on a droit d'attendre des gens de lettres. Leurs discussions ne doivent avoir que la vérité pour objet, objet qui n'a jamais causé ni fiel, ni aigreur, et qui tourne à l'avantage de l'humanité : au lieu que leurs querelles sont aussi dangereuses pour eux que scandaleuses pour les sages. Des hommes stupides, assez éclairés par l'envie pour sentir leur infériorité, trop orgueilleux pour l'avouer, peuvent seuls être charmés de voir ceux qu'ils seroient obligés de respecter, s'humilier les uns les autres. Les sots apprennent ainsi à cacher leur haine sous un air de mépris dont ils devroient seuls être l'objet.

Je crois voir dans la république des lettres un peuple dont l'intelligence feroit la force, fournir des armes à des barbares, et leur montrer l'art de s'en servir.

Il semble qu'on fasse aujourd'hui précisément le contraire de ce qui se pratiquoit lorsqu'on faisoit combattre des animaux pour amuser des hommes.

CHAPITRE XII.

Sur la manie du Bel-Esprit.

Il n'y a rien de si utile dont on ne puisse abuser, ne fût-ce que par l'excès. Il ne s'agit donc pas d'examiner jusqu'à quel point les lettres peuvent être utiles à un état florissant, et contribuer à sa gloire; mais de savoir, premièrement, si le goût du bel esprit n'est pas trop répandu, peut-être même plus qu'il ne le faudroit pour sa perfection;

Secondement, d'où vient la vanité qu'on en tire, et conséquemment l'extrême sensibilité qu'on a sur cet article. L'examen et la solution de ces deux questions s'appuieront nécessairement sur les mêmes raisons.

Il est sûr que ceux qui cultivent les lettres par état en retireroient peu d'avantages, si les autres hommes n'en avoient pas du moins le goût. C'est l'unique moyen de procurer aux lettres les récompenses et la considération dont elles ont besoin pour se soutenir avec éclat. Mais lorsque la partie de la littérature que l'on comprend d'ordinaire sous le nom de bel-esprit devient une mode, une espèce de manie publique, les gens de lettres n'y gagnent pas, et les autres professions y perdent. Cette foule de prétendants au bel-esprit fait qu'on distingue moins ceux qui ont des droits d'avec ceux qui n'ont que des prétentions.

A l'égard des hommes qui sont comptables à la société de diverses professions graves, utiles, ou même de nécessité, qui exigent presque toute l'application de ceux qui s'y destinent, telles que la guerre, la magistrature, le commerce, les arts, c'est sans doute une grande ressource pour eux que la connoissance et le goût modéré des lettres. Ils y trouvent un délassement, un plaisir, et un certain exercice d'esprit qui n'est pas inutile à leurs autres fonctions. Mais si ce goût devient trop vif, et dégénère en passion, il est impossible que les devoirs réels n'en souffrent. Les premiers de tous sont ceux de la profession qu'on a embrassée, parceque la première obligation est d'être citoyen.

Les lettres ont par elles-mêmes un attrait qui séduit l'esprit, lui rend les autres occupations rebutantes, et fait négliger celles qui sont les plus indispensables. On ne voit guère d'homme passionné pour le bel-esprit, s'acquitter bien d'une profession différente. Je ne doute point qu'il n'y ait des hommes engagés dans des professions très opposées aux lettres, pour lesquelles ils avoient des talents marqués. Il seroit à desirer pour le bien de la société qu'ils s'y fussent totalement livrés, parceque leur génie et leur état étant restés en contradiction, ils ne sont bons à rien.

Ces talents décidés, ces vocations marquées sont très rares; la plupart des talents dépendent communément des circonstances, de l'exercice et de l'application qu'on en a faits. Mettons un peu ces prétendus talents naturels et non cultivés à l'épreuve.

Nous voyons des hommes dont l'oisiveté forme, pour ainsi dire, l'état; ils se font amateurs de bel-esprit; ils s'annoncent pour le goût, c'est leur affiche; ils recherchent les lectures; ils s'empressent; ils conseillent; ils veulent protéger sans qu'on les en prie, ni qu'ils en aient le droit; et croient naïvement, ou tâchent de faire croire qu'ils ont part aux ouvrages et aux succès de ceux qu'ils ont incommodés de leurs conseils.

Cependant ils se font par-là une sorte d'existence, une petite réputation de société. Pour peu qu'ils montrent d'esprit, s'ils restent dans l'inaction, et se bornent prudemment au droit de juger décisivement, ils usurpent dans l'opinion une espèce de supériorité sur les talents mêmes. On les croit capables de faire tout ce qu'ils n'ont pas fait, et uniquement parcequ'ils n'ont rien fait. On leur reproche leur paresse; ils cèdent aux instances, et se hasardent à entrer dans la carrière dont ils étoient les arbitres. Leurs premiers essais profitent du préjugé favorable de leur société. On loue, on admire, on se récrie que le public ne doit pas être privé d'un chef-d'œuvre. La modeste complaisance de l'auteur se laisse violer, et consent à se produire au grand jour.

C'est alors que l'illusion s'évanouit; le public condamne l'ouvrage, ou s'en occupe peu; les admirateurs se rétractent, et l'auteur déplacé apprend, par son expérience, qu'il n'y a point de profession qui n'exige un homme tout entier. En effet, on citeroit peu d'ouvrages distingués, je dis même d'ouvrages de goût, qui ne soient partis d'auteurs de profession; parmi lesquels on doit comprendre ceux qui peuvent avoir une profession différente, mais qui ne s'en livrent pas moins à l'étude et à l'exercice des lettres, souvent avec plus de goût et d'assiduité qu'aux fonctions de leur état. En effet, ce qui constitue l'homme de lettres n'est pas une vaine affiche, ou la privation de tout autre titre; mais l'étude, l'application, la réflexion, et l'exercice.

Les mauvais succès ne détrompent pas ceux qu'ils humilient. Il n'y a point d'amour-propre plus sensible et moins corrigible que celui qui naît du bel-esprit; et il est infiniment plus ombrageux dans ceux dont ce n'est pas la profession, que dans les vrais auteurs, parcequ'on est plus humilié d'être au-dessous de ses prétentions que de ses devoirs. C'est en vain qu'ils affichent l'indifférence, ils ne trompent personne. L'indifférence est la seule disposition de l'ame qui doive être ignorée de celui qui l'éprouve; elle n'existe plus dès qu'on l'annonce.

Il n'y a point d'ouvrages qui ne demandent du travail; les plus mauvais ont souvent le plus coûté, et l'on ne se donne point de peine sans objet. On n'en a point, dit-on, d'autre que son amusement : dans ce cas-là il ne faut point faire imprimer; il ne faut pas même lire à ses amis, puisque c'est vouloir les consulter ou les amuser. On ne consulte point sur les choses qui n'intéressent pas, et l'on ne prétend pas amuser avec celles qu'on n'estime point. Cette prétendue indifférence est donc toujours fausse; il n'y a qu'un intérêt très sensible qui fasse jouer l'indifférence. C'est une précaution en cas de mauvais succès, ou l'ostentation d'un droit qu'on voudroit établir pour décidé.

On n'a jamais tant donné de ridicule au bel-esprit que depuis qu'on en est infatué. Cependant la foiblesse sur ce sujet est telle, que ceux qui pourroient tirer leur gloire d'ailleurs, se repaissent sur le bel-esprit d'éloges dont ils reconnoissent eux-mêmes la mauvaise foi. Votre sincérité vous en feroit des ennemis irréconciliables, eux qui s'élèvent contre l'amour-propre des auteurs de profession.

Examinons quelles sont les causes de cet amour-propre excessif; voici celles qui m'ont frappé.

Chez les peuples sauvages la force a fait la noblesse

et la distinction entre les hommes ; mais parmi des nations policées, où la force est soumise à des lois qui en préviennent ou en répriment la violence, la distinction réelle et personnelle la plus reconnue vient de l'esprit.

La force ne sauroit être parmi nous une distinction ni un moyen de fortune ; c'est un avantage pour des travaux pénibles, qui sont le partage de la plus malheureuse classe des citoyens. Mais, malgré la subordination que les lois, la politique, la sagesse ou l'orgueil ont pu établir, il reste toujours à l'esprit dans les classes les plus obscures des moyens de fortune et d'élévation qu'il peut saisir, et que des exemples lui indiquent. Au défaut des avantages réels que l'esprit peut procurer suivant l'application qu'on en peut faire dans les diverses professions, le plus stérile pour la fortune donne encore une sorte de considération.

Mais comment arrive-t-il que de toutes les sortes d'esprit dont on peut faire usage, le bel-esprit soit celui qui inspire le plus d'amour-propre ? Sur quoi fonde-t-on sa supériorité ? et qu'est-ce qui en favorise si fort la prétention ? Voici d'où vient l'illusion.

Premièrement, les hommes ne sont jamais plus jaloux de leurs avantages que lorsqu'ils les regardent comme leur étant personnels, qu'ils s'imaginent ne les devoir qu'à eux-mêmes ; et, comme ils jugent moins de l'esprit par des effets éloignés, et dont ils n'aperçoivent pas toujours la liaison, que sur des signes immédiats ou prochains, les hommes qui ne sont pas faits à la réflexion croient voir cette prérogative dans le bel-esprit plus que dans tout autre. Ils jugent qu'il appartient en propre à celui qui en est doué. Ils voient, ou croient voir qu'il produit de lui-même et sans secours étrangers ; car ils ne distinguent pas ces secours qui sont cependant très réels. Ils ne font pas attention qu'à talents égaux, les écrivains les plus distingués sont toujours ceux qui se sont nourris de la lecture réfléchie des ouvrages de ceux qui ont paru avec éclat dans la même carrière. On ne voit pas, dis-je, assez que l'homme le plus fécond, s'il étoit réduit à ses propres idées, en auroit peu ; que c'est par la connoissance et la comparaison des idées étrangères, qu'on parvient à en produire une quantité d'autres qu'on ne doit qu'à soi. Qui ne seroit riche que des siennes propres, seroit fort pauvre ; mais qui n'auroit que celles d'autrui, pourroit encore être assez sot, et ne s'en pas douter.

Secondement, ce qui favorise encore l'opinion avantageuse qu'on a du bel-esprit, vient d'un parallèle qu'on est souvent à portée de faire.

On remarque que le fils d'un homme d'esprit et de talent fait souvent des efforts inutiles pour marcher sur les traces de son père : il n'y a rien de moins héréditaire ; au lieu que le fils d'un savant devient, s'il le veut, un savant lui-même. En géométrie et dans toutes les vraies sciences qui ont des principes, des règles et une méthode, on peut parvenir, et l'on parvient ordinairement, sinon à la gloire, du moins aux connoissances de ses prédécesseurs.

Peut-être dira-t-on, à l'avantage de certaines sciences, que l'utilité en est plus réelle ou plus reconnue que celle du bel-esprit; mais cette objection est plus favorable à ces sciences mêmes qu'à ceux qui les professent.

Il est vrai que celui qui s'annonce pour les sciences est obligé d'en être instruit jusqu'à un certain point, sans quoi il ne peut pas s'en imposer grossièrement à lui-même, et il en imposeroit difficilement aux autres, s'ils ont intérêt de s'en éclaircir. Quoique les sciences ne soient pas exemptes de charlatanerie, elle y est plus difficile que sur ce qui n'a rapport qu'à l'esprit. On se trompe de bonne foi à cet égard, et l'on trompe assez facilement les autres, sur-tout si l'on ne se commet pas en donnant des ouvrages, et qu'on se borne au simple titre d'homme d'esprit et de goût. Voilà ce qui rend le bel-esprit si commun, qu'il ne devroit pas inspirer tant de vanité.

Mais laissant à part ce peuple de gens d'esprit, sur quoi les auteurs de mérite, et dont les preuves sont incontestables, fondent-ils leur supériorité à l'égard de plusieurs professions?

En supposant que l'esprit dût être la seule mesure de l'estime, en ne comptant pour rien les différents degrés d'utilité, et ne jugeant les professions que sur la portion d'esprit qu'elles exigent, combien y en a-t-il qui supposent autant et peut-être plus de pénétration, de sagacité, de prestesse, de discussion, de comparaison, en un mot, d'étendue de lumières, que les ouvrages de goût et d'agrément les plus célèbres?

Je ne citerai pas ce qui regarde le gouvernement ou la conduite des armées; on pourroit croire que l'éclat qui accompagne certaines places peut influer sur l'estime qu'on fait de ceux qui les remplissent avec succès, et j'aurois trop d'avantage. Je n'entrerai pas non plus dans le détail de tous les différents emplois; il y en auroit plus qu'on ne croit qui auroient des titres solides à produire. Portons du moins la vue sur quelques occupations de la société.

Le magistrat qui est digne de sa place ne doit-il pas avoir l'esprit juste, exact, pénétrant, exercé, pour percer jusqu'à la vérité à travers les nuages dont l'injustice et la chicane cherchent à l'obscurcir; pour arracher à l'imposture le masque de l'innocence; pour discerner l'innocence malgré l'embarras, la frayeur ou la maladresse qui semblent déposer contre elle; pour distinguer l'assurance de l'innocent d'avec l'audace du coupable; pour connoître également et concilier l'équité naturelle et la loi positive; pour faire céder l'une à l'autre, suivant l'intérêt de la société, et par conséquent de la justice même?

Faut-il moins de qualités dans l'orateur pour éclaircir et présenter l'affaire sur laquelle le juge doit prononcer; pour diriger les lumières du magistrat, et quelquefois les lui fournir? car je ne parle point de l'art criminel d'égarer la justice.

Quel discernement! quelle finesse de discussion n'exige pas l'art de la critique!

Quelle force de génie ne faut-il pas pour imaginer certains systèmes qui peut-être sont faux, mais qui n'en servent pas moins à expliquer des phénomènes, constater, concilier des faits, et trouver des vérités nouvelles!

Quelle sagacité dans les sciences, pour inventer des méthodes qui prouvent l'étendue des lumières dans les inventeurs, et dont l'utilité est telle, qu'elles guident avec certitude ceux mêmes qui n'en conçoivent pas les principes!

Cependant plusieurs de ces philosophes sont à peine connus; il n'y a de célèbres que ceux qui ont fait des révolutions dans les esprits, tandis que ceux qui ne sont qu'utiles restent ignorés. Les hommes ne méconnoissent jamais plus les bienfaits que lorsqu'ils en jouissent avec tranquillité.

La gloire du bel-esprit est bien différente. Elle

est sentie et publiée par le commun des hommes, qui sont jusqu'à un certain point en état d'en concevoir les idées, et qui se sentent incapables de les produire sous la forme où elles leur sont présentées ; de là naît leur admiration. Au lieu que les philosophes ne sont sentis que par des philosophes, ils ne peuvent prétendre qu'à l'estime de leurs pairs ; c'est jouir d'une considération bien bornée.

Mais pourquoi entrer dans un examen détaillé des occupations qu'on regarde comme dépendantes principalement de l'esprit ? Il y en a beaucoup d'autres qu'on ne range pas ordinairement dans cette classe-là, et qui n'en exigent pas moins.

Doutera-t-on, par exemple, qu'il ne faille une grande étendue de lumières pour imaginer une nouvelle branche de commerce, ou pour en perfectionner une déja établie, pour apercevoir un vice d'administration consacré par le temps ?

On avouera, sans doute, qu'on ne peut pas refuser l'esprit à ceux qui se sont illustrés dans les différentes carrières dont je viens de parler ; mais on dira qu'il n'en faut pas beaucoup pour y marcher foiblement. Pour réponse à cette distinction, il suffit d'en faire une pareille, et de demander quel cas on fait de ceux qui rampent dans la littérature ; on va jusqu'à l'injustice à leur égard, en les estimant moins qu'ils ne le méritent.

On fait encore une objection dont on est frappé,

et qui est bien foible. On remarque, dit-on, que plusieurs hommes se sont fait un nom dans les arts ou dans certaines sciences, quoiqu'ils fussent incapables de toutes les autres choses auxquelles ils s'étoient d'abord inutilement appliqués, et que, loin d'être en état de produire le moindre ouvrage de goût et d'agrément, à peine atteignent-ils au courant de la conversation. Dès-là on prend droit de les regarder comme des espèces de machines, dont les ressorts n'ont qu'un effet déterminé.

Mais croit-on que tous ceux qui se sont distingués dans le bel-esprit eussent été également capables de toutes les autres professions et des différents emplois de la société? Ils n'auroient peut-être jamais été ni bons magistrats, ni bons commerçants, ni bons jurisconsultes, ni bons artistes. Sont-ils bien sûrs qu'ils y auroient été propres? Ce qu'ils ont pris chez eux pour répugnance sur certaines occupations pouvoit être un signe d'incapacité autant que de dégoût. N'y auroit-il point d'exemples de beaux-esprits distingués qui fussent assez bornés sur d'autres articles, même sur ce qui paroît avoir, et en effet a le plus de rapport avec l'esprit, tel que le simple talent de la conversation, car c'en est un comme un autre? On en trouveroit sans doute des exemples, et l'on auroit tort d'en être étonné.

Pour faire voir que l'universalité des talents est une chimère, je ne veux pas chercher mes autorités dans la classe commune des esprits; montons jusqu'à la sphère de ces génies rares qui, en faisant honneur à l'humanité, humilient les hommes par la comparaison. Newton, qui a deviné le système de l'univers, du moins pour quelque temps, n'étoit pas regardé comme capable de tout par ceux mêmes qui s'honoroient de l'avoir pour compatriote.

Guillaume III, qui se connoissoit en hommes, étoit embarrassé sur une affaire politique; on lui conseilla de consulter Newton : Newton, dit-il, n'est qu'un grand philosophe. Ce titre étoit sans doute un éloge rare; mais enfin, dans cette occasion-là, Newton n'étoit pas ce qu'il falloit, il en étoit incapable, et n'étoit qu'un grand philosophe. Il est vraisemblable, mais non pas démontré, que, s'il eût appliqué à la science du gouvernement les travaux qu'il avoit consacrés à la connoissance de l'univers, le roi Guillaume n'eût pas dédaigné ses conseils.

Dans combien de circonstances, sur combien de questions le philosophe n'eût-il pas répondu à ceux qui lui auroient conseillé de consulter le monarque : Guillaume n'est qu'un politique, qu'un grand roi?

Le prince et le philosophe étoient également capables de connoître les limites de leur génie; au lieu qu'un homme d'imagination regarderoit comme une injustice d'être récusé sur quelque matière que ce pût être. Les hommes de ce caractère se croient capables de tout; l'inexpérience même fortifie leur amour-propre, qui ne peut s'éclairer que par des fautes, et diminuer par des connoissances acquises.

Les plus grandes affaires, celles du gouvernement, ne demandent que de bons esprits; le bel-esprit y nuiroit, et les grands esprits y sont rarement nécessaires. Ils ont des inconvénients pour la conduite, et ne sont propres qu'aux révolutions; ils sont nés pour édifier ou pour détruire. Le génie a ses bornes et ses écarts; la raison cultivée suffit à tout ce qui nous est nécessaire.

Si, d'un côté, il y a peu de talents si décidés pour un objet, qu'il eût été absolument impossible à celui qui en est doué de réussir dans toute autre chose; on peut, d'un autre côté, soutenir que tout est talent; c'est-à-dire en général, qu'avec quelque disposition naturelle, on peut, en y joignant de l'application, et sur-tout des exercices réitérés, réussir dans quelque carrière que ce puisse être. Je ne prétends avancer qu'une proposition générale; j'excepte les vrais génies et les hommes totalement stupides, deux sortes d'êtres presque également rares.

On voit, par exemple, des hommes qui ne paroissent pas capables de lier deux idées ensemble, et qui cependant font au jeu les combinaisons les plus compliquées, les plus sûres et les plus rapides. Il faut nécessairement de l'esprit pour de telles opérations; on dit qu'ils ont l'esprit du jeu. Mais, s'il n'y avoit aucun jeu d'inventé, croit-on que ces joueurs si subtils eussent été réduits à la seule existence matérielle? Cet esprit de calcul et de combinaison auroit pu être appliqué à des sciences qui leur auroient peut-être fait un nom.

Les circonstances décident souvent de la différence des talents. C'est ainsi que le choc du caillou fait sortir la flamme, en rompant l'équilibre qui la retenoit captive.

Ce qui est beaucoup plus rare que les grands talents, c'est une flexibilité d'esprit qui saisisse un objet, l'embrasse, et puisse ensuite se replier vers un autre, qui en pénètre l'intérieur avec force, et qui le présente avec clarté. C'est une vue qui, au lieu d'avoir une direction fixe, déterminée, et sur une seule ligne, a une action sphérique. Voilà ce qu'on peut appeler l'*esprit de lumière*: il peut imiter tous les talents, sans toutefois les porter au même degré que les hommes qui y sont bornés; mais s'il est quelquefois moins brillant que les talents, il est beaucoup plus utile.

Les talents sont ou deviennent personnels à ceux qui en sont doués, ou qui les ont acquis par l'exercice; au lieu que l'esprit de lumière se communique, et développe celui des autres. Ceux qui l'ont en partage ne peuvent le méconnoître, et se rendent intérieurement justice; car la modestie n'est et ne peut être qu'une vertu extérieure; c'est un voile dont on couvre son mérite pour ne point blesser les yeux de l'envie : au lieu que l'humilité est le sentiment, l'aveu sincère de sa foiblesse. Ils n'ignorent pas aussi que cet esprit même qui semble appartenir uniquement à la nature a presque autant besoin d'exercice que les talents pour se perfectionner; mais si la présomption les gagne; s'ils viennent à s'exagérer leur esprit, en prenant leur facilité à s'instruire pour les connoissances mêmes; leur prévoyance, leur sagacité, pour l'expérience, ils tombent dans des bévues plus grossières que ne font les hommes bornés, mais attentifs. Les chutes sont plus rudes quand on court que lorsqu'on marche lentement. L'esprit est le premier des moyens; il sert à tout, et ne supplée presque à rien.

Dans l'examen que je viens de faire, mon dessein n'est assurément pas de dépriser le vrai bel-esprit. Tout peut, à la vérité, être regardé comme talent, ou, si l'on veut, comme *métier*. Mais il y en a qui exigent un assemblage de qualités rares; et le bel-esprit est du nombre. Je prétends seulement que, s'il est dans la première classe, il n'y est pas seul; que si l'on veut lui donner une préférence exclusive, on joint le ridicule à l'injustice; et que si la manie du bel-esprit augmente ou se soutient long-temps au point où elle est, elle nuira infailliblement à l'esprit.

C'est contre l'excès et l'altération du bien qu'on

doit être en garde; le mal bien reconnu exige moins d'attention, parcequ'il s'annonce assez de lui-même; et, pour finir par un exemple qui a beaucoup de rapport à mon sujet, ce seroit un problème à résoudre, que d'examiner combien l'impression a contribué au progrès des lettres et des sciences, et combien elle y peut nuire. Je ne veux pas m'engager dans une discussion qui exigeroit un traité particulier; mais je demande simplement qu'on fasse attention que si l'impression a multiplié les bons ouvrages, elle favorise aussi un nombre effroyable de traités sur différentes matières; de sorte qu'un homme qui veut s'appliquer à un genre particulier, l'approfondir, et s'instruire, est obligé de payer à l'étude un tribut de lectures inutiles, rebutantes et souvent contraires à son objet. Avant que d'être en état de choisir ses guides, il a épuisé ses forces.

Je rappellerai donc à cet égard ce que j'ai avancé sur l'éducation, que le plus grand service que les sociétés littéraires pourroient rendre aujourd'hui aux lettres, aux sciences et aux arts, seroit de faire des méthodes et de tracer des routes qui épargneroient du travail, des erreurs, et conduiroient à la vérité par les voies les plus courtes et les plus sûres.

CHAPITRE XIII.

Sur le rapport de l'Esprit et du Caractère.

Le caractère est la forme distinctive d'une ame d'avec une autre, sa différente manière d'être. Le caractère est aux ames ce que la physionomie et la variété dans les mêmes traits sont aux visages.

Les visages sont composés des mêmes parties; c'est en cela qu'ils se ressemblent : l'accord de ces parties est différent; voilà ce qui les distingue les uns des autres, et empêche de les confondre.

Les hommes sans caractère sont des visages sans physionomie, de ces visages communs qu'on ne prend pas la peine de distinguer.

L'esprit est une des facultés de l'ame qu'on peut comparer à la vue; et l'on peut considérer la vue par sa netteté, son étendue, sa promptitude, et par les objets sur lesquels elle est exercée; car, outre la faculté de voir, on apprend encore à voir.

Je ne veux pas entrer ici dans une discussion métaphysique qu'on ne jugeroit peut-être pas assez nécessaire à mon sujet, quoiqu'il n'y eût peut-être pas de métaphysique mieux employée que celle qui seroit appliquée aux mœurs; elle justifieroit le sentiment, en démontrant les principes.

Nous avons vu dans le chapitre précédent les injustices qu'on fait dans la prééminence qu'on donne à certains talents; nous allons voir qu'on n'en fait pas moins dans les jugements qu'on porte sur les différentes sortes d'esprit. Il y en a du premier ordre que l'on confond quelquefois avec la sottise.

Ne voit-on pas des gens dont la naïveté et la candeur empêchent qu'on ne rende justice à leur esprit? Cependant la naïveté n'est que l'expression la plus simple et la plus naturelle d'une idée dont le fonds peut être fin et délicat; et cette expression simple a tant de grace, et d'autant plus de mérite, qu'elle est le chef-d'œuvre de l'art dans ceux à qui elle n'est pas naturelle.

La candeur est le sentiment intérieur de la pureté de son ame, qui empêche de croire qu'on ait rien à dissimuler; et la naïveté empêche de le savoir.

L'ingénuité peut être une suite de la sottise, quand elle n'est pas l'effet de l'inexpérience; mais la naïveté n'est souvent que l'ignorance de choses de convention, faciles à apprendre, quelquefois bonnes à dédaigner; et la candeur est la première marque d'une belle ame. La naïveté et la candeur peuvent se trouver dans le plus beau génie, et alors elles en sont l'ornement le plus précieux et le plus aimable.

Il n'est pas étonnant que le vulgaire, qui n'est pas digne de respecter des avantages si rares, soit l'admirateur de la finesse de caractère, qui n'est souvent que le fruit de l'attention fixe et suivie d'un esprit médiocre que l'intérêt anime. La finesse peut marquer de l'esprit; mais elle n'est jamais dans un esprit supérieur, à moins qu'il ne se trouve avec un cœur bas. Un esprit supérieur dédaigne les petits ressorts, il n'emploie que les grands, c'est-à-dire les simples.

On doit encore distinguer la finesse de l'esprit de celle du caractère. L'esprit fin est souvent faux, précisément parcequ'il est trop fin; c'est un corps trop délié pour avoir de la consistance. La finesse imagine au lieu de voir; à force de supposer, elle se trompe. La pénétration voit, et la sagacité va jusqu'à prévoir. Si le jugement fait la base de l'esprit, sa promptitude contribue encore à sa justesse; mais si l'imagination domine, c'est la source d'erreurs la plus féconde.

Enfin, la finesse est un mensonge en action; et le mensonge part toujours de la crainte ou de l'intérêt, et par conséquent de la bassesse. On ne voit point d'homme puissant et absolu, quelque vicieux qu'il soit d'ailleurs, mentir à celui qui lui est soumis, parcequ'il ne le craint pas. Si cela arrive, c'est sûrement par une vue d'intérêt; auquel cas il cesse en ce point d'être puissant, et devient alors dépendant de ce qu'il desire, et ne peut emporter par la force ouverte.

Il ne faut pas être surpris qu'un homme d'esprit soit trompé par un sot. L'un suit continuement son objet, et l'autre ne s'avise pas d'être en garde. La duperie des gens d'esprit vient de ce qu'ils ne comptent pas assez avec les sots, c'est-à-dire de ce qu'ils les comptent pour trop peu.

On auroit plus de raison de s'étonner des fautes grossières où les gens d'esprit tombent d'eux-mêmes. Leurs fautes sont cependant encore moins fréquentes que celles des autres hommes, mais quelquefois plus graves et toujours plus remarquées. Quoi qu'il en soit, j'en ai cherché la raison, et je crois l'apercevoir dans le peu de rapport qui se trouve entre l'esprit d'un homme et son caractère; car ce sont deux choses très distinctes.

La dépendance mutuelle de l'esprit et du caractère peut être envisagée sous trois aspects. On n'a pas le caractère de son esprit, ou l'esprit de son caractère. On n'a pas assez d'esprit pour son caractère. On n'a pas assez de caractère pour son esprit.

Un homme, par exemple, sera capable des plus grandes vues, de concevoir, digérer et ordonner un grand dessein. Il passe à l'exécution et il échoue, parcequ'il se dégoûte, qu'il est rebuté des obstacles mêmes qu'il avoit prévus et dont il voyoit les ressources. On le reconnoît d'ailleurs pour un homme de beaucoup d'esprit, et ce n'est pas en effet par là qu'il a manqué. On est étonné de sa conduite, parceque qu'on ignore qu'il est léger et incapable de suite dans le caractère ; qu'il n'a que des accès d'ambition qui cèdent à une paresse naturelle ; qu'il est incapable d'une volonté forte à laquelle peu de choses résistent, même pour les gens bornés ; et qu'enfin il n'a pas le caractère de son esprit. Sans manquer d'esprit, on manque à son esprit par légèreté, par passion, par timidité.

Un autre, d'un caractère propre aux plus grandes entreprises, avec du courage et de la constance, manquera de l'esprit qui fournit les moyens ; il n'a pas l'esprit de son caractère.

Voilà l'opposition du caractère et de l'esprit. Mais il y a une autre manière de faire des fautes, malgré beaucoup d'esprit, même analogue au caractère ; c'est lorsqu'on n'a pas encore assez d'esprit pour ce caractère.

Un homme d'un esprit étendu et rapide aura des projets encore plus vastes : il faut nécessairement qu'il échoue, parceque son esprit ne suffit pas encore à son caractère. Il y a tel homme qui n'a fait que des sottises, qui, avec un autre caractère que le sien, auroit passé avec justice pour un génie supérieur.

Mettons en opposition un homme dont l'esprit a une sphère peu étendue, mais dont le cœur exempt des passions vives ne le porte pas au-delà de cette sphère bornée. Ses entreprises et ses moyens sont en proportion égale; il ne fera point de faute, et sera regardé comme sage, parceque la réputation de sagesse dépend moins des choses brillantes qu'on fait, que des sottises qu'on ne fait point.

Peut-être y a-t-il plus d'esprit chez les gens vifs que chez les autres; mais aussi ils en ont plus de besoin. Il faut voir clair et avoir le pied sûr quand on veut marcher vite; sans quoi, je le répète, les chutes sont fréquentes et dangereuses. C'est par cette raison que de tous les sots, les plus vifs sont les plus insupportables.

Un caractère trop vif nuit quelquefois à l'esprit le plus juste, en le poussant au-delà du but, sans qu'il l'ait aperçu. On ne se trouve pas humilié de cet excès, parcequ'on suppose que le moins est renfermé dans le plus; mais ici le plus et le moins ne sont pas bien comparés, et sont de nature différente. Il faut plus de force pour s'arrêter au terme, que pour le passer par la violence de l'impulsion. Voir le but où l'on tend, c'est jugement; y atteindre, c'est justesse; s'y arrêter, c'est force; le passer, ce peut être foiblesse.

Les jugements de l'extrême vivacité ressemblent assez à ceux de l'amour-propre qui voit beaucoup, compare peu, et juge mal. La science de l'amour-propre est de toutes la plus cultivée et la moins perfectionnée. Si l'amour-propre pouvoit admettre des régles de conduite, il deviendroit le germe de plusieurs vertus, et suppléeroit à celles mêmes qu'il paroît exclure.

On objectera peut-être qu'on voit des hommes d'un flegme et d'un esprit également reconnus tomber dans des égarements qui tiennent de l'extravagance ; mais on ne fait pas attention que ces mêmes hommes, malgré cet extérieur froid, sont des caractères violents. Leur tranquillité n'est qu'apparente ; c'est l'effet d'un vice des organes, un maintien de hauteur ou d'éducation, une fausse dignité; leur sang-froid n'est que de l'orgueil.

On confond assez communément la chaleur et la vivacité, la morgue et le sang-froid. Cependant on est souvent très violent, sans être vif. Le feu pénétrant du charbon de terre jette peu de flamme, c'est même en étouffant celle-ci qu'on augmente l'activité du feu ; la flamme, au contraire, peut être fort brillante, sans beaucoup de chaleur.

Le plus grand avantage pour le bonheur, est une espèce d'équilibre entre les idées et les affections, entre l'esprit et le caractère.

Enfin, si l'on reproche tant de fautes aux gens d'esprit, c'est qu'il y en a peu qui, par la nature ou l'étendue de leur esprit, aient celui de leur caractère ; et malheureusement celui-ci ne se change point. Les mœurs se corrigent, l'esprit se fortifie ou s'altère; les affections changent d'objet, le même peut successivement inspirer l'amour ou la haine; mais le caractère est inaltérable, il peut être contraint ou déguisé, il n'est jamais détruit. L'orgueil humilié et rampant est toujours de l'orgueil.

L'âge, la maladie, l'ivresse changent, dit-on, le caractère. On se trompe. La maladie et l'âge peuvent l'affoiblir, en suspendre les fonctions, quelquefois le détruire, sans jamais le dénaturer. Il ne faut pas confondre avec le caractère ce qui part de la chaleur du sang, de la force du tempérament. Presque tous les hommes, quoique de caractères différents ou opposés, sont courageux dans le jeune âge, et timides dans la vieillesse. On ne prodigue jamais tant sa vie que lorsqu'on en a le plus à perdre. Que de guerriers dont le courage s'écoule avec le sang! N'en a-t-on pas vu qui, après avoir bravé mille fois le trépas, tombés dans une maladie de langueur, éprouvoient dans un lit toutes les âfres de la mort.

L'ivresse, en égarant l'esprit, n'en donne que plus de ressort au caractère. Le vil complaisant d'un homme en place s'étant enivré, lui tint les propos d'une haine envenimée, et se fit chasser. On voulut excuser l'offenseur sur l'ivresse. Je ne puis m'y tromper, répondit l'offensé; ce qu'il me dit étant ivre, il le pense à jeun.

Après avoir examiné l'opposition qui peut se

trouver entre le caractère et l'esprit, sous combien de faces ne pourroit-on pas envisager la question? Combien de combinaisons faudroit-il faire! combien de détails à développer, si l'on vouloit montrer les inconvénients qui résultent de la contrariété du caractère et de l'esprit avec la santé! On n'imagine pas à quel point la conduite qu'on suit, et les différents partis qu'on prend et qu'on abandonne dépendent de la santé. Un caractère fort, un esprit actif exigent une santé robuste. Si elle est trop foible pour y répondre, elle achève par là de se détruire. Il y a mille occasions où il est nécessaire que le caractère, l'esprit et la santé soient d'accord.

Tout ce que l'homme qui a le plus d'esprit peut faire, c'est de s'étudier, de se connoître, de consulter ses forces, et de compter ensuite avec son caractère; sans quoi les fautes, et même les malheurs ne servent qu'à l'abattre, sans le corriger; mais, pour un homme d'esprit, ils sont une occasion de réfléchir. C'est, sans doute, ce qui a fait dire qu'il y a toujours de la ressource avec les gens d'esprit. La réflexion sert de sauve-garde au caractère, sans le corriger, comme les règles en servent au génie, sans l'inspirer. Elles font peu pour l'homme médiocre, elles préviennent les fautes de l'homme supérieur.

CHAPITRE XIV.

Sur l'Estime et le Respect.

Ce que j'ai dit jusqu'ici des différents jugements des hommes m'engage à tâcher d'en pénétrer les causes.

Toutes les facultés de notre ame se réduisent, comme on l'a vu, à sentir et penser; nous n'avons que des idées ou des affections, car la haine même n'est qu'une révolte contre ce qui s'oppose à nos affections.

Dans les choses purement intellectuelles, nous ne ferions jamais de faux jugements, si nous avions présentes toutes les idées qui regardent le sujet dont nous voulons juger. L'esprit n'est jamais faux que parcequ'il n'est pas assez étendu, au moins sur le sujet dont il s'agit, quelque étendue qu'il pût avoir d'ailleurs sur d'autres matières; mais dans celles où nous avons intérêt, les idées ne suffisent pas à la justesse de nos jugements. La justesse de l'esprit dépend alors de la droiture du cœur, et du calme des passions; car je doute qu'une démonstration mathématique parût une vérité à quelqu'un dont elle combattroit une passion forte; il y supposeroit du paralogisme.

Si nous sommes affectés pour ou contre un objet, il est bien difficile que nous soyons en état d'en juger sainement. Notre intérêt plus ou moins développé, mieux ou moins bien entendu, mais toujours senti, fait la règle de nos jugements.

Il y a des sujets sur lesquels la société a prononcé, et qu'elle n'a pas laissés à notre discussion. Nous souscrivons à ses décisions par éducation et par préjugé ; mais la société même s'est déterminée par les principes qui dirigent nos jugements particuliers, c'est-à-dire par l'intérêt. Nous consultons tous séparément notre intérêt personnel bien ou mal appliqué ; la société a consulté l'intérêt commun, qui rectifie l'intérêt particulier. C'est l'intérêt public, peut-être l'intérêt de ceux qui gouvernent, mais qu'il faut bien supposer justes, qui a dicté les lois et qui fait les vertus ; c'est l'intérêt particulier qui fait les crimes, quand il est opposé à l'intérêt commun. L'intérêt public, fixant l'opinion générale, est la mesure de l'estime, du respect, du véritable prix, c'est-à-dire du prix reconnu des choses. L'intérêt particulier décide des jugements les plus vifs et les plus intimes, tels que l'amitié et l'amour, les deux effets les plus sensibles de l'amour de nous-mêmes. Passons à l'application de ces principes.

Qu'est-ce que l'estime, sinon un sentiment que nous inspire ce qui est utile à la société ? Mais quoique cette utilité soit nécessairement relative à tous les membres de la société, elle est trop habituelle et trop peu directe pour être vivement sentie. Ainsi notre estime n'est presque qu'un jugement que nous portons, et non pas une affection qui nous échauffe, telle que l'amitié que nous inspirent ceux qui nous sont personnellement utiles; et j'entends par utilité personnelle, non seulement des services, des bienfaits matériels, mais encore le plaisir et tout ce qui peut nous affecter agréablement, quoiqu'il puisse dans la suite nous être réellement nuisible. L'utilité ainsi entendue doit, comme on juge bien, s'appliquer même à l'amour, le plus vif de tous les sentiments, parcequ'il a pour objet ce que nous regardons comme le souverain bien, dans le temps que nous en sommes affectés.

On m'objectera peut-être que si l'amour et l'estime ont la même source, et que, suivant mon principe, ils ne diffèrent que par les degrés, l'amour et le mépris ne devroient jamais se réunir sur le même objet; ce qui, dira-t-on, n'est pas sans exemples. On ne fait pas ordinairement la même objection sur l'amitié; on suppose qu'un honnête homme qui est l'ami d'un homme méprisable, est dans l'ignorance à son égard, et non pas dans l'aveuglement; et que, s'il vient à être instruit du caractère qu'il ignoroit, il en fera justice en rompant. Je n'examinerai donc pas ce qui concerne l'amitié, qui n'est pas toujours entre ceux où l'on croit la voir. Il y a bien de prétendues amitiés, bien des actes de reconnoissance qui ne sont que des procédés, quelquefois intéressés, et non pas des attachements.

D'ailleurs, si je satisfais à l'objection sur le sentiment le plus vif, on me dispensera, je crois, d'éclaircir ce qui concerne des sentiments plus foibles.

Je dis donc que l'amour et le mépris n'ont jamais eu le même objet à-la-fois : car je ne prends point ici pour amour ce desir ardent, mais indéterminé, auquel tout peut servir de pâture, que rien ne fixe, et auquel sa violence même interdit le choix ; je parle de celui qui lie la volonté vers un objet à l'exclusion de tout autre. Un amant de cette espéce ne peut, dis-je, jamais mépriser l'objet de son attachement, sur-tout s'il s'en croit aimé ; car l'amour-propre offensé peut balancer, et même détruire l'amour. On voit, à la vérité, des hommes qui ressentent la plus forte passion pour un objet qui l'est aussi du mépris général ; mais, loin de partager ce mépris, ils l'ignorent ; s'ils y ont souscrit eux-mêmes avant leur passion, ils l'oublient ensuite, se rétractent de bonne foi, et crient à l'injustice. S'il leur arrive, dans ces orages si communs aux amants, de se faire des reproches outrageants, ce sont des accès de fureur si peu réfléchis, qu'ils arrivent aux amants qui ont le plus de droit de se respecter.

L'aveuglement peut n'être pas continuel, et avoir des intervalles où un homme rougit de son attachement; mais cette lueur de raison n'est qu'un instant de sommeil de l'amour qui se réveille bientôt pour la désavouer. Si l'on reconnoît des défauts dans l'objet aimé, ce sont de ceux qui gênent, qui tourmentent l'amour, et qui ne l'humilient pas. Peut-être ira-t-on jusqu'à convenir de sa foiblesse, et sera-t-on forcé d'avouer l'erreur de son choix; mais c'est par impuissance de réfuter les reproches, pour se soustraire à la persécution, et assurer sa tranquillité contre des remontrances fatigantes, qu'on n'est plus obligé d'entendre quand on est convenu de tout. Un amant est bien loin de sentir ou même de penser ce qu'on le force de prononcer, sur-tout s'il est d'un caractère doux. Mais, pour peu qu'il ait de fermeté, il résistera avec courage. Ce qu'on lui présentera comme des taches humiliantes dans l'objet de sa passion, il n'en fera que des malheurs qui le lui rendront plus cher; la compassion viendra encore redoubler, ennoblir l'amour, en faire une vertu; et quelquefois ce sera avec raison, sans qu'on puisse la faire adopter à des censeurs incapables de sentiment, et de faire les distinctions fines et honnêtes qui séparent le vice d'avec le malheur. Que ceux qui n'ont jamais aimé se tiennent pour dit, quelque supériorité d'esprit qu'ils aient, qu'il y a une infinité d'idées, je dis d'idées justes, auxquelles ils ne peuvent atteindre, et qui ne sont réservées qu'au sentiment.

Je viens de dire que des instants de dépit ne pouvoient pas être regardés comme un état fixe de l'ame, ni prouver que le mépris s'allie avec l'amour. Il me reste à prévenir l'objection qu'on pourroit tirer des hommes qui sentent continuellement la honte de leur attachement, et qui sont humiliés de faire de vains efforts pour se dégager. Ces hommes existent assurément, et en plus grand nombre qu'on ne croit; mais ils ne sont plus amoureux, quelque apparence qu'ils en aient.

Il n'y a rien que l'on confonde si fort avec l'amour, et qui y soit souvent plus opposé, que la force de l'habitude. C'est une chaîne dont il est plus difficile de se dégager que de l'amour, sur-tout à un certain âge; car je doute qu'on trouvât dans la jeunesse les exemples qu'on voudroit alléguer, non seulement parceque les jeunes gens n'ont pas eu le temps de contracter cette habitude, mais parcequ'ils en sont incapables.

Le jeune homme qui aime l'objet le plus authentiquement méprisable est bien loin de s'en douter. Il n'a peut-être pas encore attaché d'idée aux termes d'estime et de mépris; il est emporté par la passion. Voilà ce qu'il sent; je ne dirai pas : voilà ce qu'il fait; car alors il ne fait ni ne pense rien, il jouit. Cet objet cesse-t-il de lui plaire, parcequ'un autre lui plaît davantage, il pensera ou répétera tout ce qu'on voudra du premier.

Mais dans un âge mûr, il n'en est pas ainsi : l'habitude est contractée; on cesse d'aimer, et l'on reste attaché. On méprise l'objet de son attachement, s'il est méprisable, parcequ'on le voit tel qu'il est, et on le voit tel qu'il est, parcequ'on n'est plus amoureux.

Puisque notre intérêt est la mesure de notre estime, quand il nous porte jusqu'à l'affection, il est bien difficile que nous y puissions joindre le mépris. L'amour ne dépend pas de l'estime; mais, dans bien des occasions, l'estime dépend de l'amour.

J'avoue que nous nous servons très utilement de personnes méprisables que nous reconnoissons pour telles ; mais nous les regardons comme des instruments vils qui nous sont chers, c'est-à-dire utiles, et que nous n'aimons point ; ce sont même ceux dont les personnes honnêtes paient le plus scrupuleusement les services, parceque la reconnoissance seroit un poids trop humiliant.

C'est avec bien de la répugnance que j'oserai dire que les gens naturellement sensibles ne sont pas ordinairement les meilleurs juges de ce qui est estimable, c'est-à-dire de ce qui l'est pour la société. Les parents tendres jusqu'à la foiblesse sont les moins propres à rendre leurs enfants bons citoyens. Cependant nous sommes portés à aimer de préférence les personnes reconnues pour sensibles, parceque nous nous flattons de devenir l'objet de leur affection, et que nous nous préférons à la société. Il y a une espèce de sensibilité vague qui n'est qu'une foiblesse d'organes, plus digne de compassion que de reconnoissance. La vraie sensibilité seroit celle qui naîtroit de nos jugements, et qui ne les formeroit pas.

J'ai remarqué que ceux qui aiment le bien public, qui affectionnent la cause commune, et s'en occupent sans ambition, ont beaucoup de liaisons et peu d'amis. Un homme qui est bon citoyen activement n'est pas ordinairement fait pour l'amitié ni pour l'amour. Ce n'est pas uniquement parceque son esprit est trop occupé d'ailleurs ; c'est que nous n'avons qu'une portion déterminée de sensibilité, qui ne se répartit point sans que les portions diminuent. Le feu de notre ame est en cela bien différent de la flamme matérielle, dont l'augmentation et la propagation dépendent de la quantité de son aliment.

Nous voyons chez les peuples où le patriotisme a régné avec le plus d'éclat, les pères immoler leurs fils à l'état ; nous admirons leur courage, ou sommes révoltés de leur barbarie, parceque nous jugeons d'après nos mœurs. Si nous étions élevés dans les mêmes principes, nous verrions qu'ils faisoient à peine des sacrifices, puisque la patrie concentroit toutes leurs affections, et qu'il n'y a point d'objet vers lequel le préjugé de l'éducation ne puisse quelquefois nous porter. Pour ces républicains, l'amitié n'étoit qu'une émulation de vertu, le mariage une loi de société, l'amour un plaisir passager, la patrie seule une passion. Pour ces hommes, l'amitié se confondoit avec l'estime : celle-ci est pour nous, comme je l'ai dit, un simple jugement de l'esprit, et l'autre un sentiment.

Depuis que le patriotisme a disparu, rien ne peut mieux en retracer l'idée que certains établissements qui subsistent parmi nous, et qui ne sont nullement patriotiques relativement à la société générale. Voyez les communautés; ceux ou celles qui les composent sont dévorés du zèle de la maison. Leurs familles leur deviennent étrangères; ils ne connoissent plus que celle qu'ils ont adoptée. Souvent divisés par des animosités personnelles, par des haines individuelles, ils se réunissent, et n'ont plus qu'un esprit, dès qu'il s'agit de l'intérêt du corps; ils y sacrifieroient parents, amis, s'ils en ont, et quelquefois eux-mêmes. Les vertus monastiques cèdent à l'esprit monacal. Il semble que l'habit qu'ils prennent soit le contraire de la robe de Nessus; le poison de la leur n'agit qu'au-dehors.

La fureur des partis se porte encore plus loin. Ils ne se bornent pas à leurs avantages réels, la haine contre le parti contraire est d'obligation; c'est le seul devoir que la plupart soient en état de remplir, et dont ils s'acquittent religieusement, souvent pour des questions qu'ils n'entendent point, qui, à la vérité, ne méritent pas d'être entendues, et n'en sont adoptées et défendues qu'avec plus d'animosité. Nous en avons, de nos jours et sous nos yeux, des exemples frappants.

L'estime aujourd'hui tire si peu à conséquence, est un si foible engagement, qu'on ne craint point de dire d'un homme qu'on l'estime et qu'on ne l'aime point; c'est faire à-la-fois un acte de justice, d'intérêt personnel et de franchise; car c'est comme si l'on disoit que ce même homme est un bon citoyen, mais qu'on a sujet de s'en plaindre; ou qu'il déplaît, et qu'on se préfère à la société; aveu qui prouve aujourd'hui une espéce de courage philosophique, et qui autrefois auroit été honteux, parcequ'on aimoit alors sa patrie, et par conséquent ceux qui la servoient bien.

L'altération qui est arrivée dans les mœurs a fait encore que le respect, qui, chez les peuples dont j'ai parlé, étoit la perfection de l'estime, en souffre l'exclusion parmi nous, et peut s'allier avec le mépris.

Le respect n'est autre chose que l'aveu de la supériorité de quelqu'un. Si la supériorité du rang suivoit toujours celle du mérite, ou qu'on n'eût pas prescrit des marques extérieures de respect, son objet seroit personnel comme celui de l'estime; et il a dû l'être originairement, de quelque nature qu'ait été le mérite de mode. Mais comme quelques hommes n'eurent pour mérite que le crédit de se maintenir dans les places que leurs aïeux avoient honorées, il ne fut plus dès-lors possible de confondre la personne dans le respect que les places exigeoient. Cette distinction se trouve aujourd'hui si vulgairement établie, qu'on voit des hommes réclamer quelquefois pour leur rang ce qu'ils n'oseroient prétendre pour eux-mêmes. *Vous devez*, dit-on humblement, *du respect à ma place, à mon rang;* on se rend assez de justice pour n'oser dire *à ma personne*. Si la modestie fait aussi tenir le même langage, elle ne l'a pas inventé, et elle n'auroit jamais dû adopter celui de l'avilissement.

La même réflexion fit comprendre que le respect qui pouvoit se refuser à la personne, malgré l'élévation du rang, devoit s'accorder, malgré l'abaissement de l'état, à la supériorité du mérite; car le respect, en changeant d'objet dans l'application, n'a point changé de nature, et n'est dû qu'à la supériorité. Ainsi il y a depuis long-temps deux sortes de respects, celui qu'on doit au mérite, et celui qu'on rend aux places, à la naissance. Cette dernière espèce de respect n'est plus qu'une formule de paroles ou de gestes, à laquelle les gens raisonnables se soumettent, et dont on ne cherche à s'affranchir que par sottise, et par un orgueil puéril.

Le vrai respect n'ayant pour objet que la vertu, il s'ensuit que ce n'est pas le tribut qu'on doit à l'esprit ou aux talents : on les loue, on les estime, c'est-à-dire qu'on les prise, on va jusqu'à l'admiration ; mais on ne leur doit point de respect, puisqu'ils pourroient ne pas sauver toujours du mépris. On ne mépriseroit pas précisément ce qu'on admire ; mais on pourroit mépriser à certains égards ceux qu'on admire à d'autres. Cependant ce discernement est rare ; tout ce qui saisit l'imagination des hommes ne leur permet pas une justice si exacte.

En général, le mépris s'attache aux vices bas, et la haine aux crimes hardis qui malheureusement sont au-dessus du mépris, et font quelquefois confondre l'horreur avec une sorte d'admiration. Je ne dis rien en particulier de la colère, qui n'a guère lieu que dans ce qui nous devient personnel. La colère est une haine ouverte et passagère ; la haine une colère retenue et suivie. En considérant les différentes gradations, il me semble que tout concourt à établir les principes que j'ai posés ; et, pour les résumer en peu de mots :

Nous estimons ce qui est utile à la société, nous méprisons ce qui lui est nuisible ; nous aimons ce qui nous est personnellement utile, nous haïssons ce qui nous est contraire ; nous respectons ce qui nous est supérieur, nous admirons ce qui est extraordinaire.

Il ne s'agit plus que d'éclaircir une équivoque très commune sur le mot de *mépris*, qu'on emploie souvent dans une acception bien différente de l'idée ou du sentiment qu'on éprouve. On croit souvent, ou l'on veut faire croire qu'on méprise certaines personnes, parcequ'on s'attache à les dépriser. Je remarque, au contraire, qu'on ne déprise avec affectation que par le chagrin de ne pouvoir mépriser, et qu'on estime forcément ceux contre qui l'on déclame. Le mépris qui s'annonce avec hauteur n'est ni indifférence, ni dédain ; c'est le langage de la jalousie, de la haine et de l'estime voilées par l'orgueil ; car la haine prouve souvent plus de motifs d'estime, que l'aveu même d'une estime sincère.

CHAPITRE XV.

Sur le prix réel des choses.

Nous n'avons examiné dans le chapitre précédent que l'estime relative aux personnes; faisons l'application de nos principes aux jugements que nous portons du prix réel des choses, et alors estimer ne veut dire que priser.

Dans quelle proportion estimons ou prisons-nous les choses? Dans celle de leur utilité combinée avec leur rareté; et cette seconde façon de les considérer, c'est-à-dire la rareté, est ce qui distingue le prix que nous mettons aux choses d'avec l'estime que nous faisons des personnes. En effet, notre estime pour un homme ne diminue pas, si nous en trouvons d'autres aussi estimables; au lieu que le prix que nous mettons à une chose rare diminue aussitôt qu'elle devient commune.

Cette distinction est si sûre, que nous n'estimons les personnes par leur rareté qu'en les considérant comme choses. Telle est, par exemple, l'estime que nous avons pour les talents, dont nous faisons alors abstraction d'avec la personne.

Il faut encore observer à l'égard des choses,

comme j'ai fait à l'égard des personnes, que le plaisir, soit réel, soit de convention, que ces choses peuvent nous faire en flattant nos sens ou notre amour-propre, se rapporte à leur utilité; c'est toujours avec la rareté qu'elle se combine pour le prix que nous y mettons. Ajoutons que l'utilité se mesure encore par son étendue; de façon que de deux choses dont l'utilité et la rareté sont égales, l'utilité qui est commune à un plus grand nombre d'hommes mérite le plus d'estime; et ces trois mobiles du prix que nous mettons aux choses, l'utilité, l'étendue de cette utilité, et la rareté, se combinent à l'infini, et toujours par les mêmes lois.

Éclaircissons ces principes par des exemples. Les choses de première nécessité, telles que le pain et l'eau, ne peuvent pas être rares, sans quoi elles ne seroient pas nécessaires; n'étant pas rares, elles ne peuvent attirer notre estime; mais si par malheur elles cessent pour un temps d'être communes, quel prix n'y mettons-nous point? Ce principe fait la règle du commerce.

Comment décidons-nous du prix de toutes les choses matérielles? par la même loi. Nous prisons beaucoup un diamant; en quoi consiste son utilité? Dans son éclat, dans le léger plaisir de la parure, et sur-tout dans la vanité frivole qui résulte de l'opinion d'opulence et de ses effets. Mais, d'un autre côté, sa rareté est de la première classe, et les degrés de rareté peuvent compenser ou surpasser les degrés d'utilité que d'autres auroient. D'ailleurs, sous un autre aspect, l'utilité du diamant est très grande, puisqu'il est dans la classe des richesses qui sont représentatives de toutes les utilités physiques.

Passons aux talents; par où les prisons-nous? Par la combinaison de leur utilité, soit pour les commodités, soit pour les plaisirs, par le nombre de ceux qui en jouissent, et la rareté des hommes qui les exercent.

Les arts ou métiers de première nécessité sont peu estimés, parceque tout le monde est en état de les exercer, et qu'ils sont abandonnés à la partie de la société malheureusement la plus méprisée.

On n'a pas pour les laboureurs l'estime que la reconnoissance, la compassion, l'humanité devroient inspirer. Mais en supposant, par impossible, qu'il n'y eût à-la-fois qu'un homme capable de procurer les moissons, on en feroit un dieu, et la vénération ne diminueroit que lorsqu'il auroit communiqué ses lumières, et qu'il auroit acquis par-là plus de droit à la reconnoissance. On pourroit après sa mort rendre à sa mémoire ce qu'on auroit ravi à sa personne. C'est ce qui a procuré les honneurs divins à certains inventeurs; il y a eu plusieurs divinités dans le paganisme qui n'ont pas eu d'autre origine.

A l'égard des arts de pur agrément, et dont toute

l'utilité consiste dans les plaisirs qu'ils procurent, dans quel ordre d'estime les rangeons-nous? N'est-ce pas suivant les degrés de plaisir et le nombre des hommes qui peuvent en jouir?

Il y a peu d'arts auxquels les hommes en général soient plus sensibles qu'à la musique; et le plaisir qu'elle leur fait dépendant de l'exécution, il semble qu'ils devroient préférer ceux qui exécutent les pièces à ceux qui les composent; mais, d'un autre côté, les compositeurs sont les plus rares, et leur utilité est plus étendue. Leurs compositions peuvent se transporter par-tout, et y être exécutées; au lieu que le talent de l'exécution, quelque supérieur qu'il puisse être, se trouve borné au plaisir de peu de personnes, du moins en comparaison du compositeur.

La rareté d'une chose sans aucune espèce d'utilité ne peut mériter d'estime. Celui qui lançoit des grains de millet au travers d'une aiguille étoit vraisemblablement unique; mais cette adresse n'étoit d'aucune utilité; la curiosité qu'il pouvoit exciter n'étoit pas même une curiosité de plaisir. Il y a des choses qu'on veut voir, non par le plaisir qu'elles font, mais pour savoir si elles sont.

Pourquoi les ouvrages d'esprit, en faisant abstraction de leur utilité principale, méritent-ils plus d'estime et font-ils plus de réputation que des talents plus rares? C'est par l'avantage qu'ils ont de se répandre, et d'être par-tout également goûtés par ceux qui sont capables de les sentir. Corneille n'est peut-être pas un homme plus rare que Lulli, que Rameau; cependant leurs noms ne sont pas sur la même ligne, parcequ'il y a un plus grand nombre d'hommes à portée de jouir des ouvrages de Corneille que de ceux de Rameau, de Lulli, et que le plaisir qui naît des ouvrages d'esprit, développant celui des lecteurs, ou leur touchant le cœur, flatte le sentiment et l'amour-propre, et doit en plus d'occasions l'emporter sur le plaisir des sens que les talents nous causent.

Ce n'est pas que dans nos jugements nous fassions une analyse si exacte et une comparaison si géométrique; une justice naturelle nous les inspire, et l'examen réfléchi les confirme.

Qu'on parcoure les sciences et les arts, qu'on les pèse dans cette balance, on verra que l'estime qu'on en fait part toujours des mêmes principes, qui s'étendent jusque sur la politique et la science du gouvernement.

On a recherché bien des fois quel étoit le meilleur : les uns se déterminent pour l'un ou pour l'autre par leur goût particulier; d'autres jugent que la forme du gouvernement doit dépendre du local et du caractère des peuples. Cela peut être vrai; mais quelque forme que l'on préfère, il y a toujours une première règle prise de l'utilité étendue.

Le meilleur des gouvernements n'est pas celui qui fait les hommes les plus heureux, mais celui qui fait le plus grand nombre d'heureux.

Combien faut-il faire de malheureux pour fournir les matériaux de ce qui fait ou devroit faire le bonheur de quelques particuliers, qui même ne savent pas en jouir ? Ceux à qui le sort des hommes est confié doivent toujours ramener leurs calculs à la somme commune, c'est-à-dire au peuple. Ce qu'il faut pour le bonheur physique d'un seigneur suffiroit souvent pour faire celui de tout son village.

Tout est et doit être calcul dans notre conduite ; si nous faisons des fautes, c'est parceque notre calcul, soit défaut de lumières, soit ignorance ou passion, n'embrasse pas tout ce qui doit entrer dans le résultat.

Ce n'est pas que les passions mêmes ne calculent, et quelquefois très finement ; mais elles n'évaluent pas tous les temps qui devroient entrer dans le calcul, et de là naissent les erreurs ; je m'explique :

La sagesse de la conduite dépend de l'expérience, de la prévoyance et du jugement des circonstances : on doit donc faire attention au passé, au présent et à l'avenir ; et les passions n'envisagent qu'un de ces objets à-la-fois, le présent ou l'avenir, et jamais le passé. Quelques exemples rendent cette vérité sensible.

L'amour ne s'occupe que du présent ; il cherche

le plaisir actuel, oublie les maux passés, et n'en prévoit point pour l'avenir.

La colère, la haine et la vengeance, qui en est la suite, jugent comme l'amour. Ces passions prennent toujours le meilleur parti possible pour leur bonheur présent; l'avenir seul fait leur malheur : l'ambition, au contraire, n'envisage que l'avenir; ce qui étoit le but dans son espérance n'est plus qu'un moyen pour elle, dès qu'il est arrivé.

L'avarice juge comme l'ambition, avec cette différence, que l'une est agitée par l'espérance, et l'autre par la crainte. L'ambitieux espère de proche en proche parvenir à tout; l'avare craint de tout perdre : ni l'un ni l'autre ne savent jouir.

L'avarice n'est, comme les autres passions, qu'un redoublement de l'amour de soi-même; mais elle agit toujours avec timidité et défiance. L'avare, craignant tous les maux, desire ardemment les richesses, qu'il regarde comme l'échange de tous les biens. Il n'est cependant pas aussi dur à lui-même qu'on le suppose; il calcule très finement, conclut assez juste, d'après un faux principe, et trouve bien des jouissances dans ses privations. Il n'y a rien dont il ne se prive dans l'espérance de jouir de tout. Dans le temps qu'il se refuse un plaisir, il jouit confusément de tous ceux qu'il sent qu'il peut se procurer. Les vraies privations sont forcées; celles de l'avare sont volontaires. L'avarice est la plus vile, mais non pas la plus malheureuse des passions.

On ne sauroit trop s'attacher à corriger ou régler les passions qui rendent les hommes malheureux, sans les avilir ; et l'on doit rendre de plus en plus odieuses celles qui, sans les rendre malheureux, les avilissent et nuisent à la société, qui doit être le premier objet de notre attachement.

CHAPITRE XVI.

Sur la Reconnoissance et sur l'Ingratitude.

On se plaint du grand nombre des ingrats, et l'on rencontre peu de bienfaiteurs ; il semble que les uns devroient être aussi communs que les autres. Il faut donc de nécessité, ou que le petit nombre de bienfaiteurs qui se trouvent multiplient prodigieusement leurs bienfaits, ou que la plupart des accusations d'ingratitude soient mal fondées.

Pour éclaircir cette question, il suffira de fixer les idées qu'on doit attacher aux termes de bienfaiteur et d'ingrat. *Bienfaiteur* est un de ces mots composés qui portent avec eux leur définition.

Le bienfaiteur est celui qui fait du bien, et les actes qu'il produit peuvent se considérer sous trois aspects ; les bienfaits, les graces et les services.

Le bienfait est un acte libre de la part de son auteur, quoique celui qui en est l'objet puisse en être digne.

Une grace est un bien auquel celui qui le reçoit n'avoit aucun droit, ou la rémission qu'on lui fait d'une peine méritée.

Un service est un secours par lequel on contribue à faire obtenir quelque bien.

Les principes qui font agir le bienfaiteur sont ou la bonté, ou l'orgueil, ou même l'intérêt.

Le vrai bienfaiteur cède à son penchant naturel qui le porte à obliger, et il trouve dans le bien qu'il fait une satisfaction qui est à-la-fois et le premier mérite et la première récompense de son action ; mais tous les bienfaits ne partent pas de la bienfaisance. Le bienfaiteur est quelquefois aussi éloigné de la bienfaisance que le prodigue l'est de la générosité ; la prodigalité n'est que trop souvent unie avec l'avarice ; et un bienfait peut n'avoir d'autre principe que l'orgueil.

Le bienfaiteur fastueux cherche à prouver aux autres et à lui-même sa supériorité sur celui qu'il oblige. Insensible à l'état des malheureux, incapable de vertu, on ne doit attribuer les apparences qu'il en montre qu'aux témoins qu'il en peut avoir.

Il y a une troisième espèce de bienfait, qui, sans avoir ni la vertu ni l'orgueil pour principe, part d'un espoir intéressé. On cherche à captiver d'avance ceux dont on prévoit qu'on aura besoin. Rien de plus commun que ces échanges intéressés, rien de plus rare que les services.

Sans affecter ici de divisions parallèles et symétriques, on peut envisager les ingrats, comme les bienfaiteurs, sous trois aspects différents.

L'ingratitude consiste à oublier, à méconnoître, ou à reconnoître mal les bienfaits; et elle a sa source dans l'insensibilité, dans l'orgueil ou dans l'intérêt.

La première espèce d'ingratitude est celle de ces ames foibles, légères, sans consistance. Affligées par le besoin présent, sans vue sur l'avenir, elles ne gardent aucune idée du passé; elles demandent sans peine, reçoivent sans pudeur, et oublient sans remords. Dignes de mépris, ou tout au plus de compassion, on peut les obliger par pitié, et l'on ne doit pas les estimer assez pour les haïr.

Mais rien ne peut sauver de l'indignation celui qui, ne pouvant se dissimuler les bienfaits qu'il a reçus, cherche cependant à méconnoître son bienfaiteur. Souvent, après avoir réclamé les secours avec bassesse, son orgueil se révolte contre tous les actes de reconnoissance qui peuvent lui rappeler une situation humiliante; il rougit du malheur, et jamais du vice. Par une suite du même caractère, s'il parvient à la prospérité, il est capable d'offrir par ostentation ce qu'il refuse à la justice; il tâche d'usurper la gloire de la vertu, et manque aux devoirs les plus sacrés.

A l'égard de ces hommes moins haïssables que ceux que l'orgueil rend injustes, et plus méprisables encore que les ames légères et sans principes, dont j'ai parlé d'abord, ils font de la reconnoissance un commerce intéressé; ils croient pouvoir soumettre à un calcul arithmétique les services qu'ils ont reçus. Ils ignorent, parceque pour le savoir il faudroit sentir, ils ignorent, dis-je, qu'il n'y a point d'équation pour les sentiments; que l'avantage du bienfaiteur sur celui qu'il a prévenu par ses services est inappréciable, qu'il faudroit pour rétablir l'égalité, sans détruire l'obligation, que le public fût frappé par des actes de reconnoissance si éclatants, qu'il regardât comme un bonheur pour le bienfaiteur les services qu'il auroit rendus; sans cela ses droits seront toujours imprescriptibles; il ne peut les perdre que par l'abus qu'il en feroit lui-même.

En considérant les différents caractères de l'ingratitude, on voit en quoi consiste celui de la reconnoissance. C'est un sentiment qui attache au bienfaiteur, avec le desir de lui prouver ce sentiment par des effets, ou du moins par un aveu du bienfait qu'on publie avec plaisir dans les occasions qu'on fait naître avec candeur, et qu'on saisit avec soin. Je ne confonds point avec ce sentiment noble une ostentation vive et sans chaleur, une adulation servile, qui paroît et qui est en effet une nouvelle demande plutôt qu'un remerciement. J'ai vu de ces adulateurs vils, toujours avides et jamais honteux de recevoir, exagérant les services, prodiguant les éloges pour exciter, encourager les bienfaiteurs, et non pour les récompenser. Ils feignent de se passionner, et ne sentent rien ; mais ils louent. Il n'y a point d'homme en place qui ne puisse voir autour de lui quelques uns de ces froids enthousiastes, dont il est importuné et flatté.

Je sais qu'on doit cacher les services et non pas la reconnoissance ; elle admet, elle exige quelquefois une sorte d'éclat noble, libre et flatteur ; mais les transports outrés, les élans déplacés sont toujours suspects de fausseté ou de sottise, à moins qu'ils ne partent du premier mouvement d'un cœur chaud, d'une imagination vive, ou qu'ils ne s'adressent à un bienfaiteur dont on n'a plus rien à prétendre.

Je dirai plus, et je le dirai librement : je veux que la reconnoissance coûte à un cœur, c'est-à-dire qu'il se l'impose avec peine, quoiqu'il la ressente avec plaisir, quand il s'en est une fois chargé. Il n'y a point d'hommes plus reconnoissants que ceux qui ne se laissent pas obliger par tout le monde ; ils savent les engagements qu'ils prennent, et ne veulent s'y soumettre qu'à l'égard de ceux qu'ils estiment. On n'est jamais plus empressé à payer une dette que lorsqu'on l'a contractée avec répugnance ; et celui qui n'emprunte que par nécessité gémiroit d'être insolvable.

J'ajouterai qu'il n'est pas nécessaire d'éprouver un sentiment vif de reconnoissance, pour en avoir les procédés les plus exacts et les plus éclatants. On peut, par un certain caractère de hauteur fort différent de l'orgueil, chercher, à force de services, à faire perdre à son bienfaiteur, ou du moins à diminuer la supériorité qu'il s'est acquise.

En vain objecteroit-on que les actions sans les sentiments ne suffisent pas pour la vertu. Je répondrai que les hommes doivent songer d'abord à rendre leurs actions honnêtes : leurs sentiments y seront bientôt conformes; il leur est plus ordinaire de penser d'après leurs actions que d'agir d'après leurs principes. D'ailleurs cet amour-propre, bien entendu, est la source des vertus morales, et le premier lien de la société.

Mais puisque les principes des bienfaits sont si différents, la reconnoissance doit-elle toujours être de la même nature? Quels sentiments doit-on à celui qui, par un mouvement d'une pitié passagère, aura accordé une parcelle de son superflu à un besoin pressant; à celui qui, par ostentation ou foiblesse, exerce sa prodigalité, sans acception de personne, sans distinction de mérite ou de besoin; à celui qui, par inquiétude, par un besoin machinal d'agir, d'intriguer, de s'entremettre, offre à tout le monde indifféremment ses démarches, ses soins, ses sollicitations?

Je consens à faire des distinctions entre ceux que je viens de représenter; mais enfin leur devrai-je les mêmes sentiments qu'à un bienfaiteur éclairé, compatissant, réglant même sa compassion sur l'estime, le besoin et les effets qu'il prévoit que ses services pourront avoir, qui prend sur lui-même, qui restreint de plus en plus son nécessaire pour fournir à une nécessité plus urgente, quoique étrangère pour lui ? On doit plus estimer les vertus par leurs principes que par leurs effets. Les services doivent se juger moins par l'avantage qu'en retire celui qui est obligé que par le sacrifice que fait celui qui oblige.

On se tromperoit fort de penser qu'on favorise les ingrats en laissant la liberté d'examiner les vrais motifs des bienfaits. Un tel examen ne peut jamais être favorable à l'ingratitude, et ajoute quelquefois du mérite à la reconnoissance. En effet, quelque jugement qu'on soit en droit de porter d'un service, à quelque prix qu'on puisse le mettre du côté des motifs, on n'en est pas moins obligé aux mêmes devoirs pratiques du côté de la reconnoissance, et il en coûte moins pour les remplir par sentiment que par devoir.

Il n'est pas difficile de connoître quels sont ces devoirs ; les occasions les indiquent, on ne s'y trompe guère, et l'on n'est jamais mieux jugé que par soi-même ; mais il y a des circonstances délicates où l'on doit être d'autant plus attentif, qu'on pourroit manquer à l'honneur en croyant satisfaire à la justice. C'est lorsqu'un bienfaiteur, abusant des services qu'il a rendus, s'érige en tyran, et, par l'orgueil et l'injustice de ses procédés, va jusqu'à perdre ses droits. Quels sont alors les devoirs de l'obligé? les mêmes.

J'avoue que ce jugement est dur; mais je n'en suis pas moins persuadé que le bienfaiteur peut perdre ses droits, sans que l'obligé soit affranchi de ses devoirs, quoiqu'il soit libre de ses sentiments. Je comprends qu'il n'aura plus d'attachement de cœur, et qu'il passera peut-être jusqu'à la haine; mais il n'en sera pas moins assujetti aux obligations qu'il a contractées.

Un homme humilié par son bienfaiteur est bien plus à plaindre qu'un bienfaiteur qui ne trouve que des ingrats. L'ingratitude afflige plus les cœurs généreux qu'elle ne les ulcère; ils ressentent plus de compassion que de haine : le sentiment de leur supériorité les console.

Mais il n'en est pas ainsi dans l'état d'humiliation où l'on est réduit par un bienfaiteur orgueilleux; comme il faut alors souffrir sans se plaindre, mépriser et honorer son tyran, une ame haute est intérieurement déchirée, et devient d'autant plus susceptible de haine, qu'elle ne trouve point de consolation dans l'amour-propre; elle sera donc plus capable de haïr que ne le seroit un cœur bas et fait pour l'avilissement. Je ne parle ici que du caractère général de l'homme, et non suivant les principes d'une morale épurée par la religion.

On reste donc toujours, à l'égard d'un bienfaiteur, dans une dépendance dont on ne peut être affranchi que par le public.

Il y a, dira-t-on, peu d'hommes qui soient un objet d'intérêt ou même d'attention pour le public. Mais il n'y a personne qui n'ait son public, c'est-à-dire une portion de la société commune, dont on fait soi-même partie. Voilà le public dont on doit attendre le jugement sans le prévenir, ni même le solliciter.

Les réclamations ont été imaginées par les ames foibles; les ames fortes y renoncent, et la prudence doit faire craindre de les entreprendre. L'apologie, en fait de procédés, qui n'est pas forcée, n'est dans l'esprit du public que la précaution d'un coupable ; elle sert quelquefois de conviction ; il en résulte tout au plus une excuse, rarement une justification.

Tel homme qui, par une prudence honnête se tait sur ses sujets de plaintes, se trouveroit heureux d'être forcé de se justifier : souvent d'accusé il deviendroit accusateur, et confondroit son tyran. Le silence ne seroit plus alors qu'une insensibilité méprisable. Une défense ferme et décente contre un reproche injuste d'ingratitude, est un devoir aussi sacré que la reconnoissance pour un bienfait.

Il faut cependant avouer qu'il est toujours malheureux de se trouver dans de telles circonstances;

la plus cruelle situation est d'avoir à se plaindre de ceux à qui l'on doit.

Mais on n'est pas obligé à la même réserve à l'égard des faux bienfaiteurs ; j'entends de ces prétendus protecteurs qui, pour en usurper le titre, se prévalent de leur rang. Sans bienfaisance, peut-être sans crédit, sans avoir rendu service, ils cherchent, à force d'ostentation, à se faire des clients qui leur sont quelquefois utiles, et ne leur sont jamais à charge. Un orgueil naïf leur fait croire qu'une liaison avec eux est un bienfait de leur part. Si l'on est obligé par honneur et par raison de renoncer à leur commerce, ils crient à l'ingratitude, pour en éviter le reproche. Il est vrai qu'il y a des services de plus d'une espèce ; une simple parole, un mot dit à propos, avec intelligence, ou avec courage, est quelquefois un service signalé, qui exige plus de reconnoissance que beaucoup de bienfaits matériels, comme un aveu public de l'obligation est quelquefois aussi l'acte le plus noble de la reconnoissance.

On distingue aisément le bienfaiteur réel, du protecteur imaginaire : une sorte de décence peut empêcher de contredire ouvertement l'ostentation de ce dernier ; il y a même des occasions où l'on doit une reconnoissance de politesse aux démonstrations d'un zèle qui n'est qu'extérieur. Mais si l'on ne peut remplir ces devoirs d'usage qu'en ne rendant pas pleinement la justice, c'est-à-dire l'aveu qu'on doit au vrai bienfaiteur, cette reconnoissance, faussement appliquée ou partagée, est une véritable ingratitude, qui n'est pas rare, et qui a sa source dans la lâcheté, l'intérêt ou la sottise.

C'est une lâcheté que de ne pas défendre les droits de son vrai bienfaiteur. Ce ne peut être que par un vil intérêt qu'on souscrit à une obligation usurpée : on se flatte par là d'engager un homme vain à la réaliser un jour ; enfin, c'est une étrange sottise que de se mettre gratuitement dans la dépendance.

En effet, ces prétendus protecteurs, après avoir fait illusion au public, se la font ensuite à eux-mêmes, et en prennent avantage pour exercer leur empire sur de timides complaisants ; la supériorité du rang favorise l'erreur à cet égard, et l'exercice de la tyrannie la confirme. On ne doit pas s'attendre que leur amitié soit le retour d'un dévouement servile. Il n'est pas rare qu'un supérieur se laisse subjuguer et avilir par son inférieur ; mais il l'est beaucoup plus qu'il se prête à l'égalité, même privée ; je dis l'égalité privée ; car je suis très éloigné de chercher à proscrire, par une humeur cynique, les égards que la subordination exige. C'est une loi nécessaire de la société, qui ne révolte que l'orgueil, et qui ne gêne point les ames faites pour l'ordre. Je voudrois seulement que la différence des rangs ne fût pas la règle de l'estime comme elle doit l'être des respects, et que la reconnoissance fût un lien précieux qui unît, et non pas une chaîne humiliante qui ne fît sentir que son poids. Tous les hommes ont leurs devoirs respectifs; mais tous n'ont pas la même disposition à les remplir; il y en a de plus reconnoissants les uns que les autres, et j'ai plusieurs fois entendu avancer à ce sujet une opinion qui ne me paroît ni juste ni décente. Le caractère vindicatif part, dit-on du même principe que le caractère reconnoissant, parcequ'il est également naturel de se ressouvenir des bons et des mauvais services.

Si le simple souvenir du bien et du mal qu'on a éprouvé étoit la régle du ressentiment qu'on en garde, on auroit raison; mais il n'y a rien de si différent, et même de si peu dépendant l'un de l'autre. L'esprit vindicatif part de l'orgueil souvent uni au sentiment de sa propre foiblesse; on s'estime trop, et l'on craint beaucoup. La reconnoissance marque d'abord un esprit de justice; mais elle suppose encore une ame disposée à aimer, pour qui la haine seroit un tourment, et qui s'en affranchit plus encore par sentiment que par réflexion. Il y a certainement des caractères plus *aimants* que d'autres, et ceux-là sont reconnoissants par le principe même qui les empêche d'être vindicatifs. Les cœurs nobles pardonnent à leurs inférieurs par pitié, à leurs égaux par générosité. C'est contre leurs supérieurs, c'est-à-dire contre les hommes plus puissants qu'eux qu'ils peuvent quelquefois garder leur ressentiment, et chercher à le satisfaire : le péril qu'il y a dans la vengeance leur fait illusion, ils croient y voir de la gloire. Mais ce qui prouve qu'il n'y a point de haine dans leur cœur, c'est que la moindre satisfaction les désarme, les touche et les attendrit.

Pour résumer en peu de mots les principes que j'ai voulu établir : les bienfaiteurs doivent des égards à ceux qu'ils ont obligés ; et ceux-ci contractent des devoirs indispensables. On ne devroit donc placer les bienfaits qu'avec discernement ; mais du moins on court peu de risque à les répandre sans choix, au lieu que ceux qui les reçoivent prennent des engagements si sacrés, qu'ils ne sauroient être trop attentifs à ne les contracter qu'à l'égard de ceux qu'ils pourront estimer toujours. Si cela étoit, les obligations seroient plus rares qu'elles ne le sont ; mais toutes seroient remplies. J'ajouterai que si chacun faisoit tout le bien qu'il peut faire, sans s'incommoder, il n'y auroit point de malheureux.

FIN DES CONSIDÉRATIONS SUR LES MOEURS
ET DU TOME PREMIER.

TABLE
DES PRINCIPALES MATIÈRES
CONTENUES

DANS LES CONSIDÉRATIONS SUR LES MOEURS.

A

ACTIONS, leurs principes, page 56; suffisent-elles pour la vertu? 200.

ADULATION, la plus excessive produit encore son effet, 41, 42.

AFFECTATION, ses effets, 116 et suiv.

AGE. *Voyez* CARACTÈRE.

AIR NOBLE, ce qu'il étoit dans l'enfance de la nation, 88; ce qu'il est aujourd'hui, 89.

ALCIBIADE, son caractère n'est pas rare en France, 17.

AMBITIONS D'AUJOURD'HUI, leurs principes, 101.

AME. *Voyez* FACULTÉS.

AMOUR (l') et le mépris n'ont jamais eu le même objet à-la-fois, 176; son objet, 192.

AMOUR-PROPRE, un de ses effets, 32; ses causes, 152; sa science est la plus cultivée et la moins perfectionnée, 170.

ARTS OU MÉTIERS DE PREMIÈRE NÉCESSITÉ, peu estimés, 189.

AVARICE, ce qu'elle est, 193.

AUGUSTE, crainte qu'il inspiroit à ses panégyristes, 40.

AUTEURS DE MÉRITE, leur supériorité à l'égard de plusieurs professions, 155 et suiv.

B

BEAUX-ESPRITS. *Voyez* ESPRIT.

BIENFAITEUR, ce qu'il est, 195; le bienfait tombe rarement sur le besoin, 94.

BIEN PUBLIC, ceux qui l'aiment ont peu d'amis et beaucoup de liaisons, 180.

BONHEUR, le plus grand avantage pour le posséder, 171.

BON TON, en quoi il consiste, 102 *et suiv.*

BULLION, surintendant, magnifique scandale qu'il a donné, 63.

C

CANDEUR. *Voyez* NAÏVETÉ.

CARACTÈRE (le), ce qu'il est, 165. *Voyez* ESPRIT, FINESSE. Opposition du caractère et de l'esprit, 169; le caractère trop vif nuit quelquefois à l'esprit juste, 170; caractères violents, 171; l'âge, la maladie, l'ivresse changent le caractère, 172.

CAS où l'on décide du prix des choses matérielles, 188.

CÉLÉBRITÉ, ce qui la procure, 65; réduite à sa valeur réelle, elle perdroit bien des sectateurs, 68. *Voyez* CONSIDÉRATION, RÉPUTATION.

CHOSES, proportion dans laquelle nous les prisons, 187 *et suiv.*

COEUR (le) a des idées qui lui sont propres, 50.

COLÈRE, ce qu'elle est, 185.

COMMERÇANTS, hommes estimables et nécessaires à l'état, 131, l'estime qu'ils font de leur état est d'accord avec la raison, 132; on ne doit pas les confondre avec les marchands, *ibid.*, 133.

CONSCIENCE. *Voyez* SENTIMENT INTÉRIEUR.

CONSIDÉRATION, elle diffère de la célébrité, ce qu'elle est, 80; comment on l'obtient, comment on l'usurpe, 81.

COURAGE D'ESPRIT, DE COEUR, leurs effets, 85.

COURTISANS, ce qu'ils sont, 107, 108.

CRÉDIT, ce qu'il est, 90; ses principes, 91.

CRIMINELS D'ÉTAT, pourquoi les nobles victimes qu'un crime conduit sur l'échafaud n'impriment point de tache à leur famille, 46.

CRITIQUE, qualités qu'elle exige, 157.

D

Dissimulation, espèce de dissimulation permise, 34.
Divinités du paganisme, origine de plusieurs, 189.

E

Écrivains blâmables, 26.
Éducation, on trouve parmi nous beaucoup d'instruction, peu d'éducation ; quelle est l'éducation qui devroit être générale et uniforme, 20 et 21 ; effets d'une éducation raisonnée, 30.
Envie, ses effets, 71.
Erreurs. *Voyez* Partis.
Érudits. *Voyez* Savants.
Espèce, terme nouveau ; il y en a de toute classe, 81.
Esprit, son avantage, 136 ; deux sortes de beaux-esprits, 137 ; le bel-esprit est celui qui inspire le plus d'amour-propre, 153 ; l'esprit est plus estimé que la vertu, pourquoi, 142 ; le goût du bel-esprit n'est-il pas trop répandu ? d'où vient la vanité qu'on tire du bel-esprit, 148 ; d'où vient l'opinion avantageuse qu'on a du bel-esprit, ce qui rend le bel-esprit si commun, 154 ; les beaux-esprits ne sont pas pour cela capables de toutes les autres perfections, 159 ; l'esprit est une faculté de l'ame qu'on peut comparer à la vue, 165 ; il y a des esprits du premier ordre, que l'on confond quelquefois avec la sottise, 166 ; aspects sous lesquels la dépendance mutuelle de l'esprit et du caractère peut être envisagée, 168.
Esprit de lumière, ses effets, 162.
Estime, ce qu'elle est, 175, 176.
Étourderie, preuve très équivoque de la franchise, 79.

F

Facultés de l'ame, à quoi elles se réduisent toutes, 20 et 174.
Fausseté (la) a un air de respect dans les occasions où la vérité seroit une offense, pourquoi, 33.

Finance, cas où elle ne seroit pas méprisée, 122; elle ne peut l'être par les gens de condition, 125.

Financiers (les) du dernier siècle, 120; quelle est leur administration, 122; ce qu'ils sont, 132.

Finesse de caractère, finesse d'esprit; en quoi elles diffèrent, 167; la finesse est un mensonge en action, *ibid.*

Force, son effet chez les peuples barbares et chez nous, 153.

Fortunes, il y en a peu qui ne tombent dans quelques maisons distinguées, 124.

Fouquet, surintendant; fête qu'il a donnée, comment on la considéra, 62; gens de lettres qui, après sa disgrace, lui restèrent attachés, 144.

Foux, fonction à laquelle suppléoient ceux que les princes avoient autrefois à leur cour, 38; combien et pourquoi la suppression de cette charge, qui pourroit être exercée par un honnête homme, est dommageable, *ibid.*

François, différence et opposition des mœurs entre la capitale et les provinces, 13; grand défaut des François, 15; leur mérite distinctif, 17; le François est l'enfant de l'Europe, *ibid.*; il est celui de tous les peuples dont le caractère a éprouvé le moins d'altération, 98; caractère propre des François, *ibid.*

G

Gouvernements anciens, ce qui contribue à les faire admirer, 48.

Gouvernement, esprits nécessaires ou nuisibles dans les grandes affaires du gouvernement, 160.

Grace, ce qu'elle est, 195.

Grands seigneurs, quel étoit le grand seigneur autrefois, 83; quel il est aujourd'hui, 86.

Guillaume III, son mot sur Newton, 160.

H

Haine (la), ce qu'elle est, 174.

Heinsius, grand-pensionnaire de Hollande, ruine sa patrie, 91.

HOMMES (les), inconséquents dans leurs actions, pourquoi, 6 ; il est faux et dangereux de dire que l'homme ne peut produire rien d'estimable, 9 ; objet de l'examen des devoirs et des erreurs des hommes, 11 ; on juge les hommes sur leur état, leur éducation, leur situation, leurs lumières, 44 ; tel homme trouve le secret de n'être pas déshonoré par l'action la plus blâmable, 60 ; quel est l'homme le plus dangereux dans nos mœurs, 100 ; les hommes ne sont jamais plus jaloux de leurs avantages que lorsqu'ils les regardent comme leur étant personnels, 153 ; il n'est pas surprenant qu'un homme d'esprit soit trompé par un sot, 168 ; pourquoi l'on reproche tant de fautes aux gens d'esprit, 171 ; hommes faits pour la renommée, 65 ; les hommes en place, en crédit, ont peu d'amis, et ne s'en embarrassent guère, 92 ; leurs principaux moteurs, 95 ; hommes aimables, 99 ; sociables, *ibid.* ; de lettres, 101 ; de cour, 107 et 139 ; du monde, 109 ; de fortune, 120.

HONNEUR (l') diffère de la probité ; son effet quant à la vertu ; comment il se développe, se fortifie et se soutient, 56, 57 ; fanatisme d'honneur qui a régné parmi nous dans un siècle encore barbare, 62.

HONNEURS DIVINS, leur origine, 189.

HYPOCRITES DE VICE, 78.

I

IDÉES (les) d'une république imaginaire ne sont pas tout-à-fait des chimères, 79.

IMPRESSION, ses effets, 164.

INDIFFÉRENCE GÉNÉRALE qui règne à Paris, 14.

INFIDÉLITÉ AU JEU, plus décriée aujourd'hui qu'autrefois, 59.

INGÉNUITÉ, cas où elle est une suite de la sottise, 166.

INGRATITUDE, ses espèces, 197.

INSTRUCTION, quel est ou devroit être son objet, 24.

INTÉRÊT PUBLIC, PARTICULIER, 175.

IVRESSE. *Voyez* CARACTÈRE.

J

Jugements, les faux jugements ne partent pas toujours de la malignité, 79.

Juges de réputation, 80.

L.

Législateurs, pourquoi les anciens semblent avoir été des hommes bornés ou intéressés, 51.

Législations, sort de toutes, 48.

Lettres, quoiqu'elles ne donnent pas un état, elles en tiennent lieu, 136; effets de l'amour des lettres, 144; quels sont ceux pour qui la connoissance et le goût modéré des lettres sont une grande ressource, 149.

Lettrés d'autrefois, 136; les plus recherchés, 137; avis aux lettrés, 139; leur désunion va directement contre leur intérêt général et particulier, 146.

Lois (les) se sont prêtées à la foiblesse et aux passions, 44; elles se bornent à défendre, 52.

Louanges, leur origine, 37; le commerce ridicule des louanges est devenu d'obligation, 42.

Louis XII, sa réponse à l'accusation d'avarice dont on le taxoit, 78.

M

Magistrats, pourquoi il n'est pas rare de trouver des magistrats aimables, 100, 101; qualités requises dans un magistrat, 156.

Maladie. *Voyez* Caractère.

Marchands, différents des commerçants, 133.

Marine. *Voyez* Commerçants.

Maxime, la plus fausse dans nos mœurs: *Le crime fait la honte, et non pas l'échafaud*, 45.

Méchanceté, elle n'est aujourd'hui qu'une mode, ses effets, 104.

Mendiants, mis au-dessous des esclaves, 128.

Mensonge, d'où il part, 167.

Mépris, il s'attache aux vices bas, 185.

Mérite. *Voyez* Or.

Mésalliance, par qui elle a commencé, 124; celle des filles de qualité est plus moderne, et prend faveur, 125.

Métiers. *Voyez* Arts.

Mode, elle est parmi nous le juge des actions, des idées et des sentiments, 111.

Moeurs, projet de cet ouvrage, 5; idées attachées au terme de mœurs, 8; aspect sous lequel elles doivent être considérées, 9; leurs effets à Paris, 14; effets de la négligence des mœurs, 60, 61; celles d'un peuple sont le principe actif de sa conduite, 130; si un prince pourroit facilement changer, chez certains peuples, les mœurs les plus dépravées, et les diriger vers la vertu, *ibid. Voyez* Honneur.

Morale, toute sa science, 11; principale différence de la morale et de la satire, *ibid.*; son objet, 24.

N

Naïveté (la) et la candeur, leurs définitions et leurs effets, 166.

Naturel (le) cherché ne se trouve pas, 118.

Newton, ce qu'en pensoit Guillaume III, 160.

Noble, signification de ce terme, 88.

O

Obligations, mesure de nos obligations, 50.

Occupations, différentes à Paris et dans la province, 14.

Opérations pour lesquelles il faut nécessairement de l'esprit, 161.

Opinion (l') publique, peine des actions dont elle est juge, ne sauroit manquer d'être sévère sur les choses qu'elle condamne, 45.

Or, lieux et temps où l'or étoit méprisé, et le mérite seul honoré, 129.

Orateur, qualités qui font l'orateur, 157.

OUVRAGES D'ESPRIT ; si, faisant abstraction de leur utilité principale, ils méritent plus d'estime, et font plus de réputation que des talents plus rares, 190, 191.

P

PARTIS BIZARRES QUE L'ON PREND, et erreurs où tombent ceux qui cherchent le vrai avec plus de bonne foi que de discernement, leurs causes, 23 ; jusqu'où se porte la fureur des partis, 182.

PASSIONS (les) calculent quelquefois finement, 192, 193.

PATRIOTISME, établissements qui peuvent le mieux en retracer l'idée, 180.

PERSIFFLAGE, ce qu'on appelle ainsi, 103.

PEUPLES, les plus sauvages sont ceux chez lesquels il se commet le plus de crimes, 11 ; les plus polis ne sont pas les plus vertueux, 12 ; quel seroit le peuple qui se plaindroit qu'on trouvât chez lui un tarif des degrés de probité, 18.

PHILOSOPHES (les), seuls célèbres, 158.

POLITESSE, en quoi elle consiste, 31 ; comment il arrive que l'homme d'un génie élevé, d'un cœur généreux, etc, manque de politesse, tandis qu'elle se trouve dans un homme borné, intéressé, etc., 32 ; ce qui constitue la politesse de nos jours, *ibid.* ; politesse d'usage, 34 ; quelle doit être celle des grands, 36 ; effet le plus malheureux de la politesse, 37.

PRÉJUGÉS, ce qu'on entend par préjugés, 24 ; ils doivent être traités et discutés avec circonspection, 25 ; les plus tenaces, 27 ; injustice et bizarrerie du préjugé cruel qui fait rejaillir l'opprobre sur ceux que le sang unit à un criminel, moyens de l'éteindre, 45, 46.

PRINCIPES PUISÉS DANS LA NATURE, quoique toujours subsistants, ce qu'il faut faire pour s'assurer de leur vérité, 5.

PROBITÉ, son premier devoir, 43 ; éclaircissement sur ce qu. la concerne, 47 ; ce qu'une probité exacte doit s'interdire 49 ; axiome dont l'observation fait la probité, 51. *Voyez* VERTU, HONNEUR.

Q

QUALITÉS PROPRES A LA SOCIÉTÉ, 98; les qualités aimables, et leurs effets, 102.

R

RAISON (la) cultivée suffit à tout ce qui nous est nécessaire, 161.

RARETÉ (la) D'UNE CHOSE, sans aucune espèce d'utilité, ne mérite point d'estime, 190.

RECONNOISSANCE ASSEZ ORDINAIRE, 96; si elle doit toujours être de la même nature, 200.

RENOMMÉE, ce qui la procure, ses avantages, 64, 65; qualités qui lui sont uniquement propres, 66; la renommée et la réputation peuvent être fort différentes et subsister ensemble; elle est mieux fondée que la réputation, 66, 67; dans bien des occasions elle n'est qu'un hommage rendu aux syllabes du nom; elle n'est jamais universelle, 68; elle est aussi le prix des talents supérieurs; son étendue, 82.

RÉPUBLIQUE DES LETTRES, ses classes, 136.

RÉPUTATION, CÉLÉBRITÉ et RENOMMÉE, ce qui leur a donné naissance, 64; une réputation honnête est à la portée du commun des hommes; comment elle s'obtient, 65; son plus sûr appui, 74; art honnête pour acquérir la réputation de vertu, *ibid.*; réputation de probité, 78; mal à propos souscrit-on légèrement à certaines réputations de probité, 79; les réputations se forment, se détruisent; elles se soutiennent quelquefois, 71; similitude de certaines réputations, 72; elles varient souvent dans la même personne, 75, 76; réputations usurpées, 73.

RESPECT (le) souffre l'exclusion de l'estime, et peut s'allier avec le mépris; ce qu'il est, 183; deux sortes de respect, 184; le vrai respect n'ayant pour objet que les vertus, il s'ensuit que ce n'est pas le tribut qu'on doit à l'esprit et aux talents, 185.

RICHES, s'ils ont grand tort de se croire supérieurs aux autres hommes, 127; il y en a peu qui, dans des moments, ne se sentent humiliés de n'être que riches ou regardés que comme tels, *ibid.*

Richesses, en vain s'étonne-t-on de la considération qu'elles donnent, 128.

Ridicule, il ressemble souvent aux fantômes qui n'existent que pour ceux qui y croient; son domaine, son ressort, son usurpation; il est le fléau des gens du monde, 111 *et suiv.*; effets de la crainte puérile du ridicule, 114; ce n'est pas assez de ne pas s'exposer au ridicule pour s'en affranchir; art de le rendre sans effet, quoique le mieux mérité, 115.

S

Sagesse de la conduite, d'où elle dépend, 192.

Savants ou érudits, on leur doit la renaissance des lettres, 136; ceux qui s'occupent de sciences exactes, 137.

Sciences, temps dans lesquels les sciences ont fait de vrais progrès, 5; si l'utilité de certaines sciences est plus réelle ou plus reconnue que celle du bel-esprit, 155.

Sagacité requise dans les sciences pour inventer certaines méthodes, 157.

Seigneurs, par qui on peut commencer la liste, mais il seroit impossible de marquer où elle doit finir, 83, 84; ils ne sont pas à craindre, 84.

Sensibilité d'ame, son effet, 51.

Sensibles (les gens) ne sont pas ordinairement les meilleurs juges de ce qui est estimable, 180.

Sentiment intérieur, ou la conscience, juge plus éclairé, plus sévère et plus juste que les lois et les mœurs, 48; ce dont il est juge infaillible, 49.

Service, ce que c'est, 196; comment il doit se juger, 201.

Siècle, le nôtre ne paroît pas être celui de l'honneur autant qu'il l'a été, 57.

Singularité, effets de la singularité marquée, 116.

Société, qualités propres à la société, 98 ; conditions qui ont aujourd'hui plus de rapports avec la société, 120.

Sociétés littéraires, grands services qu'elles pouvoient rendre aux lettres, 164.

Sots, comment ils représentent les gens d'esprit, 142.

Statues, comment en usoient les anciens à l'égard de celles qu'ils avoient érigées à un empereur, 39, 40.

Systèmes, ce qui est requis pour en inventer, 157.

T

Talents, leur universalité est une chimère, 159 ; tout est talent, 161 ; ce qui est beaucoup plus rare que les grands talents, 162 ; ceux auxquels les talents sont ou deviennent personnels, *ibid.* ; cas où ils tombent dans les bévues, 163 ; par où nous prisons les talents, 189 ; la plupart des talents dépendent des circonstances et de l'application qu'on en fait, 150.

U

Utilité personnelle, ce que c'est, elle doit s'appliquer à l'amour, 176 ; mesure de celle des choses, 187, 188.

V

Vengeance (la), 260.

Vertu, maxime dont l'observation fait la vertu, 51 ; son caractère distinctif, *ibid.* ; ce qu'elle exige, 52 ; ce qu'elle est lorsqu'elle n'exige aucun effort ; attention requise pour en connoître le prix ; actions rapportées à la vertu et où elle a peu de part ; elle s'acquiert par la gloire de la pratiquer, 53 *et suiv.* ; il y a une distribution de vertus et de vices à-peu-près égale, 57.

Vertus sociales, ce qu'elles sont, 31.

Vices. *Voyez* Vertu.

VIOLENT, on est souvent très violent sans être vif, 171.
VIVACITÉ, jugements de la vivacité extrême les mêmes que ceux de l'amour-propre, 170.

FIN DE LA TABLE DES CONSIDÉRATIONS
SUR LES MOEURS.

TABLE
DES PIÈCES CONTENUES DANS CE VOLUME.

Notice sur Duclos.	page j.
Mémoires sur la vie de Duclos, écrits par lui-même.	lvij.
Discours de M. Duclos à l'académie françoise.	cxxiij.
Réponse de M. l'abbé comte de Bernis au discours de M. Duclos.	cxxxix.
Testament et Codicille de Duclos.	cxlvj.
Discours de M. Beauzée à l'académie françoise.	cxlix.
Réponse de M. le prince de Beauvau au discours de M. Beauzée.	clx.
Considérations sur les moeurs.	1.

FIN DE LA TABLE.

www.ingramcontent.com/pod-product-compliance
Lightning Source LLC
Chambersburg PA
CBHW071904230426
43671CB00010B/1471